超好玩的600个思维游戏

叶笑天　马蕊琼◎编著

中国纺织出版社
国家一级出版社
全国百佳图书出版单位

内 容 提 要

哈佛大学第二十一任校长艾略特曾说过："人类的希望取决于那些知识先驱者的思维，他们所思考的事情可能超过一般人几年，超前几代人甚至几个世纪。"而传统的观念更是认为，逻辑思维能力强是智商高的表现。我们坚信，良好的思维习惯能够使人受益终生。

本书专为小学高年级和中学生打造，游戏内容丰富，形式活泼，难易有别。书中有简单的推理，有让人迷惑不解的图形谜题，有运用数学知识及常识解决的难题等。每个游戏都极具代表性，这些浓缩世界顶尖聪明人的思维训练游戏，将让你在享受乐趣的同时，全面提升你的观察力、分析力、推理力、判断力等，引发你的头脑风暴。

图书在版编目（CIP）数据

超好玩的600个思维游戏 / 叶笑天，马蕊琼编著.--北京：中国纺织出版社，2017. 8

ISBN 978-7-5180-3334-8

Ⅰ. ①超… Ⅱ. ①叶… ②马… Ⅲ. ①智力游戏—青少年读物 Ⅳ. ①G898.2

中国版本图书馆CIP数据核字（2017）第033481号

责任编辑：江　飞　　责任印制：王艳丽

中国纺织出版社出版发行
地址：北京市朝阳区百子湾东里A407号楼　邮政编码：100124
销售电话：010—67004422　传真：010—87155801
http: //www.c-textilep. com
E-mail: faxing@c-textilep. com
中国纺织出版社天猫旗舰店
官方微博http://weibo.com/2119887771
三河市宏盛印务有限公司印刷　各地新华书店经销
2017年8月第1版第1次印刷
开本：787×1092　1/16　印张：17
字数：205千字　定价：39.80元

前 言

人类的进步取决于思维创新，而阻碍人类进步的最大障碍来自于思维定式。21世纪什么最宝贵？人才！人才是怎么炼成的？法国著名作家司汤达说过：“一个具有天才的人——具有超人的性格，绝不遵循通常人的思想和途径。”创新性思维是21世纪人才必备的一项基本素质，素质教育要从娃娃抓起，创新性思维的培养也不例外。

培养孩子思维能力的最佳途径，莫过于各种充满趣味性的思维游戏。爱玩是孩子的天性，让孩子在玩游戏的过程中主动锻炼各种思维能力，何乐而不为呢？各种思维谜题能引发孩子的好奇心和怀疑精神，还能让孩子开动脑筋想方设法去解决问题。

思维能力的高低还能体现出这个人智力水平的高低，锻炼了思维，也有助于提高智力。多元活跃的思维能最大限度地开发孩子的头脑，也正是基于这些，现在关于思维游戏的书充斥着市场。然而，思维游戏千千万，怎么才能知道哪些是自己孩子需要的呢？怎么保证孩子确实得到了提高呢？怎么选择既让孩子有了玩的乐趣又不会浪费时间呢？家长们的心里都会有这样的疑问。本书从这个角度出发，广泛研究了上市书架上各种思维游戏的书，借鉴各类经典思维游戏，并结合自身经验编写了这本最能引起孩子兴趣的图书。

本书是一本专为孩子打造，致力于培养孩子思维能力的趣味图书。共有九章，着力于培养孩子的洞察能力、判断能力、推理能力、想象能力、创新能力、分析能力、表达能力、反应能力和记忆能力。每一章都有多道精选出来的较新且有趣的谜题，并配有生动的插图，充满了趣味性，同时提供了最好的解决问题的方式和思路。谜题之间不时穿插一些精心设置的小栏目，让孩子在游戏之余可以从小故事中学到一些人生哲理。本书内容丰富，谜题多样而充满趣味，可以让孩子在游戏过程中激发潜能、开发智力、提升创新思维能力，不失为思维游戏类书籍中的一本好书。

编著者

2017年2月

目录

第二章　独具慧眼——判断能力

第三章 神机妙算——推理能力

第四章 天马行空——想象能力

第五章　奇思妙想——创新能力

目录

第七章　能言善辩——表达能力

第八章 随机应变——反应能力

第九章　博闻广识——记忆能力

第一章
蛛丝马迹——洞察能力

1. 哪个图形不一样

在下面的图形中，有一个图形与其他图形不同，找出不同的那一个。

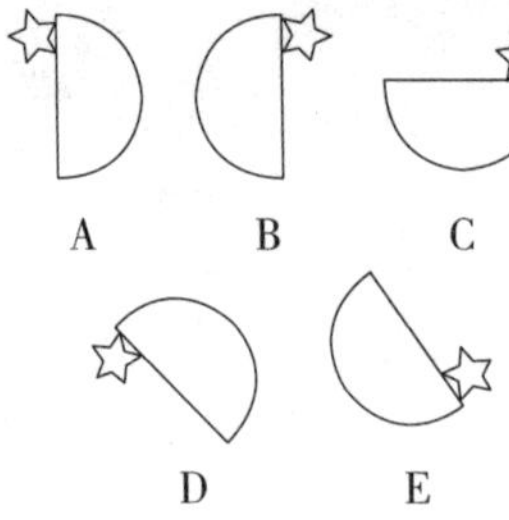

2. 破碎的心

下图是一颗完整的心，后来它破成了三块，你能找到哪三块是它的碎片吗？

3. 奇特的照片

乐乐的爸爸送给乐乐两张照片，一张是在冬天照的；另一张是在夏天照的，通过照片上的图像和右上角的时钟，你能判断哪张是冬天照的，哪张是夏天照的吗？

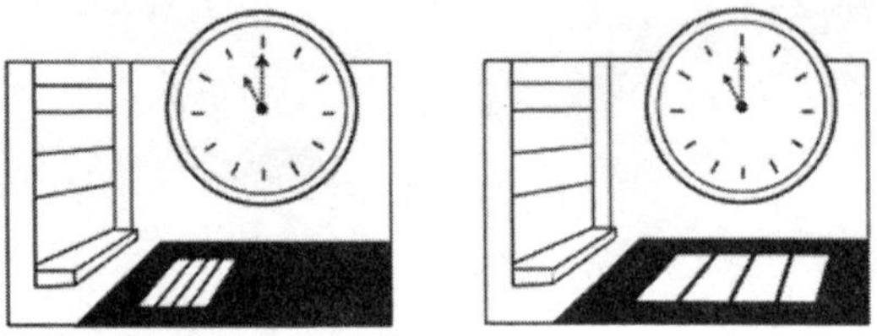

4. 奇怪的时钟

一个钟表厂刚刚生产出一批钟表，由于设计师的疏忽，钟表的时针和分针难以区分出来，但是时钟所走的时刻却是准确的，你能指出哪个是分针哪个是时针吗？

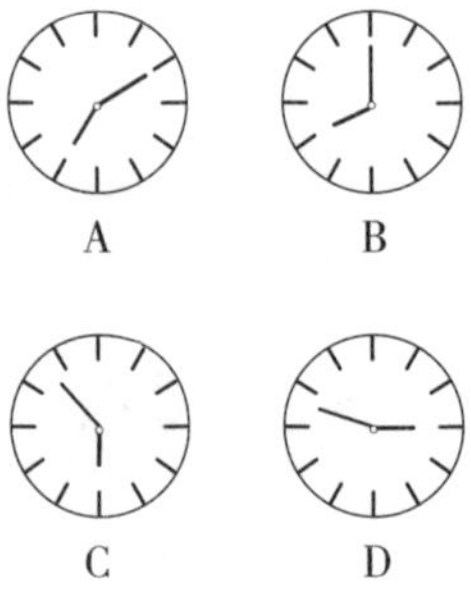

5. 多出了一块饼干

有一块方形的饼干，按图中的虚线被切成了四块，在后面的五幅图形中有一块不属于方形饼干，那么多余的饼干切片是哪块呢？

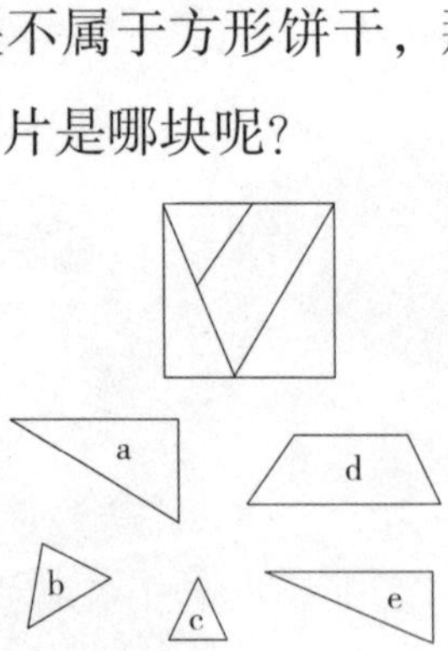

6. 数一数

下列图形中，有多少个三角形，有多少个长方形，有多少个六边形？

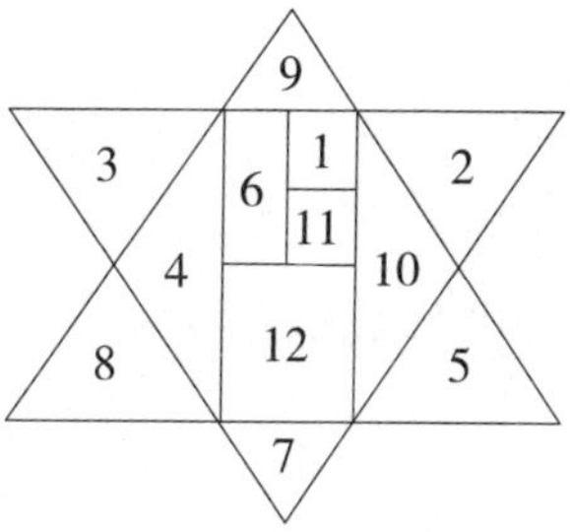

7. 一笔画成的图形

下面一幅图可以用一笔画成，你知道是怎么画成的吗？

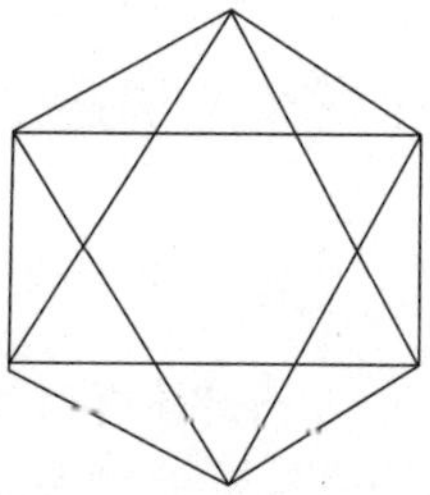

8. 会变形的花瓶

有一个花瓶形状的图形，你能够重新将它分割，然后拼出长方形或正方形吗？

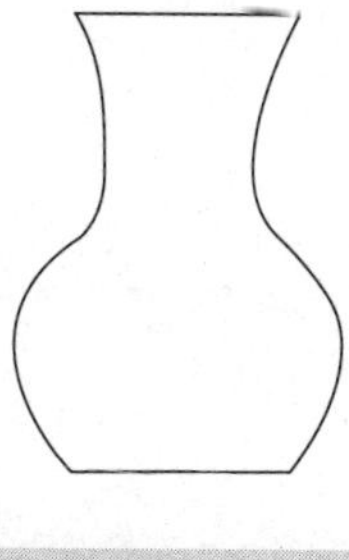

9. 谁先找到宝石

小羊甲和小羊乙一起从A点出发，前往B地去找宝石，小羊甲选择走左边的线路，小羊乙选择走右边的线路，如果它们奔跑的速度一样，那谁先找到宝石呢？

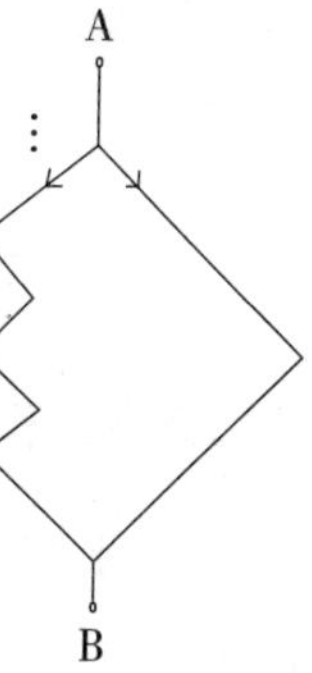

10. 锯木板

小羊丙拾到一块木板，木板的形状如下图，它想把这块木板锯开，再拼成一个正方形的小桌子，可是只能锯两下，该怎么锯呢？快来帮帮小羊C吧！

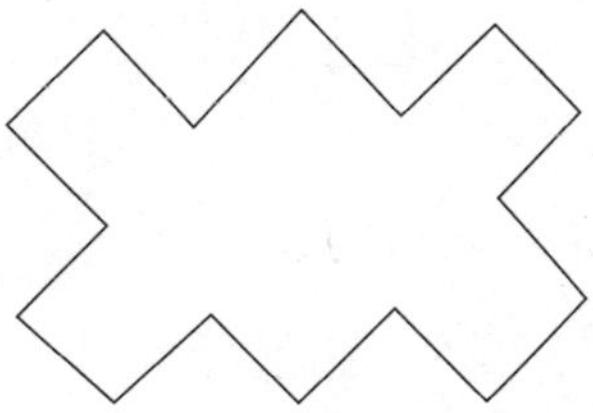

11. 有趣的方孔图形

下图是一个正方形，中心有个正方形的孔，怎样切割才能将它切分成大小和形状相同的六份呢？

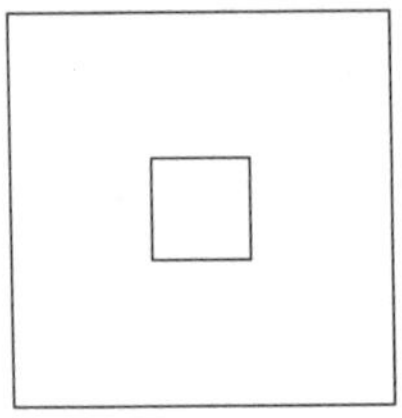

12. 小熊收玉米

小熊在一块玉米地里收玉米，玉米地的形状如下图，每个黑点代表玉米的位置，小熊从中心的圆圈出发，要怎样走才能不走重复的路线，最后回到圆圈中呢？

13. 变化的图形

图a可以转化成图b，那么，图c可以转化成哪个图形？

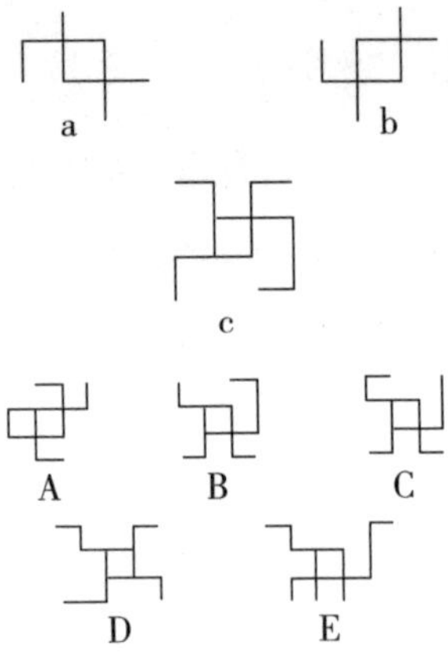

14. 排队

一个班有90个学生，排成一队去动物园。他们的排列顺序是这样的：男，女，男，男，男，女，男，男，男，女，男，男，男，女，男，男，男，女……那么，最后一个学生是男还是女呢？

15. 小猴子喝牛奶

小猴子的妈妈给小猴子买了一瓶牛奶，说只要小猴子把右图中的瓶子移动3根火柴，使瓶口对准水杯，就把牛奶给它喝，你快来帮帮小猴子吧！

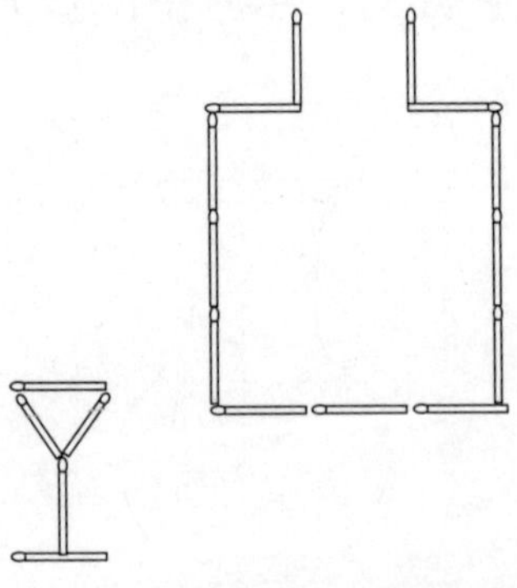

16. 火柴图形巧变换

下图是8根火柴拼成的伞的形状，巧妙变换其中4根火柴的位置，使一把伞变成两把，该怎么变呢?

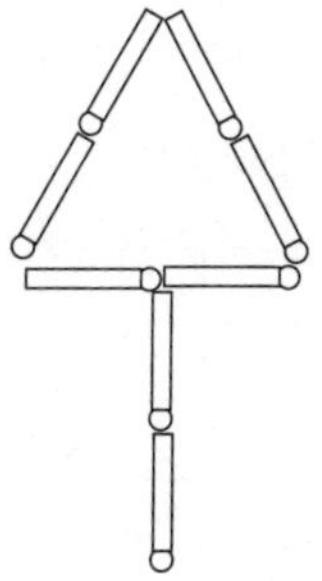

17. 数字士兵大排队

有个数字王国里的士兵不知道怎样排队，国王任命你为数字军的总司令，你来教士兵们怎样排队吧。现在，有一个16个方格的图形，已经有4个五边形排了进去，外面还有4个三角形士兵、4个正方形士兵和4个圆形士兵，要怎样排才能使无论横行、竖行和对角线上都没有相同的数字和图形呢?

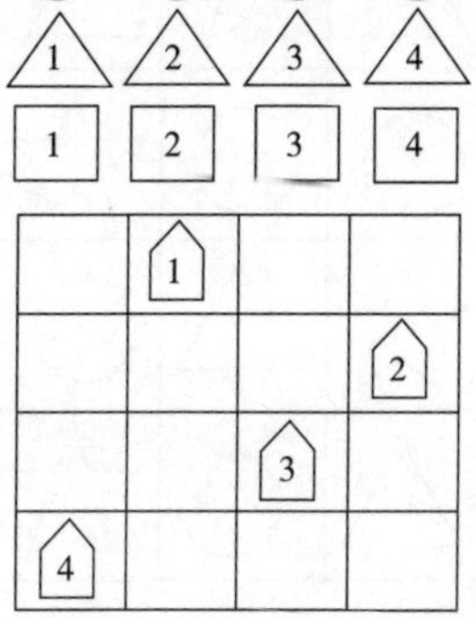

18. 机关里的圆圈阵

小猪猪掉进了一个机关里，这个机关的门上画着一个由10个圆圈排成的正三角形，门上写着，只有移动其中的三个圆圈让它变成一个倒三角形，门才会开启，小猪猪才会得救，你快来帮小猪猪渡过难关吧!

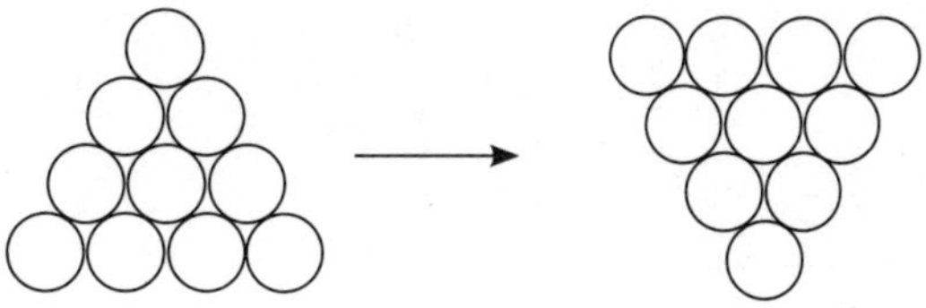

19. 小羊村长的饼干

小羊村长买了一盒饼干，小羊们都想吃，可是村长说谁能解出问题才能吃到饼干，于是它拿出一个有36个格子的小盒子，在里面放上了两块饼干，然后出了题：要使每横行、竖行、斜行的饼干数都不超过两个，那么这个盒子里，最多能放多少块饼干?

20. 被拆开的盒子

一个正方形的小盒子展开之后如下图左边的图形，在右边有五个组合起来的小盒子，看看哪个和左边的盒子不对应？

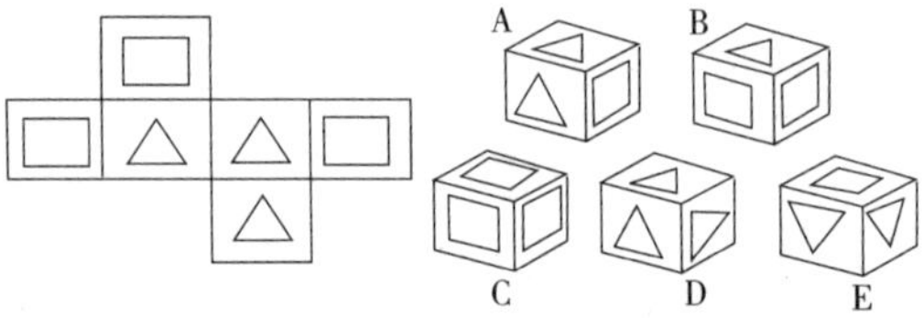

21. 迷路的小猪

一只小猪住在森林的正中央，可是它不小心走出了森林，你快帮小猪找到回家的路吧！

22. 镜子迷宫

下图是一个迷宫，图中格子里的对角线都是平面镜，光线从迷宫缺口处进入会被平面镜反射，那么从哪个缺口进入，光线可以穿过迷宫？

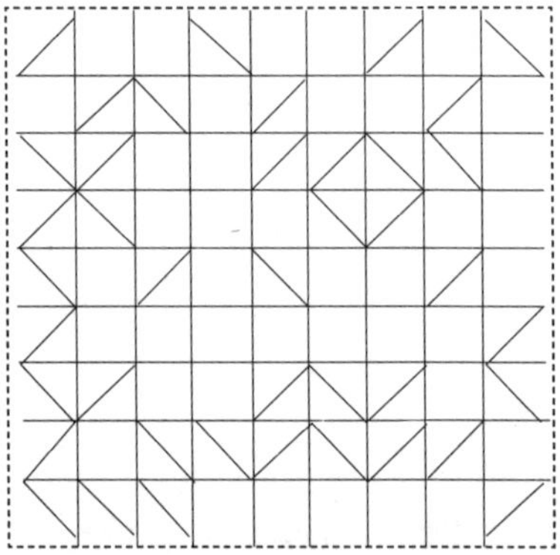

23. 空格里填什么

下列图形的摆放是有规律的，仔细观察这幅图，然后想想问号处该填什么样的图形呢？

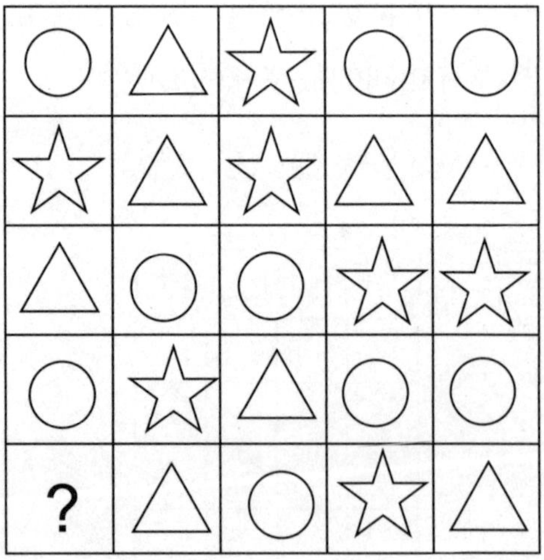

24. 找不同

在下面的A、B、C、D四幅图中，哪个图与众不同？

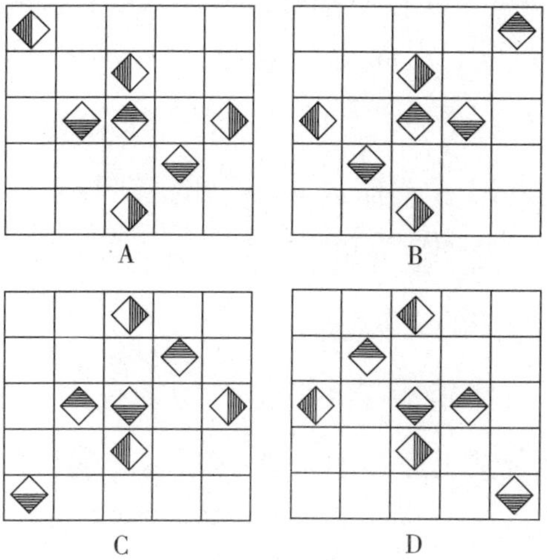

25. 残缺的地毯

有一块漂亮的地毯，中间缺了一块，你能找出它缺的哪一块吗？

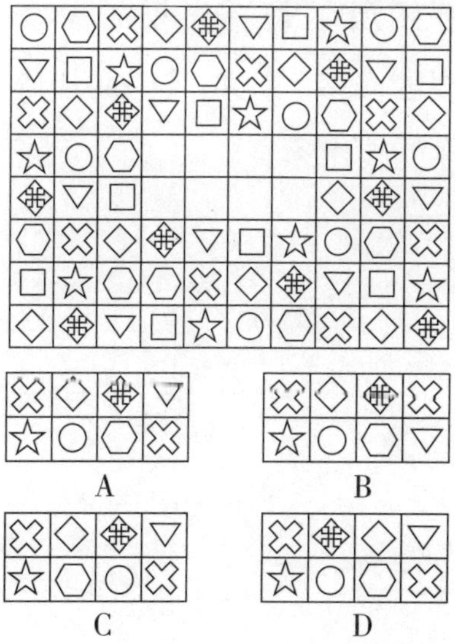

26. 特立独行的图形

在下面的一组图中，有一个与众不同，你能指出是哪一个吗？

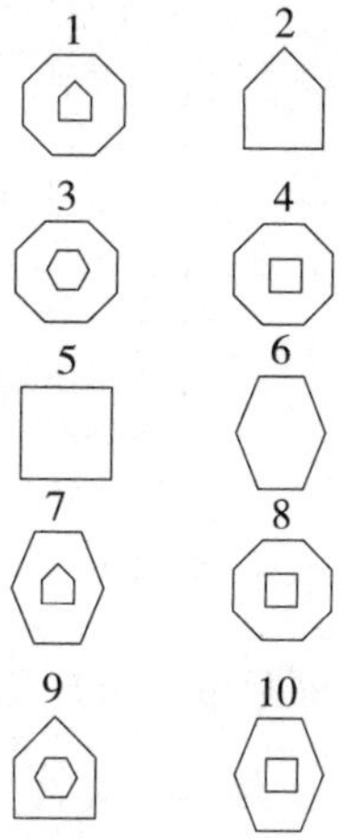

27. 有趣的圆和线段

下面的几幅图，都是由圆和线段组成的，仔细观察这几幅图，你会发现其中的规律，根据你找出的规律，你能在空格中画出正确的图形吗？

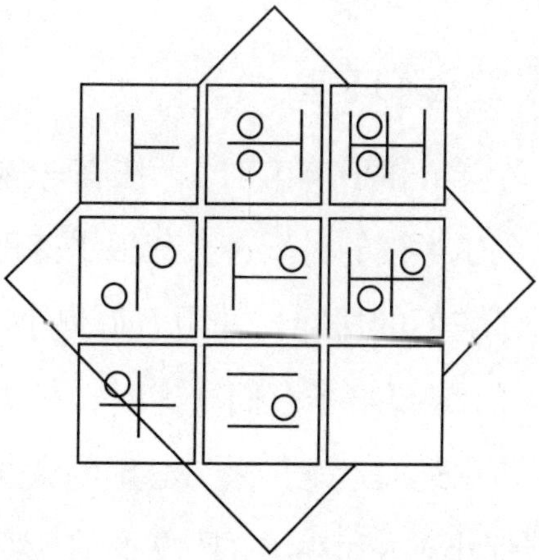

28. 洞察纸牌

8张编了号的纸牌扣在桌上，它们的相对位置如下图所示：

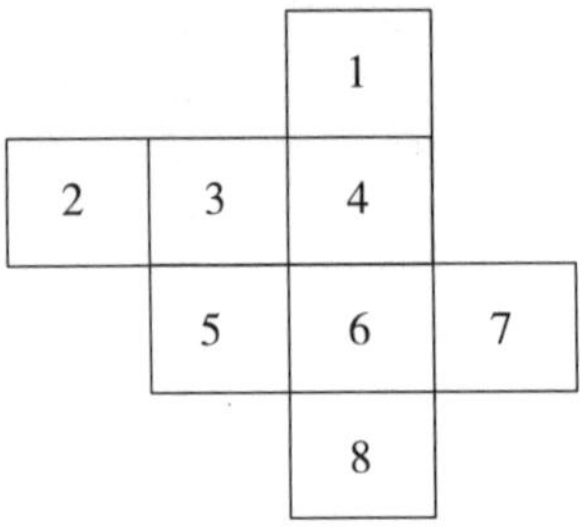

（1）其中至少有一张Q。

（2）每张Q都在两张K之间。

（3）至少有一张K在两张J之间。

（4）没有一张J与Q相邻。

（5）其中只有一张A。

（6）没有一张K与A相邻。

（7）至少有一张K和另一张K相邻。

（8）这8张牌中只有K、Q、J和A这4种牌。

猜猜4种牌是如何分布的？

29. 抓坏蛋

小羊A和小羊B出门，住在一家旅店。到了半夜的时候，大灰狼手持钢刀闯进了它们的房间，并用刀逼迫小羊A和小羊B，要吃了它们。这时，打更的梆子声由远而近地传来，心虚的大灰狼就催促小羊A和小羊B赶快乖乖地跟它走，可小羊A却告诉大灰狼，如果着急的话就必须允许自己点亮灯盏照明，要不看不清楚路，于是，就在打更的梆子声在房间门外响起的时候，小羊A点亮了灯盏，并带上小羊B向门外走去，可就在这个时候，门外的更夫却突然大声地发出了“抓大灰狼”的喊叫声，很快，大家就冲进了房间，抓住了还来不及跑掉的大灰狼。

你猜小羊A是怎么为走在门外的更夫做出屋里有坏蛋的暗示的呢？

30. 相同碎片

下图所示是一座年久失修的宝塔，裂缝多多，正巧其中两块碎片一样，你能找出来么？

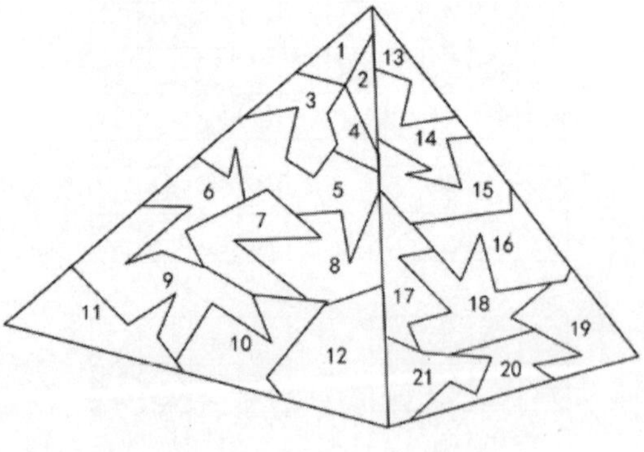

31. 哪个最牢固

下图分别是木工师傅做的4扇门，最牢固的门是哪扇？

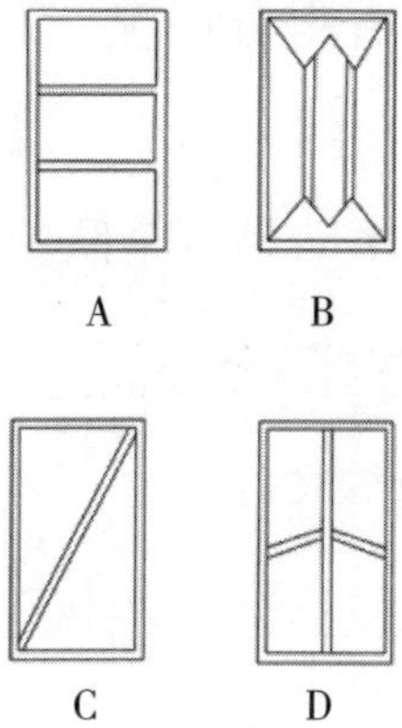

32. 展开图

下列图形中，三棱锥的平面展开图是哪个？

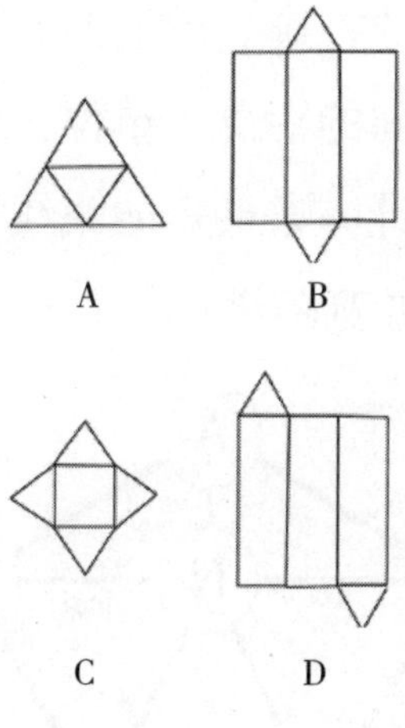

33. 纸杯展开图

一个斜切的纸杯，其侧面展开图是什么样的呢？

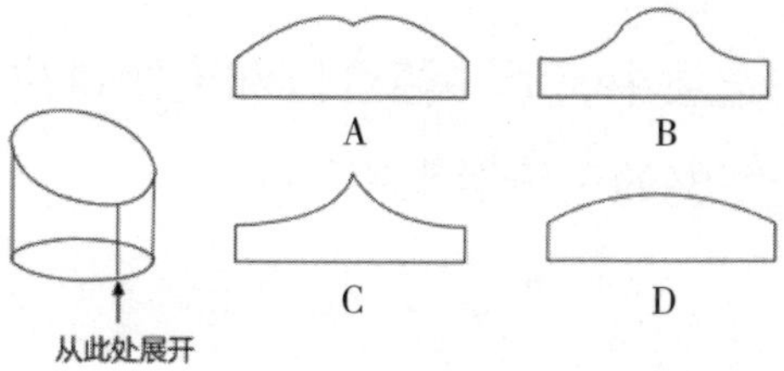

34. 变化的"E"

按照规律，"？"处应补充的图形是哪个？

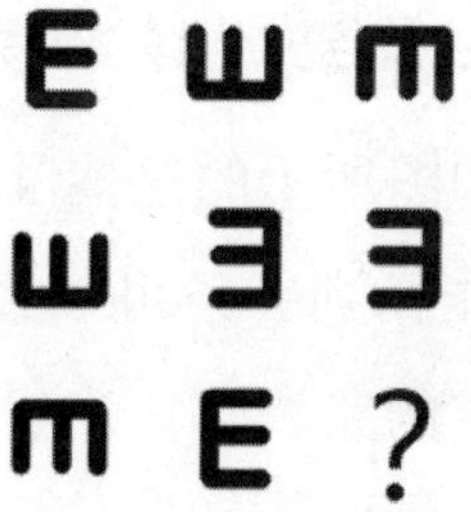

35. 有规律的汉字

由下面左图给出的规律，可以推出右图"?"应填入的汉字为（　）。

（口 旧 首）　（吕 ? 佃）

塘　凸　四　溴

A　B　C　D

36. 拼三角形

选项中，哪一幅可以和上图拼出一个完整的三角形来？

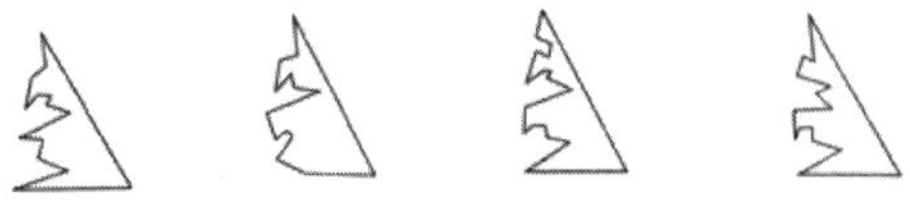

A　　B　　C　　D

37. 找到连续数字

在如图所示的这些乱糟糟的数字中，你能找到一条可以经过从1到10所有数字的路线吗？当然，这些数字必须是连续的。

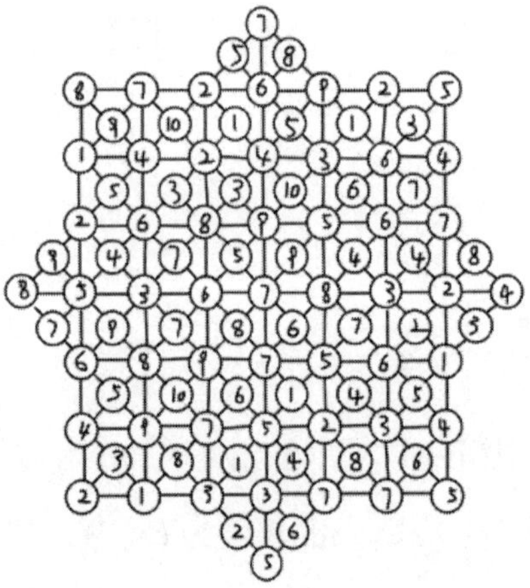

38. 冠军是哪队

A、B、C、D四个参赛队在某周进行双循环赛，每两个队之间比赛两次，每个队每天比赛一场。下图中的左边给出了比赛的最后记分牌的一部分，其余部分裂成了四块，这些碎块只在一面写有得分情况。一个黑圈表示胜一局，白圈表示负一局。

问：冠军队是哪个队？

星期/队名	一	二	三	四	五	六
A	○					
B	○					
C	●	○				
D	●					

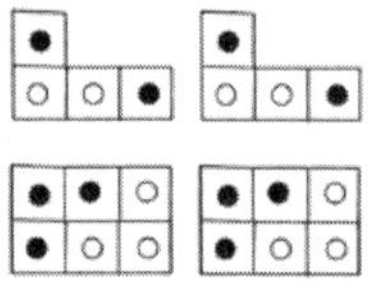

39. 聪明的导游

导游要带领一个旅游团从A地出发，最后目的地是N处，游客要游览图上所有的古迹。图上的数字表示的是两地之间的距离（单位：千米）。导游要设计一条最短的路线游览，那么最短的游览距离是多少千米？

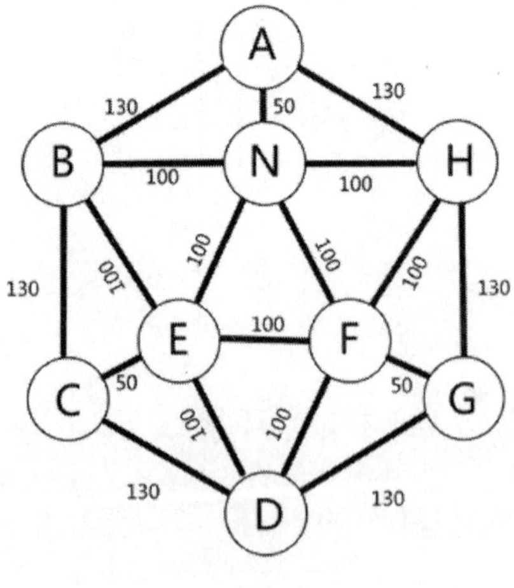

40. “7”的位置

下面所给等式显然不成立，可是如果算式中巧妙地插入两个数字“7”，这个等式便可以成立，你知道这两个7应该插在哪吗？请写出插入两个数字“7”的等式__________。

$125\times4\times3=2000$

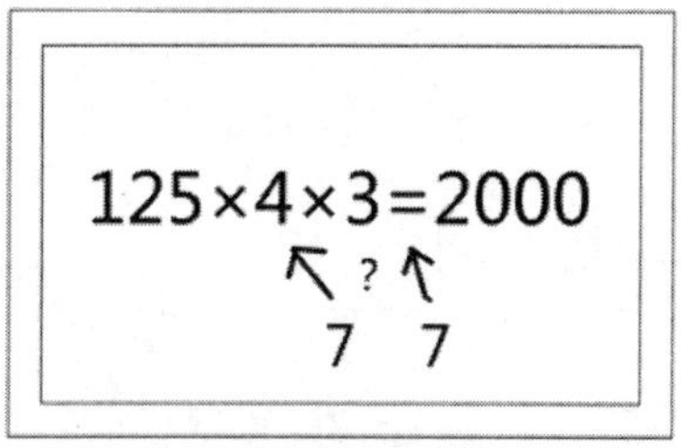

41. 从正方形到三角形

正方形的顶点和各边中点共八个点，以其中三个点为顶点，可组成多少个等腰三角形？

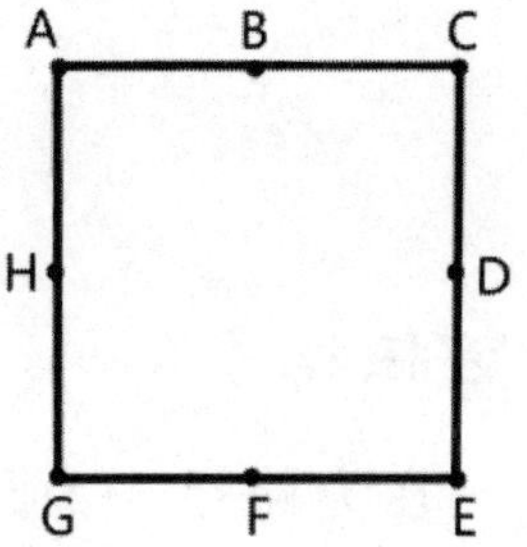

42. 搭屋子

如下图所示，摆第一个“小屋子”要5枚棋子，摆第二个要11枚棋子，摆第三个要17枚棋子，则摆第30个“小屋子”要多少枚棋子？

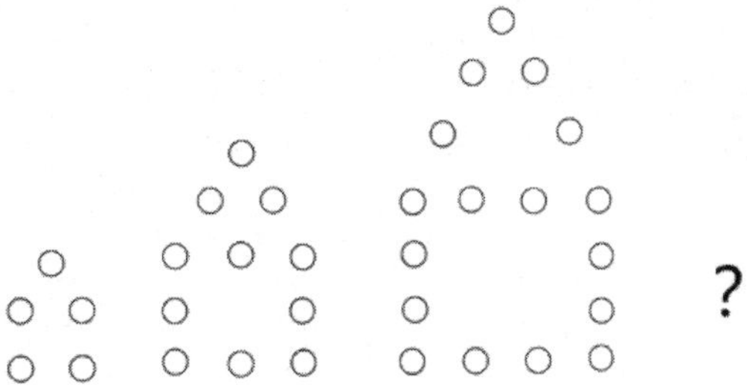

（1）（2）（3）

43. 长大的树

下面是按照一定规律画出的一列“树型”图：

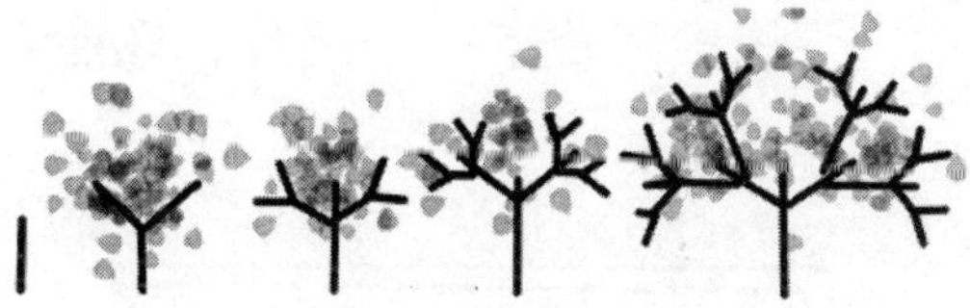

（1）（2）（3）（4）（5）

经观察可以发现：图（2）比图（1）多出2个“树枝”，图（3）比图（1）多出5个“树枝”，图（4）比图（1）多出10个“树枝”，照此规律，图（7）比图（6）多出多少“树枝”？

44. 正方体木块

如图，图（1）是一个水平摆放的小正方体木块，图（2）、图（3）是由这样的小正方体木块叠放而成，按照这样的规律继续叠放下去，至第七个叠放的图形中，小正方体木块总数应是多少？

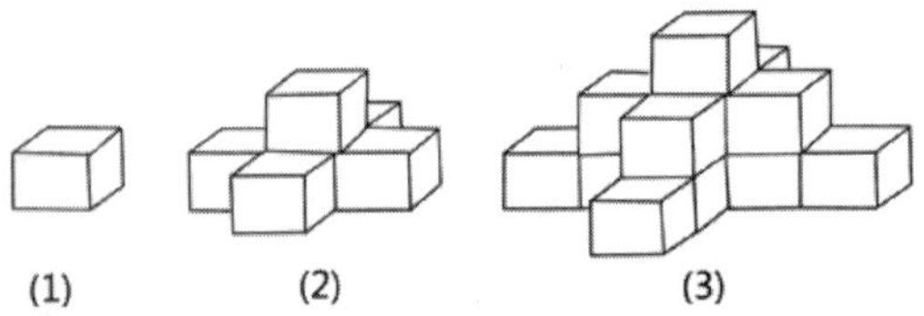

A. 25　B. 66　C. 91　D. 120

45. 隐藏的字母

下图中隐藏了一个字母，你能看出是什么吗？

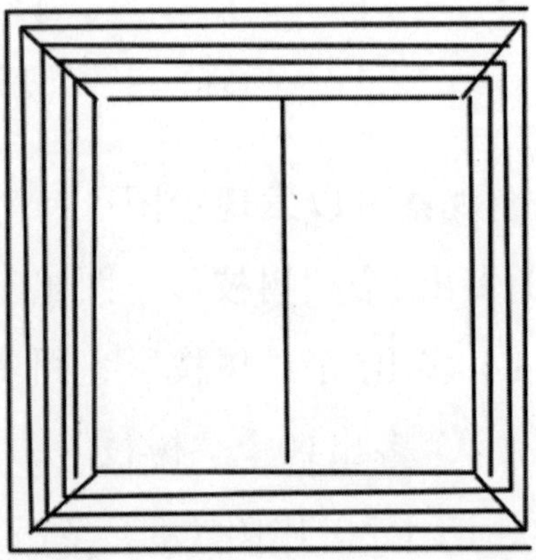

46. 设计花坛

某正方形园地是由边长为1的四个小正方形组成的，现要在园地上建一个花坛（阴影部分）使花坛面积是园地面积的一半，以下图中设计不符合要求的是哪个？

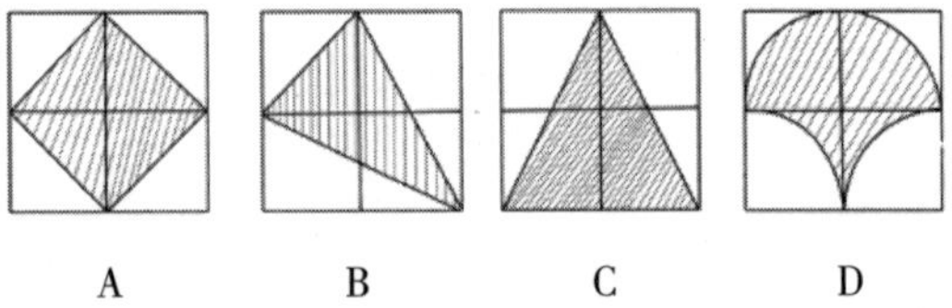

47. 最大的阴影部分

如下图中的四个正方形的边长均相等，其中阴影部分面积最大的图形是哪个？

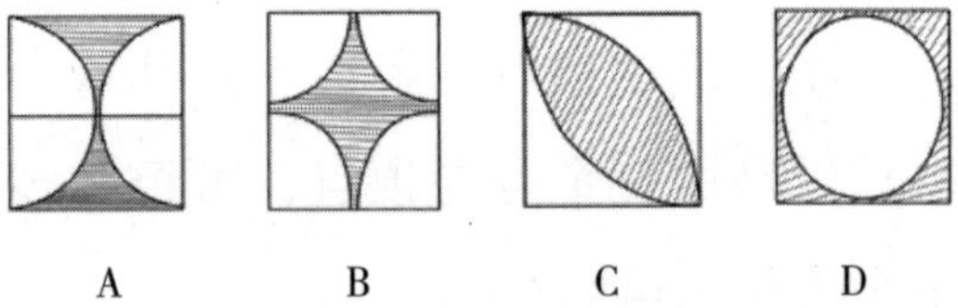

48. 面积相等

如图，在方格纸中有四个图形（1）、（2）、（3）、（4），其中面积相等的图形是（　）。

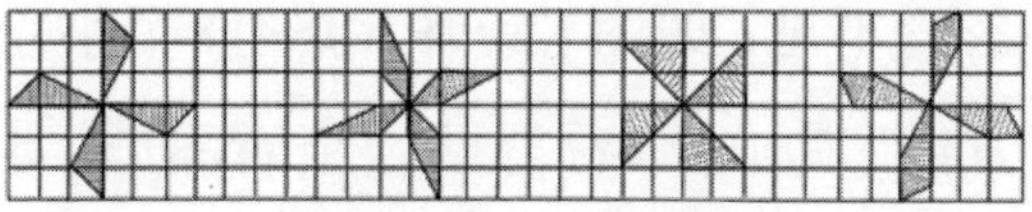

（1）　　（2）　　（3）　　（4）

A.（1）和（2）　　B.（2）和（3）

C.（2）和（4）　　D.（1）和（4）

49. 平行折痕

将一张长方形的纸对折，如下图所示可得到一条折痕（图中虚线）。继续对折，对折时每次折痕与上次的折痕保持平行，连续对折三次后，可以得到7条折痕，那么对折四次可以得到多少条折痕?

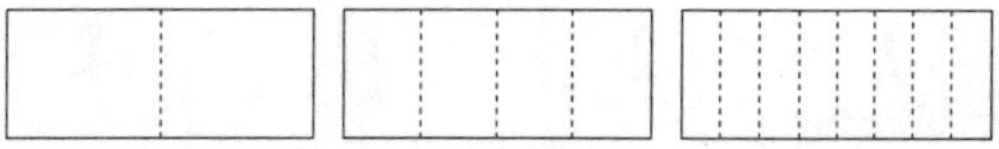

第一次对折　　第二次对折　　第三次对折

50. 变化的阴影

分析如下图①、②、④中阴影部分的分布规律，按此规律在图③中画出其中的阴影部分。

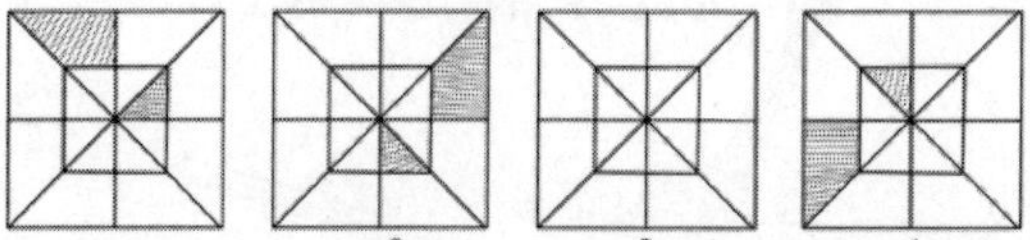

1　　2　　3　　4

51. 纸片裁剪（1）

将一圆形纸片对折后再对折，得到下图，然后沿着图中的虚线剪开，得到两部分，其中一部分展开后的平面图形是（　）。

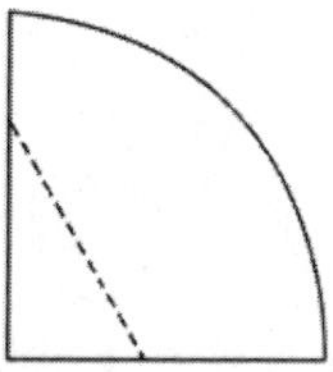

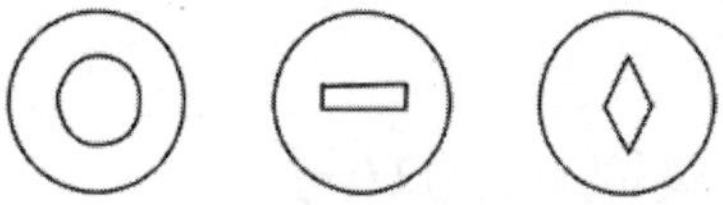

A　　B　　C　　D

52. 纸片裁剪（2）

如图（1），小敏拿一张正方形的纸，沿虚线对折一次得图（2），再对折一次得图（3），然后用剪刀沿图（3）中的虚线剪去一个角，再打开后的形状是（ ）。

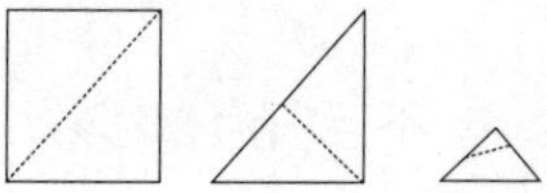

（1）　　（2）　　（3）

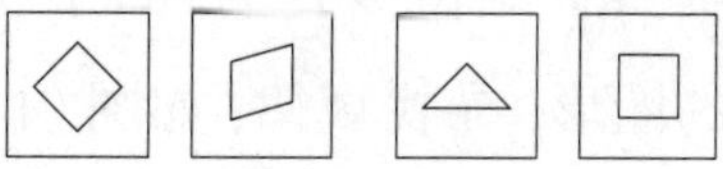

A　　B　　C　　D

53. 纸片裁剪（3）

如图，把一个正方形三次对折后沿虚线剪下，则得到的图形是（　　）。

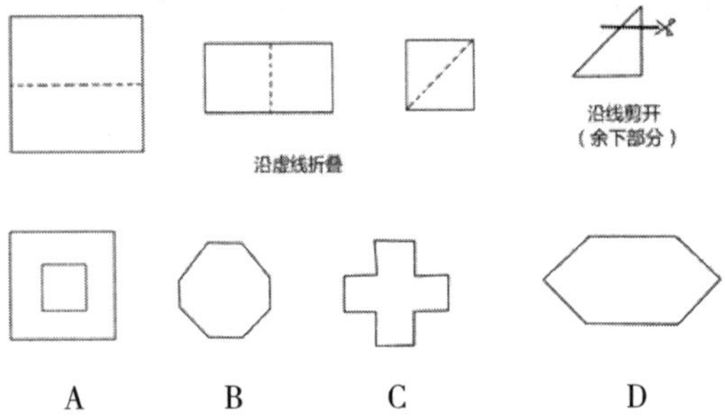

54. 被遮住的珠子

如图，一串有黑有白，其排列有一定规律的珠子，被盒子遮住一部分。请问，这串珠子被盒子遮住的部分有多少颗？

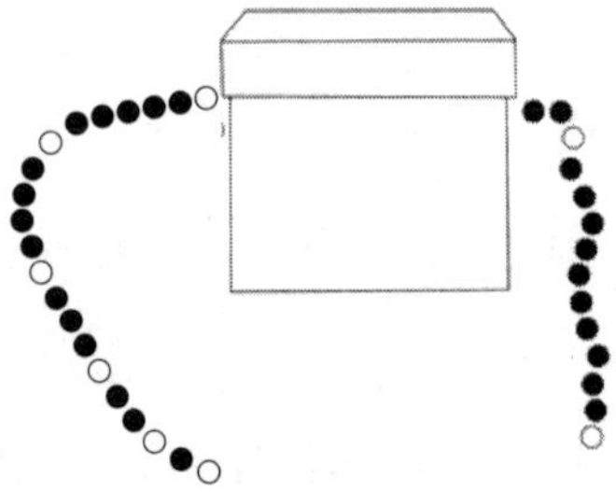

55. 看不到的部分

观察下列由棱长为1的小立方体摆成的图形，寻找规律：如图（1）中：共有1 个小立方体，其中1个看得见，0个看不见；如图（2）中：共有8个小立方体，其中7个看得见，1个看不见；如图3中：共有27个小立方体，其中有19个看得见，8个看不见……则第6个图中，看不见的小立方体有几个？

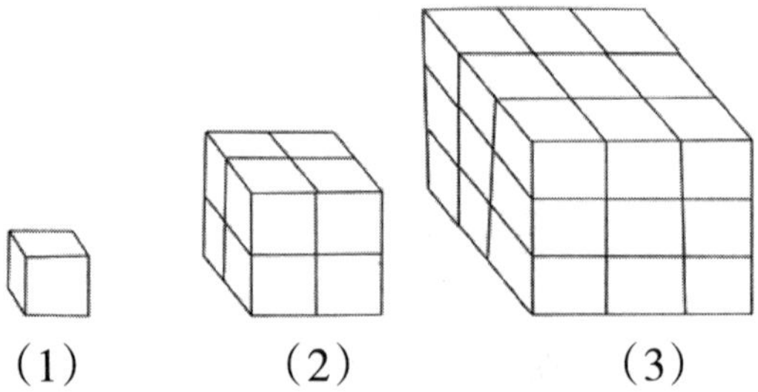

56. 哪一个不一样

下列四张图片中，哪一个与其他的不一样呢？

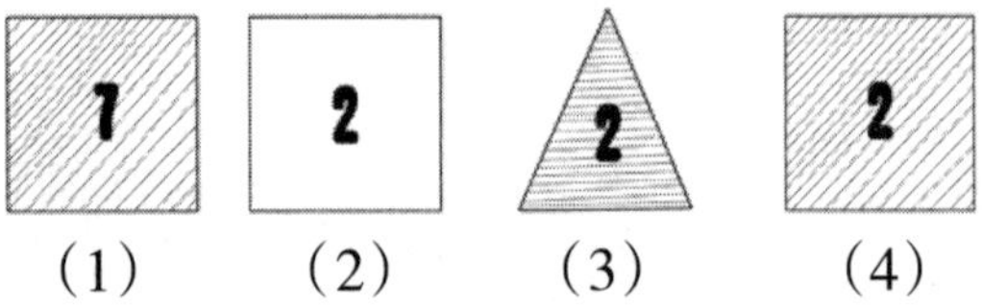

57. 找差别

在下列五个字母中，哪一个与另外四个差别最大呢？

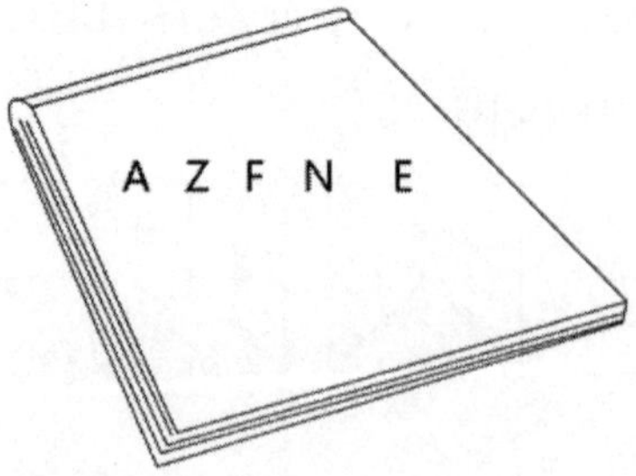

58. 不同的规律

下列图形中，哪一项与其他项的规律不同。

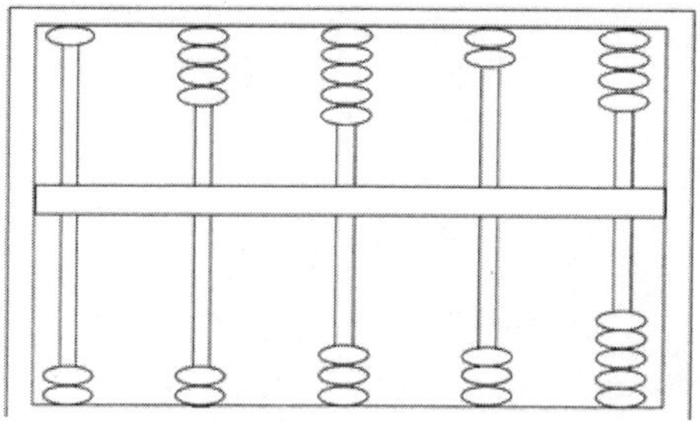

(1)　(2)　(3)　(4)　(5)

59. “皇后”的控制

国际象棋、中国象棋和围棋号称为世界三大棋种。国际象棋中“皇后”的威力可比中国象棋中的“车”大得多：“皇后”不仅能控制她所在的行与列中的每一个小方格，而且还能控制“斜”方向的两条直线上的每一个小方格。如图（1）是一个4×4的小方格棋盘，图中的“皇后Q”能控制图中虚线所经过的每一个小方格。

（1）在如图（2）的小方格棋盘中有一“皇后Q”，她所在的位置可用“（2，3）”来表示，请说明“皇后Q”所在的位置“（2，3）”的意义，并用这种表示法分别写出棋盘中不能被该“皇后Q”所控制的四个位置。

（2）如图（3）也是一个4×4的小方格棋盘，请在这个棋盘中放入四个“皇后Q”，使这四个“皇后Q”之间互不受对方控制[在图（3）中的某四个小方格中标出字母Q即可]。

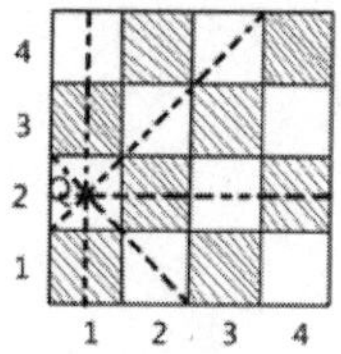

(1)

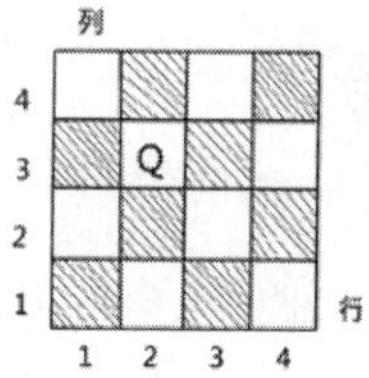

(2)

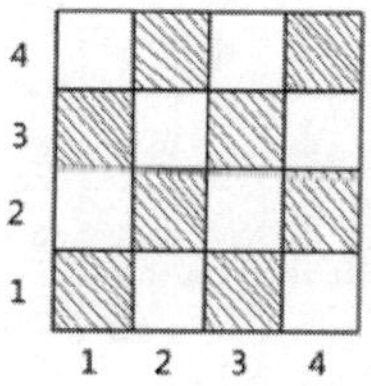

(3)

60. 图形数字阵

如下图，不同的图形代表不同的数字，相同的图形代表相同的数字。请根据图中所给信息，推算出

“?”的值。

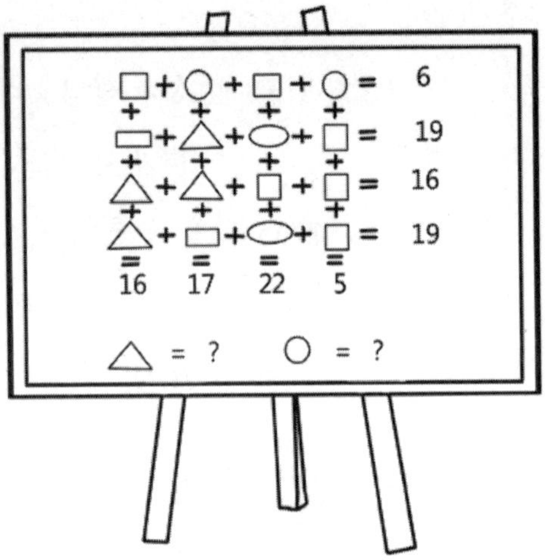

61. 猜图

下图是一个有规律排列的4×4正方形，可是它缺失了一块，你能从给出的四个选项中把它找出来吗？

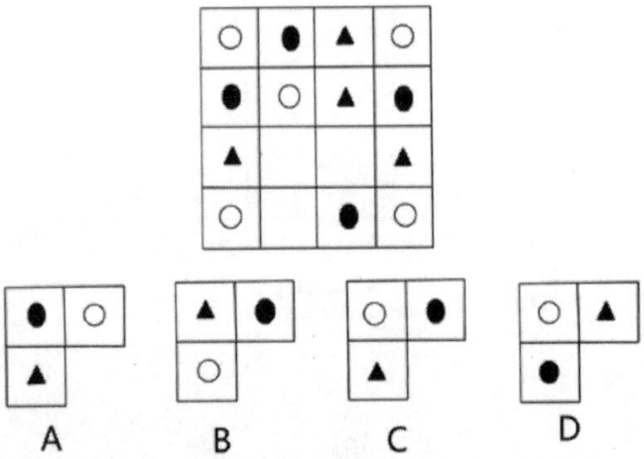

62. 特别的数字

下面给出了8个数字，请你找出这组数字中不同的数字。

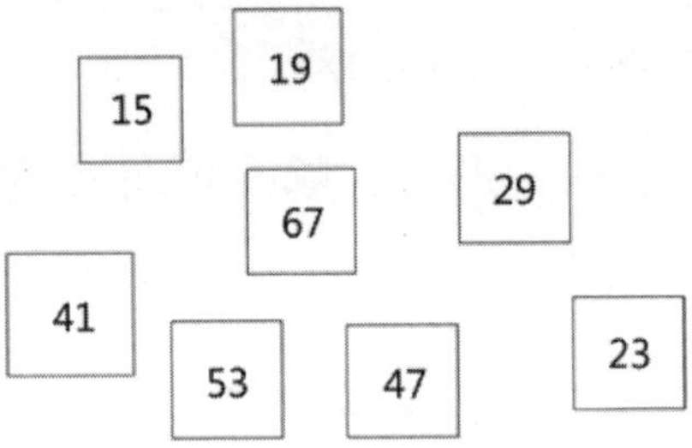

63. 给“F”找位置

在下图中，每一个数字代表一个字母（A–F），如果A只能和B,C,D相连，C只能和A，E相连，那么你能给“F”找到位置吗？

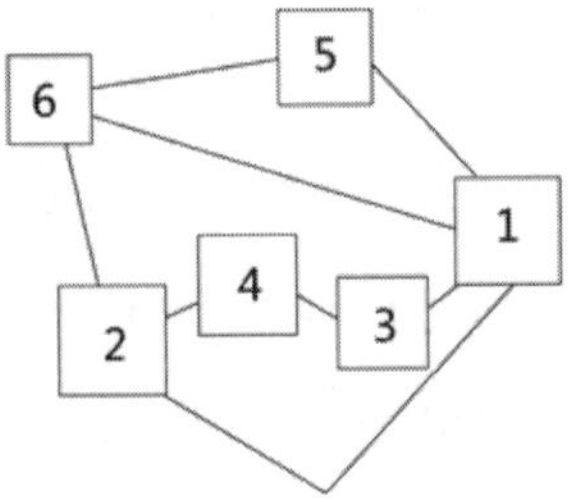

64. 曲线连数

请把下面图中的1~18用曲线从头到尾连起来，注意曲线之间不能交叉。

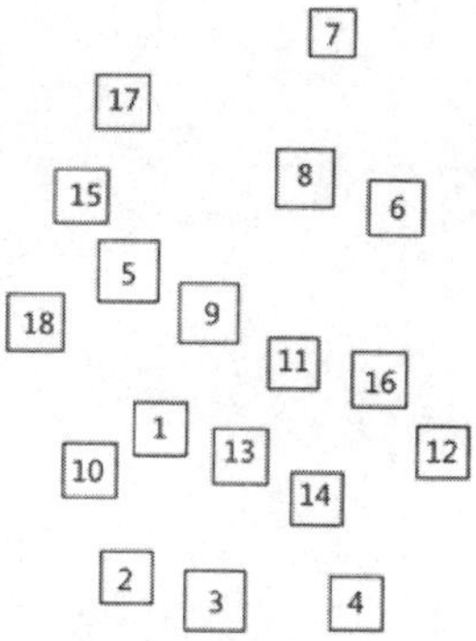

65. 城镇的方向

在如下图所示的地图中，每个数字代表不同的六个城镇A，B，C，D，E，F。其中各自相对方位为：C在A的南边，E的东南边，B在F的西南边，E的西北边。

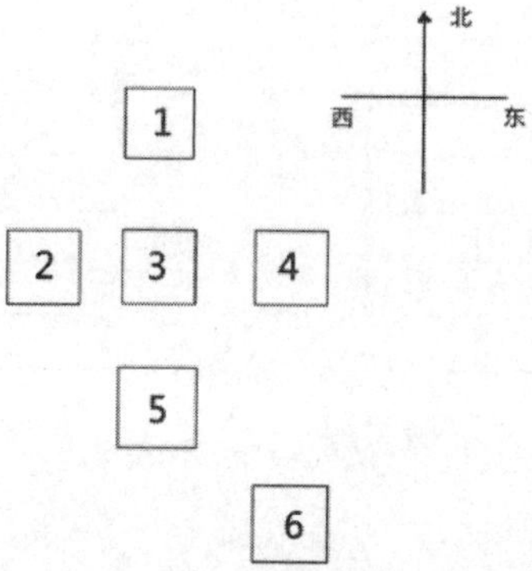

（1）图中的1处代表哪个城镇？

（2）最西边的城镇是哪一个？

（3）位于A镇西南边的城镇是哪个？

（4）位于D镇北边的城镇是哪个？

（5）图中的6处代表哪个城镇？

小故事

英国首都伦敦是个“雾都”。一天早晨，国会议员史密斯先生出门，他要在八点钟之前赶到国会参加一个重要的会议。可是大雾弥漫，咫尺之内，不见人影。史密斯先生没走多远就迷路了，就在他不知所措的时候，突然碰到了一个人。

那人说：“先生，您有什么事？”史密斯赶紧告诉他自己要到国会开会。

那人说：“先生，您别着急，我带您去。”说完就领着史密斯向前走去。

他们走过一条街，拐了一个弯，穿过了一个广场，不一会儿就来到国会大楼。

史密斯大为惊讶：“先生，这么大的雾，您是怎么找得着路的？”

那人说：“有雾没雾对我来说是一个样，我是个盲人。”

盲人为明眼人领路，乍听起来出乎意料，可细想一下又在情理之中。

第一章 答案

1. 哪个图形不一样

B。

2. 破碎的心

BEF。

3. 奇特的照片

第一张是在夏天照的，第二张是在冬天照的。

4. 奇怪的时钟

A左下为时针，右上为分针；B左下为时针，右上为分针；C上面应为时针，下面应为分针；D左边为分针，右面为时针。

5. 多出了一块饼干

C。

6. 数一数

14个，7个，2个。

7. 一笔画成的图形

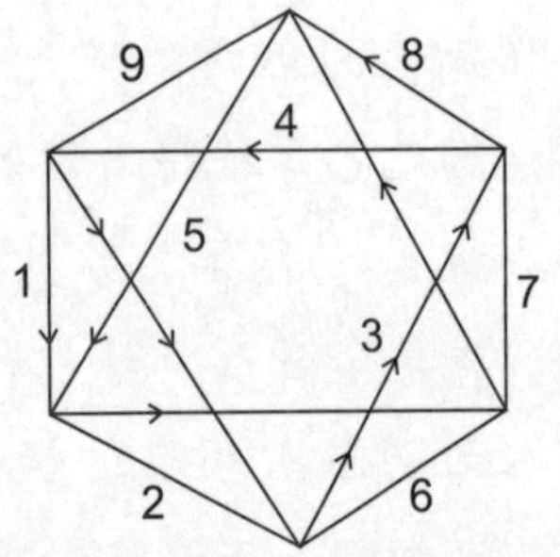

8. 会变形的花瓶

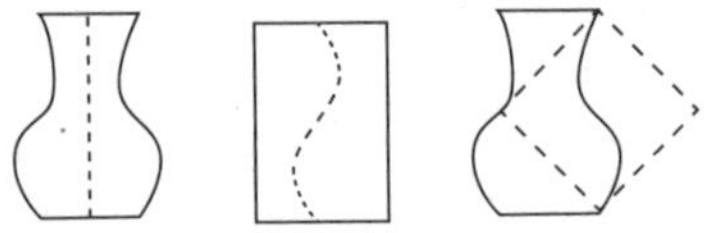

9. 谁先找到宝石

同时到达。

10. 锯木板

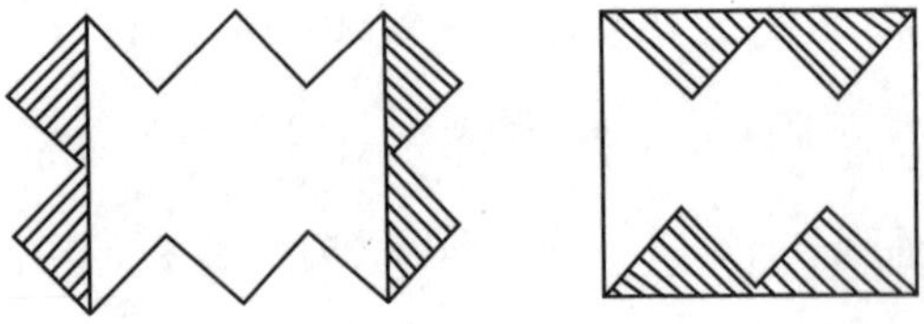

11. 有趣的方孔图形

有两种方法如图：

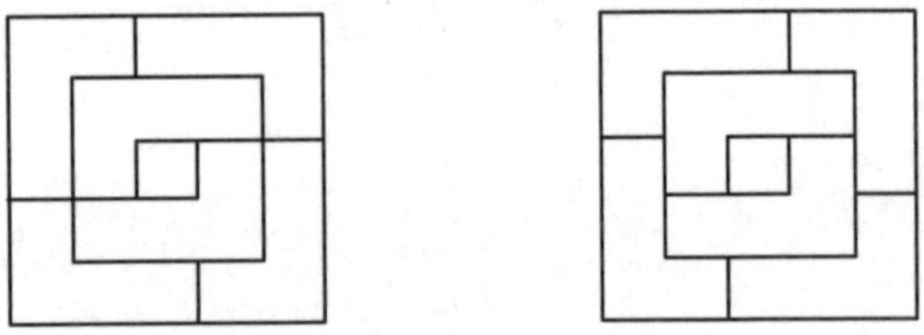

12. 小熊收玉米

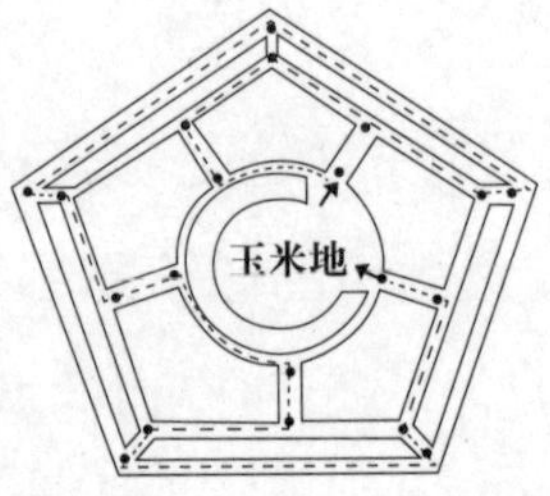

13. 变化的图形

B。

14. 排队

最后一个是女生。

15. 小猴子喝牛奶

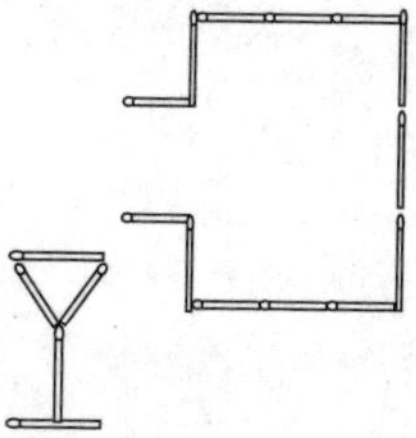

16. 火柴图形巧变换

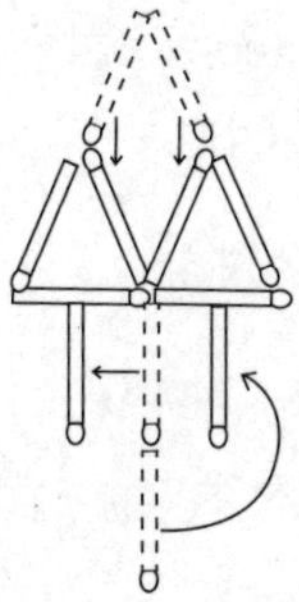

17. 数字士兵大排队

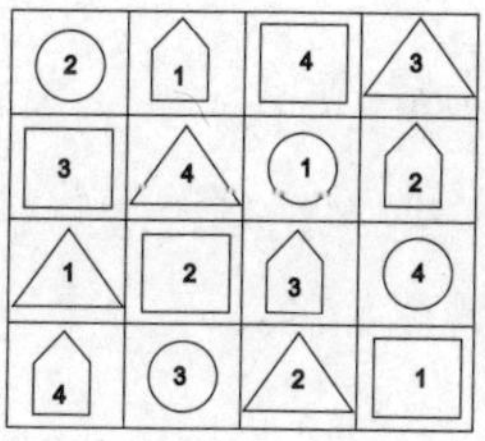

18. 机关里的圆圈阵

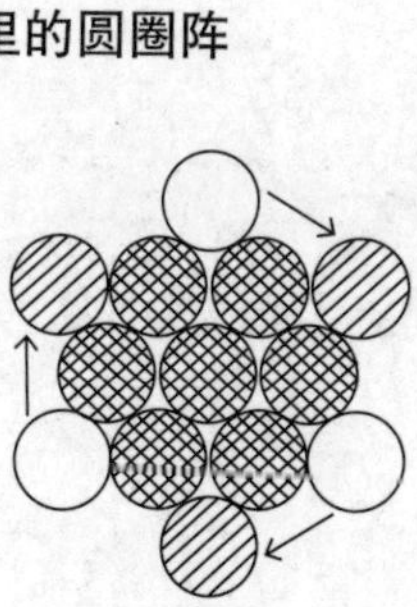

19. 小羊村长的饼干

12只，如图：

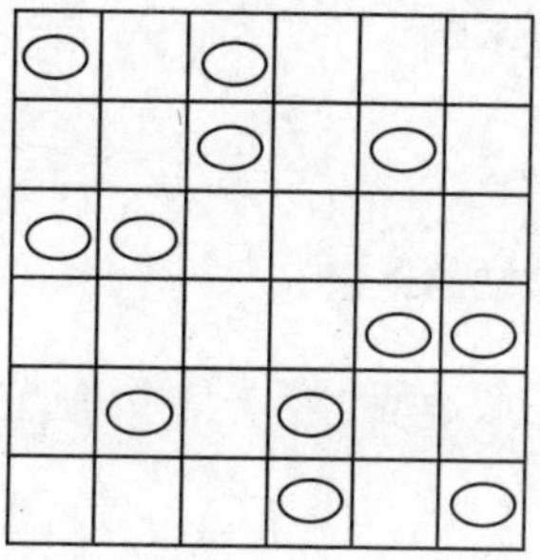

20. 被拆开的盒子

D、E。

21. 迷路的小猪

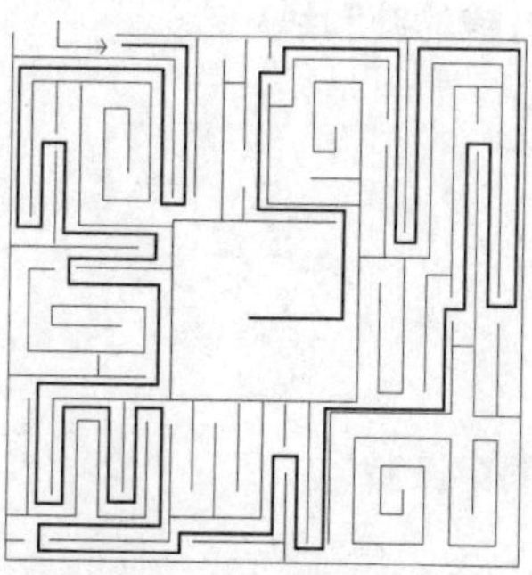

22. 镜子迷宫

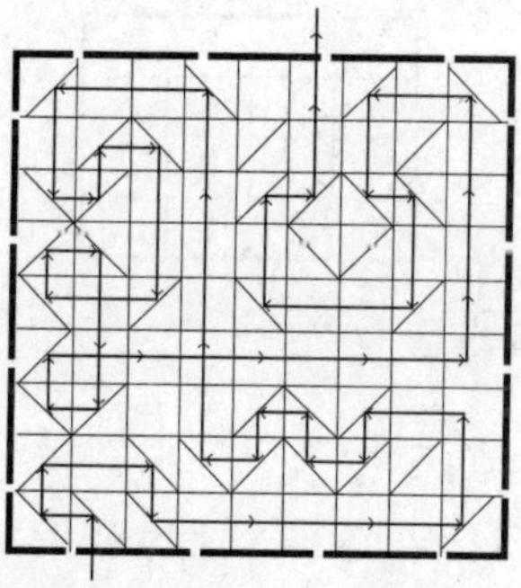

23. 空格里填什么

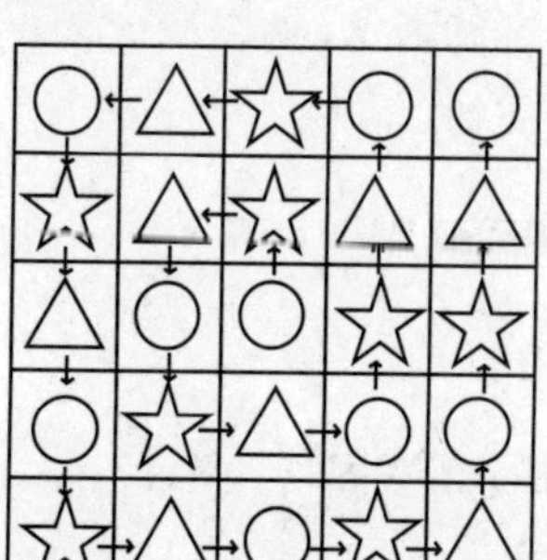

24. 找不同

B。

25. 残缺的地毯

A。图形是朝水平方向和垂直方向，每次走四步。

26. 特立独行的图形

9。因为它是唯一一个里面图形的边数多于外面的图形。

27. 有趣的圆和线

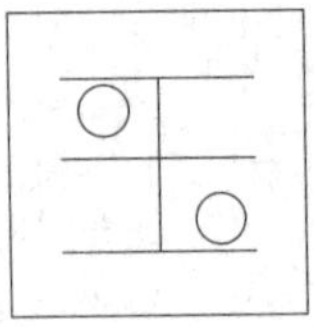

28. 洞察纸牌

编号为3的纸牌为A，其余的位置如下图：

		K	
J	A	Q	
	J	K	J
		K	

29. 抓坏蛋

小羊A特意选在更夫走到屋子门外的时候点亮了灯盏，这样一来大灰狼拿刀的影子就很清楚地映在了窗户上，这就给更夫提供了一个最好的暗示，所以更夫才得以知道屋子里有大灰狼。

30. 相同碎片

10和16。

31. 哪个最牢固

C。

32. 展开图

D。

33. 纸杯展开图

B。

34. 变化的“E”

A。按列分析，每一列第一个和第二个图形之间是90° 变化，第二个和第三个图形之间是180° 变化。

按行分析的规律是，每一行第一个图形逆时针旋转90° 得第二个图形，第二个图形上下翻转得第三个图形。

35. 有规律的汉字

D。左图“口”的数量变化为1，2，3；右图“口”的数量变化为2，3，4。

36. 拼三角形

B。

37. 找到连续数字

首先找到数字1，然后按照顺序找下一个数字即可。答案如图：

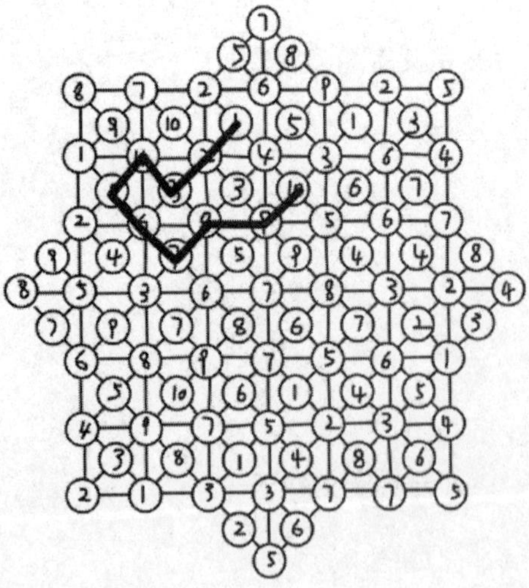

38. 冠军是哪队?

C。比赛结果如下图所示:

星期 / 队名	一	二	三	四	五	六
A	○	○	○	●	○	○
B	○	●	○	○	●	○
C	●	○	●	●	●	●
D	●	●	●	○	○	●

图形拼接的时候要注意,每一列都是两个白圈,两个黑圈。

39. 聪明的导游

790千米。游览路线如图中粗线所示(只是其中的一种)。

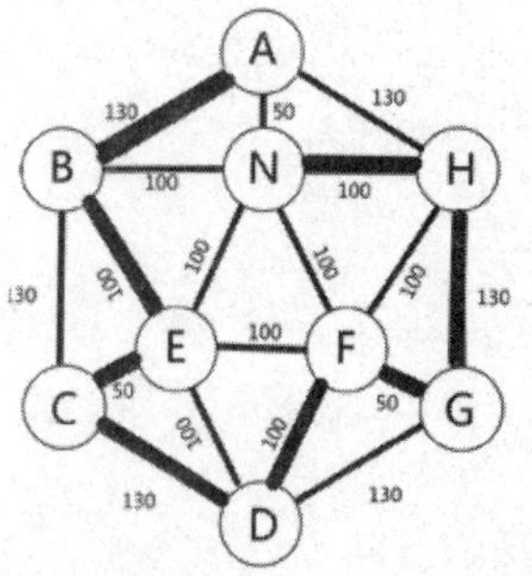

40. “7”的位置

1725×4×3=20700。

41. 从正方形到三角形

20个,可以把所有点连接起来,再数。

42. 搭屋子

179。下一个屋子需要的棋子数量比上一个多6个。

43. 长大的树

80。

44. 正方体木块

C。

45. 隐藏的字母

大写字母T。

46. 设计花坛

B。

47. 最大的阴影部分

C。

48. 面积相等

A。

49. 平行折痕

15。

50. 变化的阴影

答案如下图:

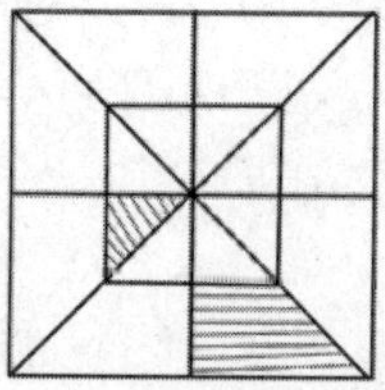

51. 纸片裁剪(1)

C。

52. 纸片裁剪(2)

B。

53. 纸片裁剪(3)

C。可实际操作解答。

54. 被遮住的珠子

6+1+7+1+8+1+9−2=31(颗)。

55.看不到的部分

125个。看不见的数量是(边长-1)×(边长-1)×(边长-1)个。

56. 哪一个不一样

(4)与其他不一样。因为(1)与其他数码不一样,(2)与其他颜色不一样,(3)与其他形状不一样。而(4)不能找到与其他不一样的地方,所以(4)与其他不一样。

57. 找差别

F。其他四个都具有对称性,而F没有。

58. 不同的规律

(3)。其他两端数量相乘得偶数,(3)两端数量相乘得奇数。

59. "皇后"的控制

(1)(2, 3)表示的意义为第二列第三行的交叉点。不能控制的四个点如下图所示,位置为(1, 1)(3, 1)(4, 2)(4, 4)。

(2)位置如图所示。

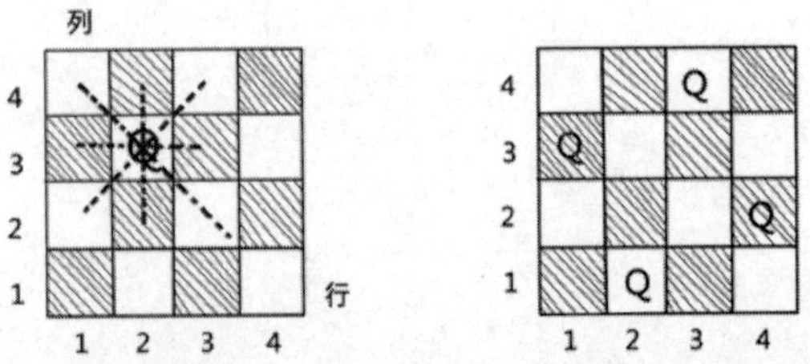

60. 图形数字阵

圆形代表的是"2",三角形代表的是"7"。

61. 猜图

C。按照白圈,黑点,黑三角的顺序成链状排列。

62. 特别的数字

15。其他的都是质数。

63. 给"F"找位置

5。A只能在2或6上,而根据第二个条件,可以排除6,所以A在2上,从而C在4上,1,6可以为B或D,3为E,从而F在5上。

64. 曲线连数

答案如下图所示:

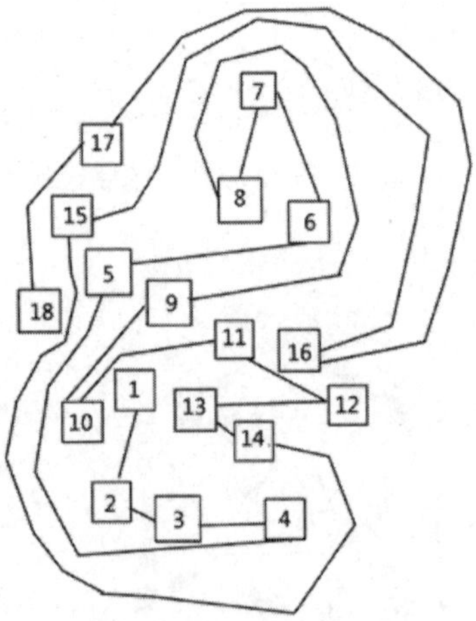

65. 城镇的方向

(1)F (2)B (3)E (4)F (5)C

第二章
独具慧眼——判断能力

1. 卸冬瓜

有个商人载着一船冬瓜从外地回来，可是岸边和船上都没有缆绳，于是商人没有系缆绳就开始卸运冬瓜。当工人将冬瓜从船头抛向岸上的时候，你猜猜会发生什么样的情况？

2. 结果

在算术里，1+1=2，是唯一正确的结果，可是在实际生活中，1加1的结果却可以有很多种。比如1杯水加1杯水还等于1杯水，所以，1加1也可以等于1。

根据以上的这种算法，你能想出4减4的其他结果吗？

3. 有多少个“9”

从1到11，一共有4个“1”，这是因为“1”“10”“11”中分别有1个、1个和2个“1”，加在一起就是4个。那么照这样的算法，从1到100，你知道一共有多少个“9”吗？

4. 神奇的魔方

一个魔方，六个面都被涂上了红色，现在这个魔方被切割成了大小相同的27个小立方体，你能够回答出下列问题吗？

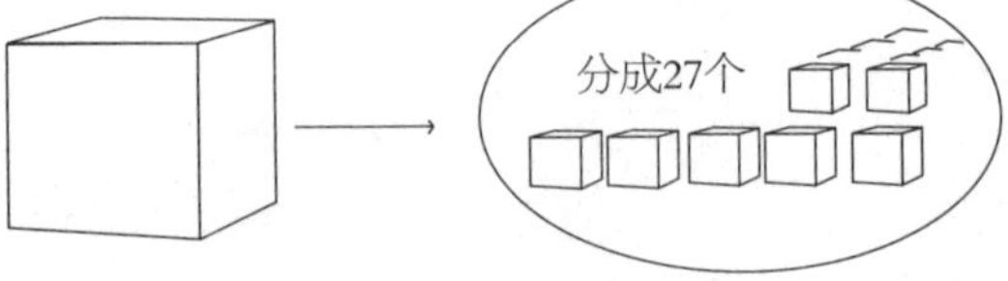

（1）有三个面是红色的立方体有多少个？

（2）有两个面是红色的立方体有多少个？

（3）有一个面是红色的立方体有多少个？

（4）六个面都不是红色的立方体有多少个？

5. 小狐狸的狡辩

小狐狸的期末成绩考得很糟糕，狐狸妈妈很生气，就责备它说：“小狐狸，你怎么这么不用功呢？三科考试都没有及格。”

小狐狸委屈地说：“妈妈，不是我不用功，是我的时间太紧张了，根本就没有时间学习。您看，我每天要睡8小时的觉，这样算下来，我一年的睡眠时间就是22天。我们每星期要休息两天，这样一年就要休息104天。我每天吃饭和上学走路的时间一共是5小时，这样一年又花掉76天。另外，每年的暑假和寒假加起来共有60天。这些时间加在一起共有362天。我每年只有3~4天的时间学习，怎么才能学好呢？”

小狐狸的话有道理吗？如果你是小狐狸的妈妈，你会怎么反驳它呢？

6. 车牌号码

牛牛一次出外游玩，在过马路的时候被一辆超速行驶的汽车撞得在空中翻了个半圈，牛牛落到地上的时候，汽车已经匆忙逃走了。所幸的是，牛牛并没有受伤，警察赶过来问牛牛有没有看到肇事车辆的车牌号，牛牛说他在半空中的时候看到车牌号是9986。警察按照牛牛所提供的线索，找到了汽车的主人，可是汽车的主人怎么也不承认自己撞了人，还拿出了不在场的证据。你知道这是怎么一回事吗？

7. 聪明的小老鼠

有30只小老鼠在玩游戏，大家站成一排，从头至尾报数，报到奇数的小老鼠要退出游戏，剩下的小老鼠则排成一列重新报数，最后剩下的一只小老鼠可以得到一袋花生米作为奖赏，有一只白色的小老鼠特别聪明，他站了一个位置，最后得到了花生米，你知道他站在哪里吗？

8. 可口的汽水

一家商店最近开展了一项促销活动。凡从商店里购买汽水的人，都可以凭借两个空汽水瓶再换回一瓶新汽水。已知，每瓶汽水售价1元，东东有20元，他最多能喝到多少瓶汽水呢？

9. 球在哪里

一只小狗特别喜欢玩球，可它每次玩完球都不记得把球放在了哪里。有一天，小狗又想玩球，它的妈妈想给他一个小小的教训，就拿出三个口袋，把球放在其中的一个口袋里，并在每个口袋上都贴了一张纸条。第一个口袋上写着：“球在这里”。第二个口袋上写着：“球不在这里”。第三个口袋上写着：“球不在第一个和第三个口袋里”。小狗的妈妈告诉小狗说：“这三个口袋上的话只有一句是真的，你只有一次打开口袋的机会，如果错了今天就不能玩球了。”小狗想了半天，不知道该打开哪个袋子，你快来帮帮它吧！

10. 一笔横财

猫猫王国的国王得罪了狗狗王国的国王，于是，狗狗国王宣布：“从此以后，猫猫王国的10元钱在狗狗王国只值8元钱。”猫猫国王听到了这个消息以后，也在自己的王国里宣布：“从此以后，狗狗王国的10元钱在猫猫王国只值8元钱。”

在两国的交界处住着一只小猴子，它利用两国的政策毫不费力地赚了一笔大钱，你知道它是怎么做到的吗？

11. 谁说得对

老师对同学们说：“白花和红花不能同时开花。”底下的同学们就开始议论纷纷。

甲同学说：“老师的意思是白花能开花，红花不能开花。”

乙同学说：“不对，老师的意思是白花不能开花，红花能开花。”

丙同学说：“不对，老师的意思是如果白花不开花，那么红花就开花。”

丁同学则说：“你们都错了，老师的意思是如果白花开花了，那么红花就不能开花了。”

你知道甲乙丙丁四位同学中，谁猜对老师的意思了吗？

12. 谁参加了足球赛

某所大学的中文系在周末的时候组织了一场足球赛，到了周一的时候，一个班的班长开始统计究竟有多少人参加了足球赛。

体育委员说："有一些人参加了足球赛。"

文艺委员说："有一些人没有参加足球赛。"

学习委员说："张兵同学没有参加足球赛。"

已知三个人的话中只有一个人的是真话，你能判定究竟有多少人参加了足球赛吗?

13. 分玩具

小羊A和小羊C一起去青青草原的集市上买玩具。两人每人出了20元钱，一起买了一个坦克玩具。可是该怎么分这个玩具呢，两人犯了难。

后来小羊村长给他们出了个主意：他们可以互相拍卖这个玩具，两人各自把自己的出价写在一张纸上，然后拿给对方看，谁的出价高就得到这个玩具，但要以对方的出价为准付给对方费用。如果两人的出价相同，玩具就归两人共同所有。注意：出价时只能以元为单位，不能以角和分为单位。

如果你是小羊A或小羊C，怎么出价才能对自己最有利呢?

14. 可乐和橙汁

小猪和小鹿一起去喝饮料，小猪点了一杯可乐，小鹿点了一杯橙汁，小猪将自己的可乐舀了一小勺倒进小鹿的橙汁里，小鹿将自己的饮料搅拌均匀，也舀了一小勺倒进小猪的可乐里。那么，现在是可乐里的橙汁多，还是橙汁里的可乐多呢?

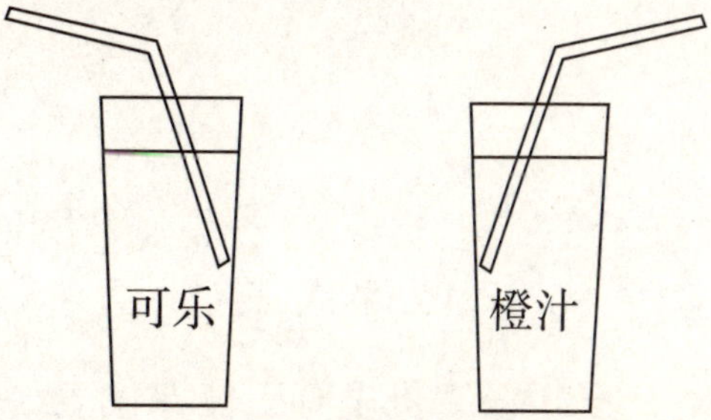

15. 神秘的走私案

阿达是个走私惯犯，曾经从南非走私过大量钻石，但是从没有落过网。

去年6月，阿达开着一辆崭新的跑车通过海关。海关人员对他的车进行了彻底的检查，最后在他的车底发现了三个小盒子，第一个小盒子里装着石灰粉，第二个小盒子里装着白矾的粉末，第三个盒子里装着铁屑。海关的人员非常疑惑，搞不懂他为什么要藏着这些东西。更奇怪的是，每隔一周，阿达都会开着他的新跑车来通过海关，每次都藏着同样的东西，海关人员由于没有足够的证据，只好无奈地把他放走了。

后来，有个聪明的侦探听说了这件事情，他来到海关，对海关关长说，下次阿达再经过海关的时候一定要抓住他，因为他走私了很重要的东西。

那么，你知道阿达在走私什么吗？

16. 三位课代表

三年级二班里有三位课代表，分别是语文课代表、数学课代表和英语课代表。语文课代表总是说真话，数学课代表总是说假话，英语课代表有时候说真话有时候说假话。

明明说：“我不是语文课代表。”

乐乐说：“我不是数学课代表。”

珊珊说：“我不是英语课代表。”

通过以上的材料，你能判断出谁是谁吗？

17. 谁是精神病人

一天，一个精神病医院的大门被工作人员不小心打开了，此时有好多精神病人正在院子里遛弯，其中有五个病人趁机从医院里跑了出来。后来经过工作人员和警察的共同搜寻，终于找回了四个人，还有一个人没有找到。

过了大概3小时，警察在河边发现了四个正在钓鱼的人，警察确定其中肯定有一个就是从医院里跑出来的病人，因为在附近，他们找到了病人丢弃的衣服。已知，四人当中，有一个是律师、一个是医生、一个是老师，剩下的那个就是病人。当他们说到病人的时候，他们的话都是假话，当他们说到其他人的时候，他们的话都是真话。

甲说："乙不是律师。"

乙说："丁不是医生。"

丙说："甲不是老师。"

丁说："乙不是医生。"

根据以上的信息，你能判断出谁是精神病人吗？

18.坏掉的鸡蛋

丁丁的妈妈从商店里买了12个大小相同的鸡蛋，其中有一个鸡蛋变质了，从外表来看，变质的鸡蛋同其他鸡蛋没什么两样，只是鸡蛋的重量不同，但不知道变质的鸡蛋是重了还是轻了。丁丁家有一个天平，妈妈说最多用4步就可以把坏掉的鸡蛋称出来，你知道怎么做吗？

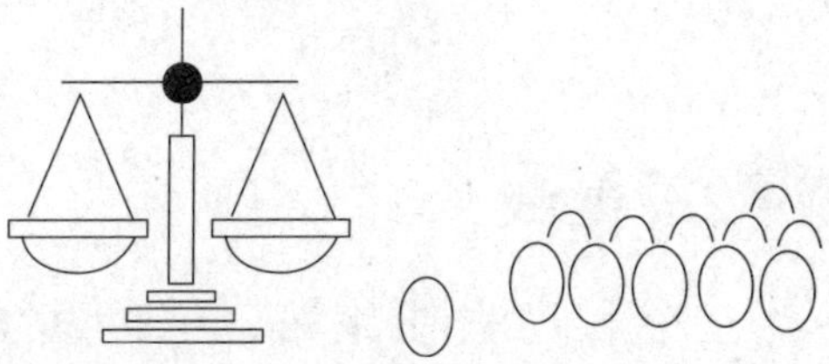

19.结论

曾经有很长一段时间，女人们特别喜欢戴一种鸭舌帽，因为有一种酷酷的感觉，但是男人们普遍都认为这种帽子很难看，不能衬托出女性的柔美，于是，不久之后这种帽子就很少见了。现在，在很多男士的衣柜里，双排扣的西装已经非常少见了，这种西装虽然很气派和庄重，但总给女人一种拒人于千里之外的感觉。

根据上面一段话，有四个人得出了四种不同的结论，你知道谁的结论最准确吗？

甲：现在市场上已经没有女人的鸭舌帽和男人的双排扣西装了。

乙：女人喜欢赶流行，男人不喜欢赶流行。

丙：戴鸭舌帽的女人没有女人味，穿双排扣的男人没有男人味。

丁：男性女性的服饰是否能流行，很大程度上取决于异性是否认同。

20.谁是队长

森林王国里成立了一个探险队，成员包括小猪、小羊、小鹿、小象、小松鼠和小狐狸。探险队需要一个队长，小动物们都想当，可是队长只有一个，到底由谁来当呢，大家犯了难。后来，小动物们一致决定，去找森林里最有智慧的猫头鹰，让它来决定谁当队长。

在路上，六个人开始了猜测：

小象说："我猜队长不是小猪就是小羊。"

小猪说："我猜队长肯定不会是小鹿。"

小羊说："小象、小松鼠和小狐狸不会是队长。"

最后，小动物们找到了猫头鹰，猫头鹰告诉了小动物们谁最适合做队长。事实证明，小象、小猪和小羊，只有一个人猜对了，你能判断出究竟最后谁做了队长吗?

21. 猜猜它们身上有多少钱

小刺猬、小蜗牛和小松鼠一起去商店里买东西。它们买的东西分别是小刀、橡皮和尺子。它们身上的钱分别为17元、19元和21元。它们身上的钱刚好能买它们想买的东西。

现在知道小刺猬的钱比小蜗牛的钱多4元，小松鼠买的是尺子，小刀比橡皮要贵。通过这些信息，你能判断谁身上有多少钱，买的是什么吗?

22. 谁的得分最高

蓝蓝、宁宁、丁丁和洛洛是同一个班的同学。一次语文考试之后，四位同学聚在一起，相互询问对方的成绩。

在四人当中，洛洛的分数比丁丁高，蓝蓝和宁宁的分数加在一起，恰巧与丁丁和洛洛的分数之和相等。宁宁和丁丁的分数之和，要高于蓝蓝和洛洛的分数之和。

据以上的这些信息，你能判断出谁的分数最高，谁的分数第二高吗?

23. 退钱

三个和尚去住旅馆，一间房需

要付30文钱，可是三个和尚都很穷，拿不出30文钱，他们商量了以后，决定每人出10文钱，一起合租一个房间。旅馆的老板后来听说了这件事情，觉得和尚们很不容易，于是拿出10文钱叫店里的小伙计给和尚们送回去。小伙计想，“三个人分10文钱，这怎么分呢？”于是他私自克扣了1文钱，然后将剩下的9文钱每人三文钱还给了和尚。

现在的问题是，和尚们实际每人付了7文钱，加在一起是21文钱，再加上小伙计克扣的一文钱，一共是22文钱，剩下的那8文钱哪里去了呢？

24. 爷爷的烟头

蓝蓝的爷爷是个特别节省的人，他每次抽烟剩下的烟头都舍不得扔，积攒到一定数量之后，就将三个烟头接在一起，又形成一根组装的香烟。一天晚上，爷爷失眠了，连新烟和组装烟一共抽了10根烟，最后只剩下1根烟头，你知道这天晚上爷爷一共抽了几根新烟吗？

25. 失算的小猪

小猪从超市里买回30颗种子。只要这些种子中有15颗发芽，那么小猪就不会赔本。已知，这些种子发芽的概率都是三分之一。小猪想，照种子发芽的概率来算，最起码有10颗种子可以发芽，另外，小猪断定有6颗种子质量很好，必定会发芽，这样一算，小猪认为至少有15颗种子可以发芽，它是肯定不会赔本了。

请你想一想，小猪的想法正确吗？

26. 盒子里的宝石

曾经有一位国王拥有一颗世界上最漂亮的宝石，后来，这位国王老了，他想把宝石传给他的小王子，可是小王子年纪尚小，宝石如果交给他可能会被别人骗走，于是，国王下令打造了六个非常精致和结实的盒子，宝石就被放在了其中的一个盒子当中。国王还派人将六个盒子连在一起，并在上面设置了机关，只要打开任意一个没有装宝石的盒子，六个盒子就会同时爆炸。国王给了小王子一张纸条，告诉他等他18岁的时候，拿出这张纸条，凭借上面的信息就可以找出装宝石的盒子。

后来，小王子长到了18岁，拿出了老国王留给他的纸条，纸条上写着这些内容：

甲在乙的左边，乙是丙的右边第三个，丙在丁的右边，丁紧靠着戊，戊和甲中间隔着一个箱子。上面没有提到的那个箱子就是装着宝石的那个箱子。

在六个箱子中，你知道是哪个箱子装着宝石吗？

27. 谁拿走了钥匙

一个大富翁去世了，他留下了一套非常豪华的别墅。大富翁没有子女，只有一个远在海外的侄子约翰。后来，约翰从海外回来，打算继承叔叔的别墅，可是怎么也找不到别墅的钥匙。约翰询问了叔叔的律师，律师递给他一张纸条，纸条是富翁留下的，上面写着钥匙保管者的信息。

这张纸条上写着以下内容：

“钥匙保管者的妻子的母亲是我妻子的父亲的妻子的女儿，而我妻子的母亲只生了她一个孩子。”

通过这张纸条上的信息，你能判断钥匙是被谁拿走了吗？

28. 人鬼同渡

3个人和3个鬼同在一个小河渡口，渡口上只有一条可容2人或鬼的小船。如何用这条小船把他们全部渡到对岸去？条件是在渡河的过程中，河两岸随时都保持人数不少于鬼数，否则鬼会把处于少数的人吃掉。

29. 井中逃生

两个钻井工人在井底作业，忽然，一个工人打通了井底的地下水层，水一下子涌了出来。不一会儿水位就没过了两位工人的腰部，并且水还在一直向外涌。两位工人是通过绳子一前一后下到井中的，现在绳子还在，只是这根绳子最多只能承受130千克的重量，而两位工人加起来共有140千克，所以，两人不能同时逃生，但如果一前一后，时间又来不及。

你能想个办法，让两个人都能逃生吗？

30. 夫妻过河

有三对夫妻一起过河。河上只有一条船，船上只能容纳两个人。两个人渡过河后还要有一个人把船划回来。每对夫妻的丈夫都不希望自己的妻子单独跟其他男人在一起。根据以上条件，你知道怎样让三对夫妻都能过河吗？

31. 特快专递

明明的妈妈想通过特快专递向姥姥家寄一个纸箱，纸箱里装的是一只蓝色的金刚鹦鹉。到了快递公司，工作人员称了称纸箱的重量，说纸箱超重了，要再加些钱才可以邮寄。明明的妈妈说，“你们再称一次吧”。在工作人员把纸箱放在秤上的时候，明明的妈妈用手不断地敲打纸箱。明明不解，问妈妈这到底是怎么回事，妈妈回答：“当我敲打纸箱的时候，鹦鹉就会飞起来，鹦鹉飞起来，纸箱的重量就减轻了，我们就不用续费了。”

请你想想，明明的妈妈说得对吗，他们最后要不要续费呢？

32. 有趣的齿轮

乐乐的爸爸自己制作了一个有趣的齿轮，齿轮的构造如下图所示，想一想，如果将右边的把手A向上提，左边盒子里的东西会上升还是下降呢？

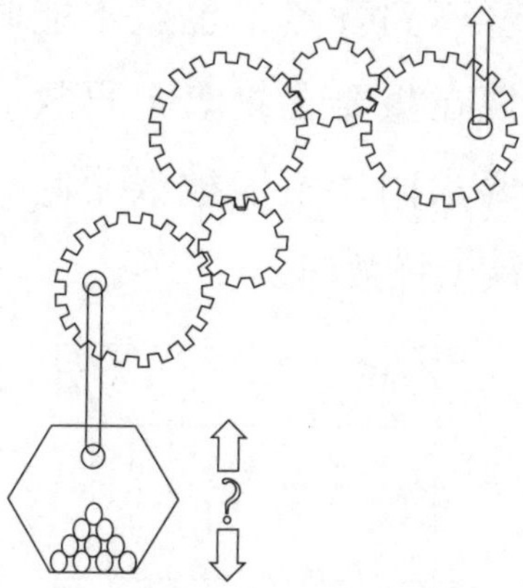

33. 怎么分蛋糕

小丸子的妈妈在小丸子生日那天，送了她一个正方体的蛋糕，蛋糕上除了底面，其他五个面都有一层美味的奶油。有四个同学来到小丸子的家里为她庆祝生日，现在小丸子要切蛋糕了，五个人要分一块方形的蛋糕其实并不难，但关键是要使每个人蛋糕上的奶油数都相等，你知道该怎样为小丸子解决这个难题吗？

34. 猴子和香蕉

下面的棋盘里被放上了3只猴子和两根香蕉，因为每个猴子在棋盘上只能看到自己横向、竖向和斜向上的物体，所以，现在所有的猴子都看不到香蕉，也就不能吃到香蕉。现在想要在棋盘上再放一根香蕉，要求同样不能被猴子吃掉，你知道该怎样放吗？

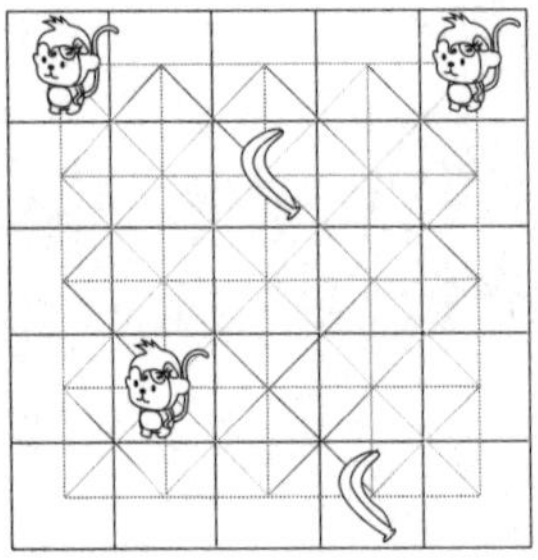

35. 奇妙的洪水警报器

有一位设计师，设计了一个洪水警报器，警报器的构造图如下，请你仔细观察这个警报器，想一想它的结果会准确吗？

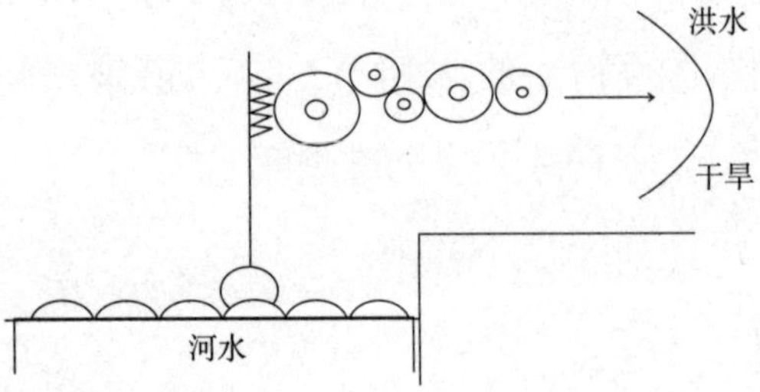

36. 神奇的实验

东东和琳琳一起做了一个神奇的实验。他们在一个盛满水的碟子里点燃了一根蜡烛，然后将一个透明的玻璃罩子罩在蜡烛上。东东和琳琳开始观察玻璃罩里的蜡烛变化。你能猜出这个实验会出现什么样的结果吗？

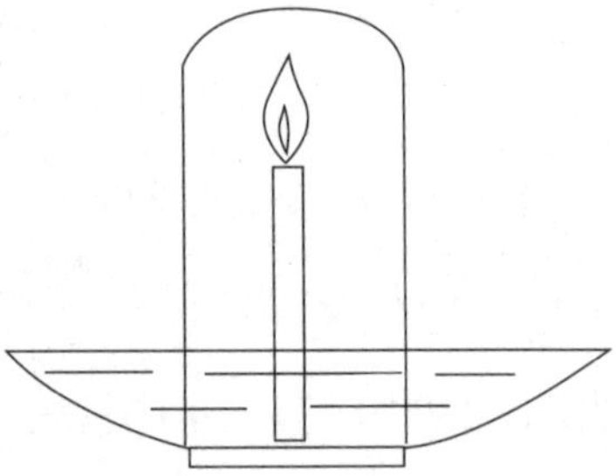

37. 古董买卖

亨利先生是个古董爱好者，一年前，他花费12万元买了一个青花瓷的花瓶，两个月之后，因为妻子赌博欠下了巨债，亨利只好把花瓶以13万元的价格卖掉。过了半年，亨利先生的股票升值了，他不仅还清了妻子的赌债，还大赚了一笔，于是他又以14万元的价格把青花瓷花瓶买了回来。又过了两个月，亨利看上了一尊价值30万元的青铜古佛像，为了买下佛像，他又将青花瓷花瓶以15万元的价格卖了出去。请问，如果不考虑通货膨胀等原因，亨利先生在花瓶买卖过程中赚了还是赔了，还是不赔不赚呢？

38. 断掉的绳子

明明的妈妈给明明出了一道难题，她把一本厚重的字典（1000~1500克）用绳子绕了一圈，然后将绳子的一端系在一个挂钩上；另一端垂直放置在下面。字典离地面约30厘米。明明的妈妈告诉明明：“拉动贴近地面的绳子的一端，可以将绳子拉断，不同的拉动方法，可以使绳子在不同的部位断裂。”现在问题来了，明明的妈妈要明明拉动绳子，使字典上方的绳子能够断裂，那么，明明该怎么做呢？

39. 火车的速度

娜娜登上火车的最后一节车厢，结果发现那里没有座位，于是，她开始以恒定的速度在火车里向前找座位，这时火车正巧经过A站。她向前走了5分钟到达了前一节车厢，发现那里仍然没有座位，于是她又以同样的速度往回走到最后一节车厢的上车处。这时火车刚好经过B站。已知A、B两站之间相距5千米，那么火车的速度应该是每小时多少千米呢？

40. 判断真假

所有的赵庄人穿白衣服；所有的李庄人穿黑衣服。没有既穿白衣服又穿黑衣服的人。李四穿黑衣服。如果上述是真的，以下哪项一定是真的？

A. 李四是李庄人

B. 李四不是李庄人

C. 李四是赵庄人

D. 李四不是赵庄人

41. 面试难题

某公司欲招收一名业务员，决定先进行考试。考试的方法是：凡是参加报考的人都关在一间条件较好的房间里，每天有人按时送水送饭，门口有专人看守。谁先从房间里出去，考试就算过关。有人说头疼要去医院，守门人请来了医生；有的说母亲病重，要回去照顾，守门人用电话联系母亲正在上班。其他人也提了不少理由，守门人就是不让他们出去。最后有个人对守门人说了一句话，守门人就放他出去了。这个人说的是什么呢？

42. 消失的100元

有两个父亲分别给了他们的儿子一些钱。其中一个父亲给了儿子150元，另一个父亲给了儿子100元钱。但两个儿子却说他们一共只得了150元。那100元哪里去了呢？

43. 聪明的商人

从前有两个相邻的A国和B国，关系很好，货币可以通用。后来两国的关系发生了矛盾。A国国王下令：B国的100元只能购买A国80元货物。B国的国王也下令：A国的100元只能购买B国80元的货物。结果，有个聪明的人利用这个机会发了一笔大财。他是怎样做的？

44. 过河

一个人走到桥的中间，对面来了一个小孩儿。由于桥很窄，只能通过一个人，因此他想给小孩儿让路，返身往回走。回头一看，后面又来了一个小孩儿。这可怎么办呢？

45. 十死无生

古时一位农民被人诬陷，农民据理力争，县官因已经接受别人的贿赂，不肯放人，又找不到理由，就出了个坏主意。叫人拿来十张纸条，对农民说："这里有十张纸条，其中有九张写的'死',一张写的'生'，你摸一张，如果是'生'，立即放你回去，如果是'死'，就怪你命不好，怨不得别人。"聪明的农民早已猜到纸条上写的都是"死"，无论抓哪一张都一样。于是他想了个巧妙的办法，结果死里逃生了。你知道他想的什么办法吗?

46. 绝处逢生

一死刑犯就要执行。行刑官对死刑犯说："你知道我将怎样处决你吗？猜对了，我可以让你死得好受些，斩首了事。要是你猜错了，那就对不起了，请你尝尝五马分尸的滋味。"行刑官想："反正我说了算，说你对你就对，说你错你就错。"没想到由于死刑犯聪明的回答，使得行刑官无法执行死刑，这个死刑犯绝处逢生。这个死刑犯是怎样回答的?

47. 聪明的盲人

两个盲人一起到商店买袜子。每人各买了一双黑的，一双蓝的，当时都放在了一起。虽然他们眼睛看不见，但在分手时每人仍然得到了一双黑的，一双蓝的袜子。已知两个人的脚码和买的袜子都是一样的。想想看，他们是怎样分的。

48. 问路

有一人到乡村旅游，来到三岔路口，不知该走哪条路。见一人在石头后面干活，便上前询问。不料此人竟不言语，只把头探出石头上面望着他。游客正欲发怒，忽然想到了答案，于是选了一条路继续赶路。你知道他选的是哪条路吗？

49. 男孩还是女孩

在一个极偏僻的地方有个极怪的小岛。岛上所有的男人都和我们一样，总是讲真话。但女人却非常特别：她们从不连续讲2句真话，也从不连续讲2句假话，即使这2句话相隔很长时间也如此。

有位好奇的旅行家听说此事后，历尽千辛万苦来到该岛。刚一上岛，碰到了一对夫妇领着一个漂亮的小孩儿迎面而来。旅行家好奇地问小孩：“你是男孩还是女孩？”小孩回答了一句，旅行家没听清。于是小孩的母亲说：“宝宝说谎了。” 这个小孩是男孩还是女孩？

50. 推断扑克牌

路达、陈鹏、赵龙他们知道桌子的抽屉里有16张扑克牌：红桃A、Q、4； 黑桃J、8、4、2、7、3 ；草花K、Q、5、4、6 ；方块A、5。张老师从这16张牌中挑出一张牌来，并把这张牌的点数告诉陈鹏，把这张牌的花色告诉赵龙。这时，张老师问陈鹏和赵龙：“你们能从已知的点数或花色中推知这张牌是什么牌吗？” 于是，路达听到如下的对话：

陈鹏：“我不知道这张牌。”

赵龙：“我知道你不知道这张牌。”

陈鹏：“现在我知道这张牌了。”

赵龙："我也知道了。"

听罢以上的对话，路达想了想之后，就正确地推出这张牌是什么牌。

请问：这张牌是什么牌？

（两个人，一张桌子，上面有16张背面向上的扑克）

51. 老师的生日

小明和小强都是张老师的学生，张老师的生日是M月N日，2人都知道张老师的生日是下列10组中的一天。

3月4日　3月5日　3月8日

6月4日　6月7日　9月1日

9月5日　12月1日　12月2日

12月8日

张老师把M值告诉了小明，把N值告诉了小强，问他们："你们知道我的生日是哪一天吗？"

小明说："如果我不知道的话，小强肯定也不知道。"

小强说："本来我也不知道，但是现在我知道了。"

小明说："哦，那我也知道了。"

请根据以上对话推断出张老师的生日是哪一天。

52. 自由之门

一逻辑学家误入某部落，被囚于牢狱，酋长意欲放行，他对逻辑学家说："今有两门，一为自由，一为死亡，你可任意开启一门。现从两个战士中选择一人负责解答你所提的任何一个问题（Y/N），其中一个天性诚实，一人说谎成性，今后生死任你选择。"逻辑学家沉思片刻，即向一战士发问，然后开门从容离去。逻辑学家应如何发问？

53. 说谎的村民

某地有两个奇怪的村庄，张庄的人在星期一、三、五说谎，李村的人在星期二、四、六说谎。在其他日子他们说实话。一天，外地的王仁敏来到这里，见到两个人，分别向他们提出关于日期的题。两个人都说：“前天是我说谎的日子。”

如果被问的两个人分别来自张庄和李村，那么这一天是星期几？

54. 租房子

有一家人决定搬进城里，于是去找房子。一家三口，夫妻两个和一个5岁的孩子。他们跑了一天，直到傍晚，好不容易才看到一张公寓出租的广告。他们赶紧跑去，房子出乎意料的好。于是，就前去敲门询问。这时，温和的房东出来，对这三位客人从上到下地打量了一番。

丈夫鼓起勇气问道：“这房屋出租吗?”

房东遗憾地说：“啊，实在对不起，我们公寓不招有孩子的住户。”

丈夫和妻子听了，一时不知如何是好，于是，他们默默地走开了。那5岁的孩子，把事情的经过从头至尾都看在眼里，默默地想：真的就没办法了？很快，她又去敲房东的大门。这时，丈夫和妻子已走出5米来远，都回头望着。门开了，房东又出来了。

这孩子精神抖擞地说：“……”

房东听了之后，高声笑了起来，决定把房子租给他们住。

问：这个5岁的小孩子说了什么话，终于说服了房东?

55. 破旧的桥

有一个人在散步时，从一个破

旧的桥上走到小岛上去了。在返回时，刚走了两三步，桥就发出嘎嘎的响声，好像就要断似的，他只好又返回小岛。这个人不会游泳，四处呼叫也无人理会。他只好待在这个岛上，搜肠刮肚地想办法，竟在岛上困了十天，到第十一天，他才过了此桥回到河岸。你说这怎么回事？

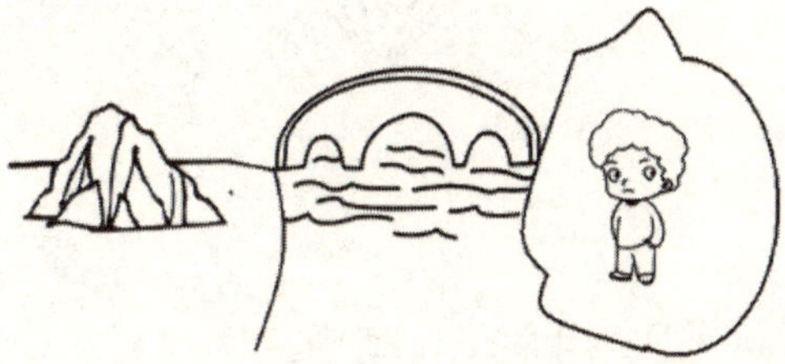

56. 神奇的牛

有一棵树，树下面有一头牛被一根2米长的绳子牢牢地拴着鼻子，牛的主人把饲料放在离树恰好5米之处就走开了。这头牛很快就将饲料吃了个精光。牛是怎么吃到饲料的？

57. 回来的网球

一只网球，使它滚一小段距离后完全停止，然后自动反过来朝相反方向运动，既不允许将网球反弹回来，又不允许用任何东西打击它，更不允许用任何东西把球系住。怎么办？

58. 头发不湿的原因

某人昨天碰到一场雨，他恰好未戴帽子，也未打雨伞，头上什么也没遮盖，结果衣服全部淋湿，可头发却没有一根湿的，这是怎么回事？

59. 不怕黑的人

有一天晚上，老高正在读书，他的小孩突然把电灯关了。尽管一团漆黑，可老王仍继续读书。这是怎么回事？

60. 谁的成绩更好

玲玲和芳芳是一对好朋友。有一次，有人问她们："你俩总一起玩，这次期末考试谁的成绩更好呀？"玲玲说："我的成绩好一点儿。"芳芳说："我的成绩差一些。"她俩至少有一个人没有说实话。请问她俩到底谁的成绩更好？

61. 矿石刻痕

目前所知最硬的矿石是钻石，其次是刚玉，而一种矿石只能用与其本身一样硬度，或更硬的矿石来刻痕。如果以上陈述为真，以下哪项所指的矿石一定是可被刚玉刻痕的矿石？

1. 这种矿石不是钻石。
2. 这种矿石不是刚玉。
3. 这种矿石不是像刚玉一样硬度。

A. 只是1　　B. 只是3

C. 只是1和2　　D. 只是1和3

62. 衬衫的颜色

小王到商店买衬衫，售货员问他想要哪种颜色的，小王幽默地说："我不像讨厌黄色那样讨厌红色，我不像讨厌白色那样讨厌蓝色，我不像喜欢粉色那样喜欢红色，我对蓝色不如对黄色那样喜欢。"小王最后会选择的颜色是（　）。

A. 黄色　　B. 蓝色

C. 红色　　D. 粉色

63. 总统戒烟

艾森豪威尔烟瘾很大，烟斗几乎不离手。某天，他宣布戒烟，立刻引起轰动。记者们向他提出了戒烟能否成功的问题，艾森豪威尔回答说："我绝不第二次戒烟。"下面各项都可能是艾森豪威尔讲话的含义，除了（ ）。

A．在这次戒烟以前，我从没有戒过烟

B．我曾经戒过烟，但失败了

C．如果这次戒烟失败，我就不再戒烟

D．我相信这次戒烟一定成功

64. 仓库失窃

某仓库失窃，四个保管员因涉嫌而被传讯。四人的供述如下：

甲：我们四人都没有作案。

乙：我们中有人作案。

丙：乙和丁至少有一人没有作案。

丁：我没有作案。

如果四人中有两人说的是真话，有两人说的是假话，则以下哪项断定成立？（ ）

A．说真话的是甲和丙

B．说真话的是甲和丁

C．说真话的是乙和丙

D．说真话的是乙和丁

65. 大家同意吗

某人开始时说："你的这个意见很好，我想大家大都会同意。"但是，他接着又说，"你的这个意见很好，我想没有谁不会不同意的。"

A．该人同意这个意见

B．该人反对这个意见

C．大家都不反对这个意见

D．该人说话前后矛盾，无法判断大家的意思

66. 比重

比重比水小的东西会浮在水面上，比重比水大的物体则会沉入水底。木头与铁块绑在一起后沉到了水底，由此可知（　）。

A．木头与铁块的比重都比水大

B．该木头与铁块的平均密度比水大

C．木头的比重比水小

D．铁的比重比水大

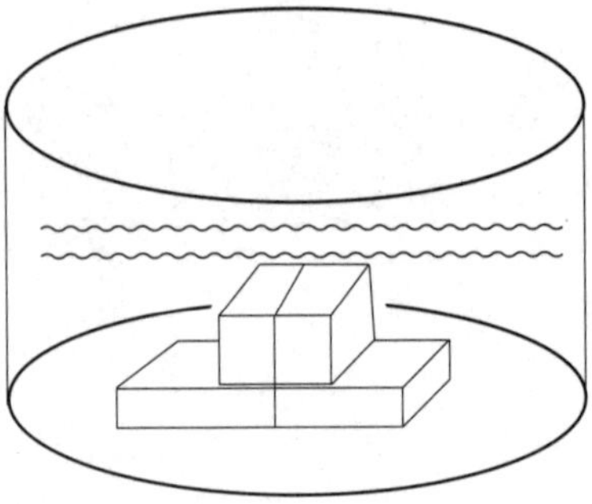

67. 扑克的数量

桌上放着红桃、黑桃和梅花三种牌，共20张。

1. 桌上至少有一种花色的牌少于6张；

2. 桌上至少有一种花色的牌多于6张；

3. 桌上任意两种牌的总数将不超过19张。

上述论述中正确的是（　）。

A．1和2　　B．1和3

C．2和3　　D．1，2和3

68. 谁最小

已知有甲、乙、丙、丁四个数，甲乙之和大于丙丁之和，甲丁之和大于乙丙之和，乙丁之和大于甲丙之和，根据以上可判断这四个数中最小的是（　）。

A．甲　B．丙　C．乙　D．丁

69. 明星的年龄

四个人在议论一位明星的年龄。

甲说：她不会超过25岁。

乙说：她不超过30岁。

丙说：她绝对在35岁以上。

丁说：她的岁数在40岁以下。

实际上只有一个人说对了。

那么下列正确的是（　）。

A．甲说的对

B．她的年龄在40岁以上

C．她的年龄在35～40岁

D．丁说的对

小故事

转危为安

一位年轻的王子在与邻国交战时，被敌军俘虏，后来被带回了邻国的王宫里。国王见到他之后，二话没说便下令把他推出去杀头。王子一听，马上装出一副可怜的样子，说道：“慈悲的国王啊，我渴极了，您让我喝点水再走吧，那我也就死而无憾了。”

国王听了之后点点头，随后叫士兵递给王子一碗水。王子接过水碗，但是却不喝水，而是左顾右盼起来。“看什么看，还不快喝！”有个士兵厉声喝道。王子一下子跪在地上，对国王说：“亲爱的陛下，我担心，我还没喝完这碗水，您的士兵就已经把我杀了。”国王一听，大笑起来，他想，堂堂的一国王子竟然这样胆小懦弱，于是说道：“我从来都是说一不二。你尽管喝好了，我向天起誓，在你喝完这碗水之前，肯定不会杀你。”王子一听，迅速把碗里的水泼到了地上，然后对国王说：“亲爱的陛下，我喝不到这碗水了，因为它已经滋润了您的土地，请您履行您的誓言吧！”

第二章　答案

1. 卸冬瓜

船会向后移动，因为当工人从船头向岸上抛冬瓜的时候，会受到相反方向的反作用力，使船向相反方向前进。

2. 结果

结果可以为8。一张四边形的纸，减去4个角，最后会出现8个角，所以4减4可以得8。

3. 有多少个“9”

20个。

4. 神奇的魔方

（1）8个（2）12个（3）6个（4）1个。

5. 小狐狸的狡辩

小狐狸的话是狡辩。因为它重复计算了很多的时间。例如，周末的时间里已经包含了吃饭和睡觉的时间，暑假和寒假的时间里包含了周末的时间，所以说，小狐狸所算出的362天里有很多重复的时间。

6. 车牌号码

肇事车辆的车牌号码应该是9866而不是9986。这是因为牛牛被撞到半空中看到的车牌号码是倒过来的。

7. 聪明的小老鼠

在第一次排队中，它站在了第16号的位置。第一轮中退出游戏的为1、3、5、7、9……29，第二轮退出的是2、6、10、14……30，以此类推，最后得出为16号。简单的计算方法为小于30最大的2的n次方，即为最后剩下的数。

8. 可口的汽水

最多喝40瓶。20个空瓶可以换10瓶新饮料。10个瓶子可以换5瓶新饮料。5个瓶子还可以换2瓶。这样最后会剩下3个瓶子，拿出两个瓶子换一瓶饮料，这样又剩下两个瓶子。两个瓶子再换一瓶饮料。最后剩下一个瓶子，跟商店换一瓶饮料，由于还欠商店一个空瓶，把饮料喝掉再把瓶子还给商店就可以了。

9. 球在哪里

在第二个袋子里。

10. 一笔横财

小猴子先在猫猫国买了20元的东西，付给售货员一张100元的猫猫国钱币，然后要求售货员用狗狗国的100元找零，因为按照猫猫国规定，狗狗国的100元等于猫猫国的80元。拿到找零之后，小猴子又到了狗狗国，买了20元的东西，并要求售货员用猫猫国的100元找零……

11. 谁说得对

丁说得对。

12. 谁参加了足球赛

所有人都参加了足球赛。

13. 分玩具

出价21元最有利。假设你是小羊A，如果你出价21元，小羊C的出价如果高于你，他就得付给你21元钱，这样你就赚了1元，如果他的出价低于你，那么你最多付他20元钱，这样你也没有赔钱。

14. 可乐和橙汁

一样多。因为这样搅拌之后，各杯的总容积没有变，加进去的可乐会排去同样多的橙汁。因此，橙汁中的可乐容量和可乐中的橙汁容量相等。

15. 神秘的走私案

阿达走私的是汽车，他藏的奇怪的东西，只是障眼法。

16. 三位课代表

明明是英语课代表，乐乐是数学课代表，珊珊是英语课代表。

17. 谁是精神病人

丙是精神病人。

假如甲是精神病人，那么丙所说的话就是正确的，这与题意相矛盾；假如乙是精神病人，那么甲和丁所说的话都是正确的，这又与题意相矛盾。只有当丙为精神病人的时候，所有人说的话才正好符合题意中的意思。

18. 坏掉的鸡蛋

第一步：先将12个鸡蛋分成ABC三组，每组4个鸡蛋。先取A、B两组放在天平两边。如果天平平衡，则坏鸡蛋在C组。如果天平不平衡，则把A组鸡蛋换成C组，如果此时天平平衡说明坏鸡蛋在A组，如果此时不平衡说明坏鸡蛋在B组。

第二步：将确定含有坏鸡蛋的那一组抽出三个鸡蛋（假设为A1、A2、A3）放在天平一端，从没有坏鸡蛋的组里抽出三个放在天平的另一端。如果天平平衡，则坏鸡蛋必定是A组剩下的那一个；如果天平不平衡，则说明坏鸡蛋在A1、A2、A3之中。

第三步：如果坏鸡蛋在A1、A2、A3之中，取其中的两个（假设为A1、A2）放在天平一端，在天平另一端放两个好鸡蛋。如果天平平衡，则A3为坏鸡蛋；如果天平不平衡，则坏鸡蛋在A1、A2之中。

第四步：如果坏鸡蛋在A1、A2之中，取其中的一个（假设为A1）放在天平一端，把一个好鸡蛋放在天平另一端。如果天平平衡，则说明A2为坏鸡蛋；如果天平不平衡，则说明A1为坏鸡蛋。

19. 结论

丁的结论是最准确的。甲的说法太绝对，乙的说法没有根据，丙的说法以偏概全。

20. 谁是队长

小鹿是队长。

21. 猜猜它们身上有多少钱

小刺猬带了21元，买的是小刀；小蜗牛带了17元，买的是橡皮；小松鼠带了19元，买的是尺子。

22. 谁的得分最高

宁宁最高，洛洛其次。

23. 退钱

8文钱并没有丢，题目里的算法并不正确。三个和尚一共付了21文钱，这21文钱中已经包含了小伙计克扣的那一文钱。所以，旅馆的入账实际上是20文钱，20文钱再加上店主返回去的10文钱，一共是30文钱。

24. 爷爷的烟头

7根新烟。因为7根新烟产生7个烟头，可以生成2根组装烟，2根组装烟又形成两个烟头，再加上剩下的一个烟头，可以组成一支组装烟，组装烟抽完后，还会留下一根烟头。所以，爷爷这天晚上一共抽了7根新烟。

25. 失算的小猪

不正确。种子发芽的概率有三分之一，这三分之一指的是刨除确定能发芽的6颗种子之后的概率，所以，按概率算，能发芽的种子数实际应为14颗。

26. 盒子里的宝石

盛宝石的箱子是从左边数第五个。六个箱子自左至右的位置依次是丁、戊、丙、甲、己、乙。

27. 谁拿走了钥匙

钥匙被富翁的妻子的继母的外孙女婿拿走了。

28. 人鬼同渡

（1）一个人和一个鬼过河；（2）留下鬼，人返回；（3）两个鬼过河；（4）一个鬼返回；（5）两个人过河；（6）一人和一鬼返回；（7）两人过河；（8）一个鬼返回；（9）两个鬼过河；（10）一个鬼返回；（11）两个鬼过河。

29. 井中逃生

一个人先顺着绳子向上爬，另一人等水升到颈部时再攀上绳子，然后借助水的浮力向上爬，这样绳子就能承受住两个人的重量了。

30. 夫妻过河

可将三位丈夫用A、B、C表示，他们的妻子分别为a、b、c。

渡河的次序为：（1）Aa先渡河，A返回。（2）AB渡河，a返回。（3）ab渡河，B返回。（4）BC渡河，C返回。（5）Cc渡河。

31. 特快专递

他们最终还是要续费的。不管鹦鹉飞还是不飞，箱子的重量都不变。因为箱子是密封起来的，当鹦鹉飞起来的时候，它必然利用与自身体重相当的力量在空中挥动翅膀。这样鹦鹉的重量就通过空气施加在了箱底，因此，只要明明的妈妈不打开纸箱，那么纸箱的重量都不会变。

32. 有趣的齿轮

先下降。

33. 怎么分蛋糕

把蛋糕上平面正方形的周长分成相等的五份，然后从蛋糕的中心按照一般切法将蛋糕切开，所得的五份，每份上的奶油量就是相等的。这是诺曼·尼尔森和佛瑞斯特·菲舍在1973年已经证明了的理论。

34. 猴子和香蕉

35. 奇妙的洪水警报器

不准确，随着水平面的上升，指示标指向“干旱”。

36. 神奇的实验

蜡烛燃烧需要氧气，在玻璃罐里的蜡烛会把罐内的氧气燃尽，由于氧气有限，蜡烛会很快熄灭。随着罐内的氧气减少，盘内的水会进入罐内补充被燃烧的氧气的容量。

37. 古董买卖

亨利赚了2万元。

38. 断掉的绳子

明明应该慢慢拉动绳子。因为在明明的拉力作用之下，再加上书的重量，书上面的绳子就会断掉。如果想要书下端的绳子断掉，可以向下猛拉绳子，由于书的惯性，在拉力尚未传到书上的绳子时，下面的绳子已经在拉力的作用下断掉了。

39. 火车的速度

火车的速度是每小时30千米。娜娜向前走和向回走总共用了10分钟，而这10分钟，火车共行驶了5千米，由此可以推出，火车每小时行驶30千米。

40. 判断真假

D。

41. 面试难题

我不考了。这样守门人就让他出去了。

42. 消失的100元

两父子是祖孙三代人，爷爷给父亲150元，父亲给儿子100元。

43. 聪明的商人

在A国用A国币换B国币，再把B国币带到B国换成A国币，就是以“保值”的兑换“贬值”的，再把“贬值”的变成“保值”的，周而复始。这种便宜的事只能一开始实现，以后谁也不会拿本国的钱到邻国去用。

44. 过河

把两个小孩抱起来，然后转身再放下，两个小孩就调换位置了。

45. 十死无生

拿起一个纸条，吃到肚子里，这样剩下九个纸条都是“死”，只能认定他拿到的纸条写的是“生”。

46. 绝处逢生

我会被五马分尸。这样是无法判定对错的。

47. 聪明的盲人

一双拿一只就可以了。

48. 问路

石上出头为“右”。

49. 男孩还是女孩

（1）假设小孩是男生。那么他必然说的真话，此时无法判断小孩的妈妈说的话是真是假，所以有两种可能。可能一：妈妈说的是真话，那样孩子就成了不男不女，不符合逻辑。可能二：妈妈说的是假话，那样孩子就是男孩。这种假设有一种可能不合逻辑，所以可以判定小孩必然不是男生。

（2）假设小孩是女生。假设一：小孩说的是谎话，那么她的妈妈只能说真话，所以推断出这个小孩是女生。假设二：小孩说的是真话，那么她的妈妈说了谎，此时可以推断出小孩是女生。这两个假设都成立。所以小孩是女生。

50. 推断扑克牌

红桃A，4，Q；黑桃2，3，4，7，8，J；草花4,5,6,Q,K；方块A,5。

陈鹏知道点数，赵龙知道花色。

陈鹏赵龙无法判断牌是哪张，说明存在相同的混淆选择，或者花色一样或者点数一样。同点数的A（红色两张），4（两黑一红），5（黑红），Q（黑红）。陈鹏不知道，说明那张牌必在以上这些牌之中。赵龙知道陈鹏不知道这一句很关键，为什么赵龙知道？为什么说了这一句之后大家都知道是什么牌了？此外应该注意到抽的牌是唯一确定的，那么开始推理，赵龙对陈鹏的话一方面暗示了是重牌，那陈鹏反过来想呢？陈鹏并不知道赵龙看见的牌的颜色是什么，更不知道具体的花色，所以重牌的每一张似乎都有可能性又似乎都没有，这也正是赵龙知道的原因，陈鹏猜哪个都可以，唯独有一个例外就是红桃4.两黑一红，赵龙的暗示就否定了三者中黑的两者，对于陈鹏而言红桃4也是唯一能够确定的选择。

51. 老师的生日

9月1日。

分析如下：

四个前提：

1. 两人都知道这10组天数。

2. 10组天数中包含了两个4日，两个8日，两个1日，两个5日，一个7日和一个2日（7日和2日是关键）。

3. 小明知道月份，小强知道日子

4. 小明知道小强知道N值，小强也知道小明知道M值。

逻辑过程：

1. 答案不可能是6.7和12.2，只有一个7日和一个2日，如果是这俩日子，小强知道N值，一开始就会知道具体哪一天。

2. 小明说：如果我不知道的话，小强肯定也不知道。

小明知道小强知道N值，但他敢肯定他自己不说，小强就铁定不会知道答案，说明日子绝对不可能是包含7日和2日的月份（他敢肯定说明他所知道的月份里绝对不包括这两个只要知道N值就会得到最后答案的特殊日子），排除6月份和12月份，剩余3月份和9月份。

3. 小强说：本来我也不知道，但是现在我知道了。

“小强本来也不知道”验证了6.7和12.2不可能，他由小强的话中推断出月份只可能是3月份和9月份。但他知道了答案，说明N值在3月和9月里是唯一的，排除3月5日和9月5日。

4. 小明说：哦，那我也知道了。

答案只剩下3.4、3.8和9.1。连小明都知道了，那只能是9.1（3月份包含两天，他不可能确定，9月份只有一天，他可以确定）。

52. 自由之门

问一个人：如果我问另一个人自由之门在哪里，他会怎么回答。

其中一个人会指不自由的门，另一个人也会指不自由的门。

所以只要问这个问题，然后走另一个门就可以了。

53. 说谎的村民

这一天是星期一。

列表如下：

	一	二	三	四	五	六	日
张庄	假	真	假	真	假	真	真
李村	真	假	真	假	真	假	真

从这个表中应该不难看出，张庄的人只有在星期日、星期一那样说，李庄的人只有在星期一、星期二那样说，因此这一天是星期一。

54.租房子

孩子说："我要租你的房子。"小孩子没有孩子，所以房东把房子租给了他。

55. 破旧的桥

他挨饿10天，体重减轻，就过桥了。

56. 神奇的牛

绳子并没有拴在树上。

57. 回来的网球

设置两个斜面，让网球先向下滚动，上升一段距离后会停止，然后就会向反方向运动。

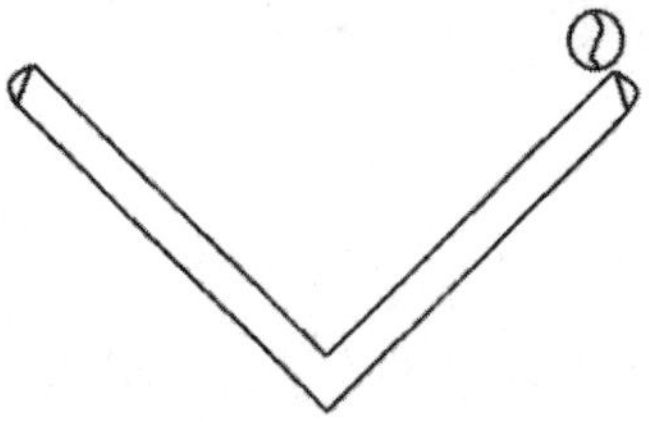

58. 头发不湿的原因

因为他没有头发。

59. 不怕黑的人

看书的人是个盲人。

60. 谁的成绩更好

两个人说的本质上是一样的，所以为同真或同假，从而可知，两个人都说谎了，所以芳芳的成绩更好。

61. 矿石刻痕

A。这种矿石可以是刚玉或者比它硬度低的矿石，所以可以肯定不是钻石。

62. 衬衫的颜色

D。由小王的表述可知小王对这几种颜色的喜爱程度的顺序为：粉色>红色>黄色>蓝色>白色。因此，正确答案为D。

63. 总统戒烟

B。由题干得知，如果是曾经戒过烟，那么这次戒烟应为第二次，这样与他自己说过的话"我绝不第二次戒烟"相矛盾，故选B项。

64. 仓库失窃

C。作案的都不会承认自己作案，甲、丁矢口否认使其二人嫌疑最大。其中乙说四人中有人作案，丙说乙和丁至少一人没作案，由此可以推断，若其中两人说真话，两人说假话，则乙、丙说的是真话，应选择C项。

65. 大家同意吗?

D。此人说话前后矛盾，刚开始说，意见很好，大家大都会同意的；接着又说，意见很好，没有谁不会不同意，说明此人根本无法判断大家的意思，D项最符合题意。

66. 比重

B。由陈述可推断出木头加铁块在一起的平均密度比水大，故B为正确答案。其他选项都无法从陈述中推出。

67. 扑克的数量

C。首先看(3)，由于有三种牌共20张，如果其中有两种总数超过了19，也就是达到了20张，那么另外一种牌就不存在了，这是与题干相矛盾的，由此可见(3)的说法正确，这样可以排除选项A；(1)的论述也不正确，可以举例来说明，假设三种牌的张数分别是：6、6、8，就推翻了(1)的假设，所以(1)不正确，这样B、D都可以排除了。

68. 谁最小

B。由陈述可以得到三个不等式。①甲+乙>丙+丁；②甲+丁>乙+丙；③乙+丁>甲+丙。由①+②可推知甲>丙，由①+③可推知乙>丙，由②+③可推知，丁>丙，所以，丙最小。

69. 明星的年龄

B。此题可用排除法。四人中只有一个人说对，若甲对，则乙、丙、丁都应不对，推知丁的说法也对，与假设矛盾，故A项排除；同理乙也不可能对；若丁对，则不能排除甲、乙，因此D项可排除；若丙对，则丁有可能不对，如果B项成立，则丙的说法一定成立，符合题意。因此可判断B为正确答案。

第三章
神机妙算——推理能力

1. 什么出卖了他

有一艘非常豪华的邮轮从英国开往美国，当邮轮行驶到茫茫大海中央时，遇到了巨大的风暴天气，大家都纷纷躲回了自己的屋子里。10分钟过后，风暴停息了，随后，人们发现一位非常有钱的煤矿主死在了自己的房间里，他身上携带的现金和贵重首饰也不翼而飞。案件发生之后，船长开始了紧张的调查。当调查到一位中年男人时，中年男人正在伏案写作。这个男人自称是作家，当案件发生时，他说他正在写作书稿。船长拿起桌子上厚厚一叠书稿问他：“您是从何时开始写稿子的呢？”中年男人回答：“从两小时前就开始写了，一直到现在。”船长看了看中年男人的稿子，发现稿子上的笔迹非常清秀整齐，一点污渍和涂抹的痕迹也没有。

船长看了稿子之后立刻叫人把这个中年男人抓起来了，你知道这是为什么吗？

2. 有没有说谎

有两个长得一模一样的女孩儿上了同一所学校，而且被分到了同一个班里。两个女孩儿不仅长得一模一样，而且生日、父母亲的名字也完全相同。其他同学都问她们：“你们是不是双胞胎呢？”两个女孩总是异口同声地回答：“不是。”你知道这是怎么回事吗？

3. 一起谋杀案

有一位世界闻名的探险家，年老之后，开始过着独居的生活。有一天，他被暗杀在了密室当中，而他锁在保险柜里的一笔巨款，也不翼而飞。探险家的住宅有非常完备的安全措施，警方认为，凭借这些安全措施，罪犯不可能将巨款带走，而只能暂时将它们藏在住宅里的某处，等日后伺机拿走。

为了抓住凶手，警察局的人员在探险家死亡一周后举行了一场拍卖会，拍卖的东西正是他一生八次去北极探险所获得的纪念品。这些纪念品包括：3只北极熊标本，3只大龟标本，1只企鹅标本以及一箱因纽特人服装、器皿和武器等。这些纪念品被分别保管在不同的房间里。

拍卖会的消息发出之后，警察开始了精密的部署，警长安排手下的人严密监视其中的一间房间，并说凶手一定会来这间房间，你知道警长说的是哪个房间吗？

4. 特殊的人

有个男子，小时候因为淘气在头上留下了一道很难看的伤疤。为了掩盖自己的伤疤，他终年都戴着帽子，而且很少在别人面前将帽子摘下。但是也有例外，在每次去见一个特殊的人的时候，这个男子总会主动将帽子摘下，你知道这个特殊的人是谁吗？

5. 哥哥是凶手吗

有一对亲兄弟，因为争夺家产而感情破裂，没过几天，弟弟被人发现死在了一个幽暗的树林里，而哥哥自弟弟出事之后也神秘失踪了。经过警方的调查发现，死去的弟弟血型为A型，而在他身上还发现了另外一个人的血迹，血型为AB型。警方通过了解发现两兄弟的父亲血型为O型，母亲为AB型，但是哥哥的血型却不清楚。凭借上面的材料，你能推断出哥哥是不是凶手吗？

6. 第一现场

有一个小城某晚遭受了一场暴雨和台风的袭击。第二天，天放晴了，人们在一条阴暗的街道发现了一具女人的尸体，女人浑身湿淋淋的，肚子上有几处刀伤。警察在尸体周围进行了勘察，除了一顶死者的帽子，现场没有任何痕迹，也没有找到目击证人。

经过法医的检验，女人已经死去20小时了，警察经过分析后断定，阴暗的街道并不是案件的第一现场，你知道警察是怎么推断出来的吗？

7. 神奇的动物

有一种动物，即使全部都被灭绝了，两年之内也可以重新出现。你知道这种动物是什么吗？

8. 谁是凶手

昨晚，伊丽莎白被人杀死在卧室当中，她家的保险箱也被撬，有一批贵重的黄金不见了。从案发后的现场来看，伊丽莎白是在伏案工作的时候被人杀害的。她的桌子上还摆放着摊开的书，书旁边的应急灯还开着，台灯关掉了。

案发后，警方开始了严密的调查。据伊丽莎白的邻居介绍，伊丽莎白是一位老师，每天晚上都工作到很晚才睡觉。昨晚8点左右，伊丽莎白所在的大楼停了大概一小时的电。来电约3小时后，伊丽莎白就被发现死在了家中。

警察问："停电前后有人去过伊丽莎白小姐家吗？"

邻居回答说："停电前伊丽莎白的男友来过，停电后不久就走了。来电之后，一个邮递员来送过快递，几分钟之后就走了。"

根据以上这些信息，警察已经知道谁是凶手了，你知道吗？

9. 自投罗网

古时候，一个书生去赶考，半路遇到了下雨天，就投宿在一家客栈里。半夜时，住在书生隔壁的一个大汉偷偷潜进掌柜的房间，把掌柜的好几个钱袋都偷走了。大汉把几个钱袋里的钱掏出来，将一个装着少量银子的钱袋和几个空钱袋都偷偷放在了书生的床底下。

第二天，掌柜发现自己的钱袋不见了，就报了官。士兵们开始搜索整个客栈，最后在书生的床底下发现了掌柜的钱袋。于是，书生被带到了官府里，在严刑拷打之下，他被迫承认自己偷了掌柜的东西。

主管这件案子的县太爷经过反复思索，觉得这件事有可疑之处，于是召集了那天住过旅馆的所有人一一问话，问完话之后把他们都放走了，只留下了一个十几岁的小孩子。之后连续好几天，县太爷每天都招那个小孩子过来问话，过了五天之后，那个真正的小偷终于被县太爷逮住了，你知道县太爷是用什么方法引他出来的吗？

10. 有毒的橙子

张明已经大学毕业四年了，有一天，她的大学好友李珊邀请她参加一个大学同学的聚会，张明欣然前往。这次聚会是在李珊家里举办的，来参加聚会的同学都是张明大学时期非常要好的朋友，大家都好久没见了，聚在一起就开始聊天，回忆曾经的美好时光，整整一天，大家都过得非常开心。聚会结束时大约是晚上8点钟，9点钟左右张明回到了家里，她感到剧烈的腹痛，大约1小时之后，她就死在了家中。

案件发生之后，警方开始了全面的调查。经过法医的鉴定，张明是中毒而死，在她胃里残留的食物残渣当中，有些橙子含有慢性剧毒。

据张明的家人介绍，张明在去参加聚会之前和之后都没有吃过橙子，有毒的橙子一定是在聚会中吃到的。

警方又召集当时来参加聚会的所有人。据同学们回忆，张明的确吃过橙子，不过她只吃了橙子的一半，另一半被她曾经最好的朋友小云吃掉了，而且橙子是当着大家的面被切开的，可奇怪的是小云并没有中毒。负责这个案件的警官问大家："张明和小云吃的橙子是谁切开的？"有人回答："是李珊切开的，她知道她们两个最爱吃橙子了。"

警官笑道："我知道凶手是谁了。"

通过以上这些材料，你知道谁是下毒的凶手吗？凶手又是通过什么方法下毒的呢？

11. 玻璃上的裂缝

某地有一个著名的珠宝店，店里有一只非常名贵的钻石戒指。一天晚上这颗钻石被人偷走了，警方在现场进行了细致的调查，除了店员们的指纹没有发现其他指纹，唯一的线索就是盛放钻石的玻璃柜台被人划开了一个大裂缝，小偷似乎是从这个裂缝中取走钻戒的。据珠宝店的经理介绍，他们店盛放钻石的柜台是用非常结实的有机玻璃制成的，除非用非常尖利的器具，否则很难将柜台划开。

因为没有充分的线索，这个案子在之后的几天里陷入了僵局。但是负责这个案子的警员小李，始终对这个案子感到疑惑，他跑去珠宝店里询问："最近，珠宝店里的店员们都有什么动向？"其中，一个店员回答："店员小周这两天和新婚老婆去马尔代夫度蜜月了，其他人没有什么动静。"

警员小李听完之后点了点头，"我大概知道谁是小偷了。"

请你仔细思考一下，小李想到的小偷是谁，为什么？

12. 祖传烟斗

艾玛家里有一个祖传的烟斗，几天之前，莫名其妙地丢失了，艾玛的父亲叮嘱艾玛在各家报纸和网站上发布寻物启事。第二天，艾玛把登有寻物启事的报纸递给父亲。父亲仔细看了看上面的广告，这则广告被登在了报纸的中缝当中，内容为："家有祖传烟斗，前些天不慎丢失，望拾到者归还，必有重谢，赏金5万元。联系人：曾先生，联系电话：×××××××。"父亲问艾玛："网上的消息是怎么登的？"艾玛回答："同报纸上的一样。"

登完广告第二天，艾玛的父亲正在屋里看电视，突然门铃响了起来。父亲打开屋门，看到一个中年男人，中年男人问："请问是你家丢了烟斗吗？"父亲惊奇地回答："是啊，您有什么消息吗？"中年男人说："昨天下午，我在附近的大街上，看到一个小孩子在卖烟斗，我觉得这个烟斗很不错，就用100元买了下来，你看看是不是这个烟斗。"中年男人把烟斗递了过来，接着说，"昨晚我看到了您的寻物启事，所以拿过来给您看一看……"艾玛的父亲看了看男人手里的烟斗，正是他家丢失的那只，没等中年男人说完，艾玛的父亲就喊出了艾玛，两人一起把中年男人送到了警察局。

请问，艾玛父亲这么做的原因是什么？

13. 要命的鸡蛋

马小虎有个怪癖好，就是特别喜

欢吃生鸡蛋。每天中午到吃饭时间时，别的同学都津津有味地吃着蔬菜、米饭，马小虎却当着大家的面，把一个生鸡蛋磕开，然后一口吞进肚子里。这天，又到了中午吃饭时间，像往常一样，马小虎打开了一个生鸡蛋，然后冲周围同学做个鬼脸，一口将鸡蛋吞了进去。可是鸡蛋刚一下肚，只见马小虎的脸色顿时变得铁青起来，一股鲜血顺着他的嘴角流了出来。同学们都吓坏了，只有班长最机灵，马上叫人打了急救电话，可是等医生到达之后，马小虎已经没有气息了。

经过法医的鉴定，马小虎的肚子里有一根钢针，钢针刺破了他的内脏，导致了他的死亡。很显然，钢针是随着鸡蛋一起进入马小虎肚子里的，可是坐在小虎旁边的同学都说，小虎在磕开鸡蛋之前，鸡蛋的外表是完好无损的。那么，钢针究竟是怎样被放到生鸡蛋里面的呢？

14. 被盗的药品

有家医院一天晚上发生了一起盗窃案，一批只贴着化学式标签的海洛因被偷走了，总价值超过10万元。案件发生后第二天，医院里开始了紧张的调查。经过办案人员的初步调查，确定案犯作案时间为前一晚上的凌晨2点到4点之间。在可能作案的医院所有人员里，有两个人不能提供不在场证明。一个是新来的实习护士，另一个是已经住院很长时间的农民病人。

通过以上信息，你能推断出谁最有可能是凶手吗？

15. 消失的匕首

一间浴室里发生了一起杀人案，当地的富商裸死在浴池当中。死者的肚子上有好几处伤痕，从伤口的形状来看，死者是被像刀一样的利器所伤致死。可是从凶案发生的现场来看，浴室里除了一个空的暖水瓶，其他什么线索也没有。

据浴室里负责按摩的师傅回忆，当时与死者一同洗澡的还有一个人，那就是死者的侄子，可是，他也亲眼看到死者的侄子一丝不挂地从浴室里走出来，之后，直到死者被发现的这段时间，都没有人出入那间浴室。虽然死者的侄子是本案最大的嫌疑人，但因为找不到凶器，证据不足，办案人员也只得把他放走了。

后来，在无奈之余，办案人员请来了本地著名的侦探查理斯，查理斯经过一番思考，终于为本案揭开了谜底。

你能猜到凶手是谁，用的什么凶器以及怎样杀人的吗？

16. 三个数字

有三个非零的数字，它们相加的结果与它们相乘的结果相同，你知道这三个数分别是什么吗？

17. 多少动物

玲玲的妈妈收养了很多动物。已知在这些动物中，扔掉两只之后都是猫，扔掉两只之后都是狗，扔掉两只之后都是兔子。你知道玲玲家到底养了多少动物吗？

18. 说谎的牛仔

一个被晒得浑身黝黑的牛仔在一个酒吧里，正眉飞色舞地谈论他在沙漠上的经历。“我在沙漠上整整走了两个月，沙漠里的气温简直是太高了，太阳很毒，把我的皮肤全晒黑了。我两个月没有洗澡，没有刮胡子，昨天晚上一回来就舒舒服服地洗了个热水澡，把胡子也刮得干干净净，这才出来见人。”

“那你在沙漠有什么发现吗？”周围有人问到。

牛仔回答：“有啊，我从沙漠带回来一些沙土样本，经过化验，这些沙土中含有很高含量的黄金。要知道这可是一个千载难逢的机遇，有谁想投资这个项目，就到二楼左边第一个房间找我，这里说话不太方便。”

默默坐在一旁的探长肖克先生听到这里实在听不下去了，他走到牛仔身边，盯着他那被晒得黝黑的下巴，拍了拍他的肩膀：“小伙子，别骗人了，你根本没有去过沙漠。”

你知道小伙子的话哪里出了漏洞吗？

19. 破解咒语

阿楠在万圣节这天被一个可恶的女巫抓走了，女巫在她身上下了一个恶毒的诅咒。这个诅咒的内容为：“现在你只能说一句话，如果你说的话是正确的话，我就把你吃了；如果你说的话不正确的话，我就把你丢给鳄鱼。”

阿楠经过仔细地思考，说了一句话，说完这句话，可恶的女巫就把她放了，你知道她说了句什么话吗？

20. 藏宝阁里的宝藏

一个幽深的树林里有一个巨大的藏宝阁，藏宝阁里有很多金银珠宝。藏宝阁的门口站着两个守卫，一个总是说真话，一个总是说假话。藏宝阁的门上安着两个按钮，一个是正确的按钮，另一个是错误的按钮。按上正确的按钮，藏宝阁的门会开启，按到错误的按钮，按按钮的人就会被两个守卫杀死。究竟哪个才是正确的按钮，只有两个守卫知道。来到藏宝阁的人可以通过向其中的一位守卫发问获得按钮的信息，不过只能问一个问题。如果是你，你会怎样发问，才能顺利进入藏宝阁呢？

21. 三个怪人

路易斯、纳特和爱德华住在同一公寓。他们三个人记忆力都特别差，总是忘了自己是谁。已知，三个人之中，一个是厨师，一个是管道工人，另一个是售货员。下面是他们自己和周围的人提供的一些信息：

（1）路易斯和纳特每天都要一起步行上班。

（2）纳特和爱德华每天下班后都要打牌。

（3）管道工人每天早上要买份报纸，售货员偶尔和人吵架，厨师回家从来都不做饭。

（4）售货员从来不喜欢打牌。

（5）爱德华在家的时候特别喜欢做饭。

根据以上提供的这些信息，你能推断出谁是谁吗？

22. 谁要升上天堂

有三个人同时进入了鬼门关，他

们每人都说了一句话，但只有一个人说了真话。说真话的那个人可以进入天堂，其余的人都要下地狱，他们三个人的对话如下：

甲："乙，你说的话是假话。"

乙："这里只有丙说的是假话。"

丙："你们两个说的都是假话。"

根据他们所说的话，你能判断谁最后能升上天堂吗？

23. 小狐狸的生日

小狐狸快要过生日了，小狐狸问妈妈，生日那天可不可以去游乐园玩摩天轮，狐狸妈妈说当然可以，不过要小狐狸做出一道题才可以去。狐狸妈妈说："如果今天的前五天是星期六的前三天，那么，后天是星期几？"你能帮帮小狐狸得出这道题的答案吗？

24. 谁是赢家

有甲、乙、丙、丁四匹马参加赛马比赛，这四匹马一共进行了四场比赛，已知，甲快过乙3次，乙快过丙3次，丙快过丁三次。可能大家会觉得丁是跑得最慢的，但实际上，丁又快过甲3次，请你想一想这种现象可能吗？

25. 消失的珠宝箱

阿兰家本是清朝时期一个非常有名的商户，在阿兰7岁的时候，由于生意失败，他家突然变得衰落。阿兰的父亲在愁苦中去世，临死时给阿兰留下了两箱珠宝，并叮嘱他要分别藏在两个不同的地方。阿兰的母亲从丈夫的坟往正南面走了100步，然后挖了个坑，将珠宝箱埋在了里面。阿兰从父亲的坟往正北面走了88步，然后挖了个坑，将珠宝箱埋在了里面。埋完之后，两人由京城去了江南。

十年之后，阿兰已经长成了小伙子。他和母亲从江南归来，重回父亲的墓地。母亲往正南走了100步，挖出了珠宝箱。阿兰向正北走了88步，却怎样也挖不到珠宝箱。后来，阿兰又重新走了一次，一下子就挖出了宝箱。你知道是怎么回事吗？

26. 会有什么感觉

如果我们将自己的手放入100℃滚烫的开水里，哪怕只有几秒，也会被严重地烫伤。如果我们将自己的手放入150℃的空气中，然后停留5秒钟，我们的手会怎样？是会彻底烧烂，还是只感觉暖暖的，不会被烧伤？

27. 没有投保的名画

有一家博物馆，为了防止馆内的物品失窃，为每件物品都投了巨额保险，只有一幅非常名贵的画没有投保。那是一位非常著名的画家的作品，也是博物馆里的热门展品。但是为什么博物馆没有给它投保呢？

28. 雪地奇案

一名男老师带着他的妻子去了一个著名的滑雪场滑雪。但是，在滑雪的过程中，这名老师的妻子摔死在了悬崖下面。警察开始调查这件事情，男老师声称自己的妻子是滑雪时不慎摔下悬崖的，但是警长查理却很怀疑，因为悬崖处的坡度不是很大，只要稍加小心，就能避免掉入悬崖。后来，警长去了滑雪场车站的售票处，经过一番询问，立刻确定男老师就是杀死妻子的凶手，并把他逮捕了。你知道其中的缘由吗？

29. 怎样平衡

下图中有三个天平。通过前两个平衡的天平，你认为应该在第三个天平的右侧加入什么，才能让它保持平衡。

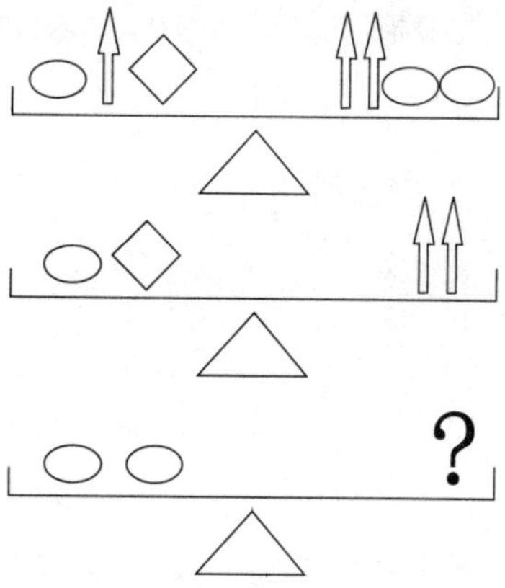

30. 空管传音

明明和冬冬住在同一间大房子里，房子四面都是墙，他们中间隔着一道厚厚的墙壁。现在他们两人想用两根直的空管来对话，那么他们该怎么做呢？

31. 绑架奇案

一个富翁的儿子遭到了绑架，绑匪要求富翁拿出1000万元作为交换，并要求他将钱用普通邮件寄到某个地址。富翁报了案，第二天，一批便衣警察偷偷埋伏在了绑匪所要求寄到的地址处，但是发现这里只有地名、街道名，却没有绑匪所说的门牌名和收件人。警察经过仔细分析，锁定了一个犯罪嫌疑人，并很快找到证据将他抓获，解救出了人质。你知道警察锁定的犯罪嫌疑人是谁吗？

32. 阿哲买大米

家里没有米了，阿哲的妈妈叫阿哲去粮店里买米。到了粮店，粮店的伙计说："今天大米一律半价出售。"阿哲拿了两袋米对伙计说："既然是半价出售，那么我现在拿你两袋米，然后再把其中的一袋折合成半价还给你，这样，咱们就两讫了。"你认为阿哲的说法合理吗？

33. 杨太太的诬陷

露露家隔壁有一位远近闻名的刁妇杨太太。一天，露露正在客厅看电视的时候，门外突然响起了一阵急促的门铃声，她赶紧跑过去开门。进来的是杨太太。只见她气势汹汹地向露露嚷道："你们家的狗太可恶了，居然把我咬了，你是怎么管它的？"

露露听完感觉莫名其妙，因为她家的狗从来都不咬人，而且从早晨到现在一直都蹲在她的脚边。于是，露露问杨太太道："杨太太，我家狗是什么时候咬你的，在哪里咬你的，你的伤口在哪里？"

杨太太说："就在刚才我经过你家门口的时候咬的我。"说着她把干净整齐的裤子拉得高高的，露出了膝盖上一处被咬伤的伤口。

当露露看过杨太太的伤口之后，很肯定的回答："杨太太，你不要诬陷我，你的伤口根本就不是我家狗咬的。"接着露露说出了证据，杨太太听了哑口无言。你知道露露所说的证据是什么吗？

34. 如何分工

有甲、乙、丙、丁四位小朋友一起去野炊。他们一个择菜，一个烧水，一个淘米，一个拾柴。甲既不择菜也不拾柴。乙既不择菜也不淘米。如果甲不淘米，丁就不择菜。丙既不择菜也不拾柴。根据这些信息你能判断出谁做了什么吗？

35. 丈夫被谁害死了

一个小镇子上住着一对很会做生意的夫妻，经过十几年的辛苦经营，这对小夫妻积累了一笔不小的财富。有一天，丈夫对妻子说，他想带一部分钱财回老家，分给曾经帮助过他们的亲戚，妻子同意了。第二天天还没亮的时候，丈夫就收拾好行囊上路了，临行前他对妻子说，他已经租好了车夫和马车，只要办完事就会很快回来。几个时辰之后，这对夫妻家里响起了急促的敲门声，一个大汉在门外喊："大嫂，大哥在不在，我是他雇的车夫，我等了他好几个时辰他都没来。"妻子一听这话马上报了官，后来经过调查发现，她的丈夫在一个小树林里被人害死了，身上的钱财也不见了。妻子在伤心之余坚定地对官员说："请逮捕这个车夫，他就是杀人的凶手。"你知道妻子凭什么如此坚定地认为车夫就是凶手吗？

36. 神秘的回答

华生有一天想考考福尔摩斯，看到福尔摩斯在泡咖啡，就对他说也给我来一杯吧，福尔摩斯问："你喝热的还是冷的？"华生回答了一串绕口令似的数字："147536912369874123580。"福尔摩斯听后笑了笑，就给他端来了一杯他想要的咖啡，你们知道华生想喝什么样的咖啡吗？

37. 穿越六边形

画一条直线让它穿过正六边形全部的六条边。

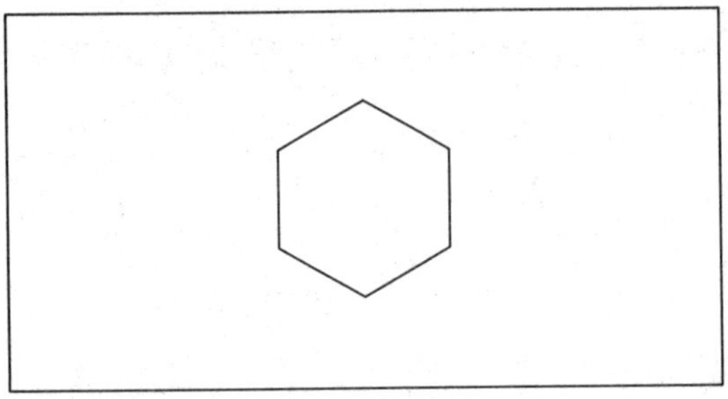

38. 谁是冠军

田径场上正在进行100米决赛。参加决赛的是A、B、C、D、E、F六个人。关于谁会得冠军，看台上甲、乙、丙谈了自己的看法。

乙认为，冠军不是A就是B。

丙坚信，冠军绝不是C。

甲则认为D、F都不可能取得冠军。

比赛结束后，人们发现他们三个中只有一个人的看法是正确的，那么100米比赛的冠军是(　　)。

A. A　B. B　C. C　D. E

39. 大洲地图

一次课外兴趣游戏中，给出了五大洲的大致图形，每个图形都编了号，要求填出其中任意两个洲名。

甲填：3是欧洲，2是美洲

乙填：4是亚洲，2是大洋洲

丙填：1是亚洲，5是非洲

丁填：4是非洲，3是大洋洲

戊填：2是欧洲，5是美洲

结果是他们每人只对了一半。

根据以上条件分析正确的答案是什么？

40. 业务员的选择

要从代号为A、B、C、D、E、F六个侦查员中挑选若干人去破案，人选的配备要求必须注意下列各点：

① A、B两人中至少去一人；

② A、D不能一起；

③ A、E、F三人中要派两人去；

④ B、C两人都去或都不去；

⑤ C、D两人中去一人；

⑥ 若D不去则E也不去，由此可知（ ）。

A. 挑了A、B、F三人去

B. 挑了A、B、C、F四人去

C. 挑了B、C、E三人去

D. 挑了B、C、D、E四人去

41. 天气判断

下面是甲、乙、丙、丁四城市某日的天气预报：已知四城市有三种天气情况，甲市和丙市的天气相同，乙市和丁市当天没有雨。

以下推断不正确的是( )。

A. 甲市小雨　　B. 乙市多云

C. 丙市晴　　D. 丁市晴

42. 谁做对了

英、红、燕三个人讨论一道数学题，当她们都把自己的解法说出来以后，英说："我做错了。"红说："英做对了。"燕说："我做错了。"老师看过她们的答案并听了她们的上述意见后说："你们三个人有一个做对了，有一个说对了。"

那么，谁做对了呢？谁又说对了呢？

43. 少先队员

甲、乙、丙和丁是同班同学。甲说："我班同学都是少先队员。"乙说："丁不是少先队员。"丙说："我班有人不是少先队员。"丁说："乙也不是少先队员。"

已知只有一个人说假话，则可推出以下判定肯定是真的一项为( )。

A. 说假话的是甲，乙不是少先队员

B. 说假话的是丁，乙不是少先队员

C. 说假话的是乙，丙不是少先队员

D. 说假话的是甲，丙不是少先队员

44. 计算机语言

在计算机语言中有一种逻辑运算，如果两个数同一位上都是0时，其和为0，一个为0，一个为1时或两个都是1时，其和为1。那么（ ）。

A. 如果和为1，则两数必然都是1

B. 如果和为0，则两数必然都为0

C. 如果和为0，则两数中可能有一个为1

D. 如果和为1，则两数中至少有一个为0

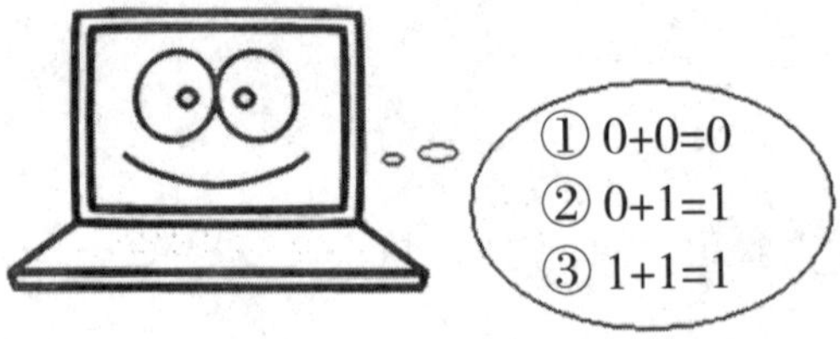

45. 彩色正方体推断

一个正方体的六个面，每个面的颜色各不相同，并且只能是红、黄、绿、蓝、黑、白这六种颜色。如果满足：①红色的对面是黑色；②蓝色和白色相邻；③黄色和蓝色相邻这三个条件，那么下面结论错误的是（ ）。

A. 红色与蓝色相邻

B. 蓝色的对面是绿色

C. 黄色与白色相邻

D. 黑色与绿色相邻

46. 理发师的悖论

某地有一名热心的理发师，他只给村子里所有不给自己理发的人理发，而村子里所有不为自己理发的人都来找这位理发师理发，则这位理发师（ ）。

A. 给自己理发

B. 叫人为他理发

C. 从不理发

D. 不存在这样的人

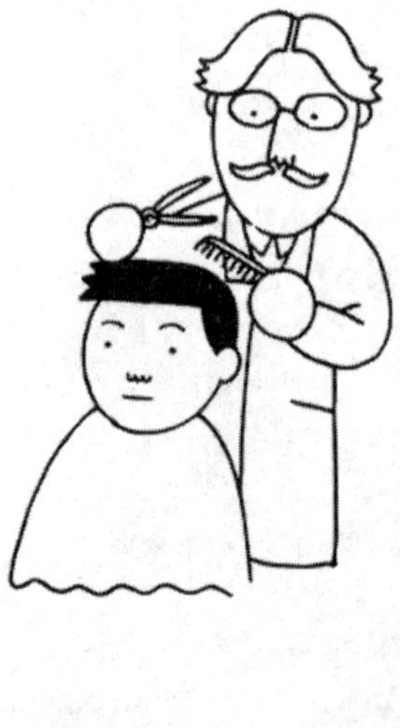

47. 运动员的身份

王丽、张贝、李文是跳伞、田径、游泳运动员，现在知道：(1) 张贝从未上过天；(2) 跳伞运动员已得过两块金牌；(3) 李文还未得过第一名，她与田径运动员同年出生。请根据上述情况推理王丽、张贝、李文各是什么运动员？

48. 职业判定

甲、乙、丙、丁四个人的职业是教师、医生、律师、警察。已知：(1) 教师不知道甲的职业；(2) 医生曾给乙治过病；(3) 律师是丙的法律顾问（经常见面）；(4) 丁不是律师；(5) 乙和丙从未见过面。那么甲、乙、丙、丁的职业分别是什么？

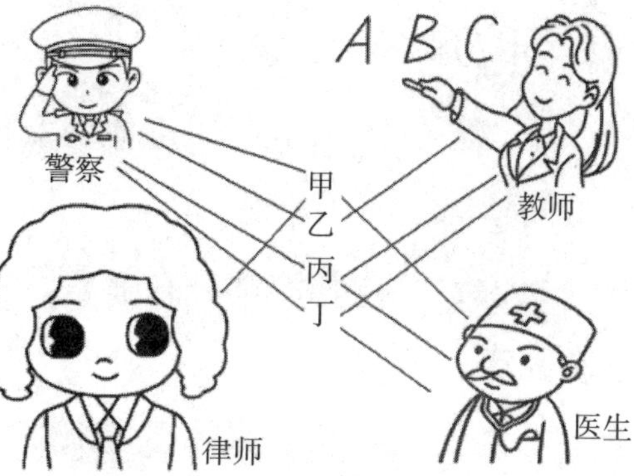

49. 职业与住址

徐成、康明和李刚在南京、上海和杭州工作，他们的职业是工人、商人和教师，已知：(1) 徐成不在南京工作，康明不在上海工作；(2) 在南京工作的不是教师；(3) 在上海工作的是工人；(4) 康明不是商人。问：这三人各住哪里？各是什么职业？

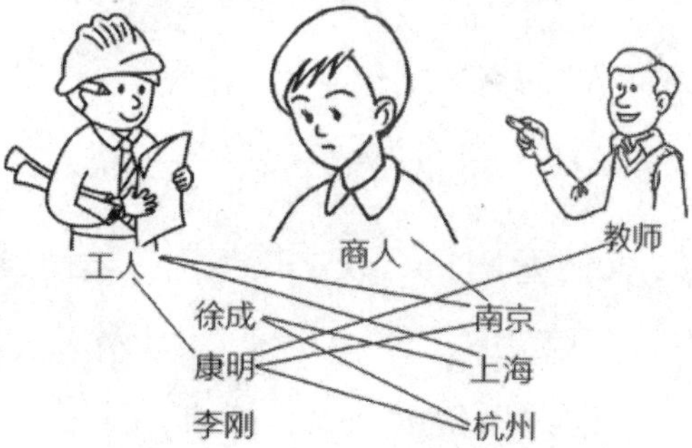

50. 同学的住址

甲、乙、丙、丁在谈论他们及他们的同学何俊的居住地。

甲说："我和乙都住在北京，丙住在天津。"

乙说："我和丁都住在上海，丙住在天津。"

丙说："我和甲都不住在北京，何俊住在南京。"

丁说："甲和乙都住在北京，我住在广州。"

假定他们每个人都说了两句真话，一句假话，问：不在场的何俊住在哪儿？

51. 响亮的绰号

宝宝、贝贝、聪聪每人有两个外号，人们有时以"数学博士""短跑健将""跳高冠军""小画家""大作家"和"歌唱家"称呼他们，此外：

（1）数学博士夸跳高冠军跳得高；

（2）跳高冠军和大作家常与宝宝一起看电影；

（3）短跑健将请小画家画贺年卡；

（4）数学博士和小画家关系很好；

（5）贝贝向大作家借过书；

（6）聪聪下象棋常赢贝贝和小画家。

问：宝宝、贝贝、聪聪各有哪两个外号吗？

52. 出场顺序

甲、乙、丙、丁、戊五名同学参加推铅球比赛，通过抽签决定出赛顺序，在未公布顺序前每人都对出赛顺序进行了猜测。

甲猜：乙第三，丙第五。

乙猜：戊第四，丁第五。

丙猜：甲第一，戊第四。

丁猜：丙第一，乙第二。

戊猜：甲第三，丁第四。

老师说每人的出赛顺序都至少被一人所猜中，则出赛顺序中，第一是（　）；第三是（　）。

53. 珠子的颜色

红、黄、蓝、白、紫五种颜色的珠子各一颗，分别用纸包着，在桌子上排成一行，有A、B、C、D、E五个人，猜各包珠子的颜色，每人只猜两包。

A猜：第二包是紫的，第三包是黄的。

B猜：第二包是蓝的，第四包是红的。

C猜：第一包是红的，第五包是白的。

D猜：第三包是蓝的，第四包是白的。

E猜：第二包是黄的，第五包是紫的。

猜完后，打开各纸包一看发现每人都只猜对了一包，并且每包只有一人猜对。请你判断他们各猜对了其中的哪一包？

54. 彩球

老师在3个小箱中各放一个彩色球，让小明、小强、小亮、小佳四人猜一下各个箱子中放了什么颜色的球。

小明说：“1号箱中放的是黄色的，2号箱中放的是黑色的，3号箱中放的是红色的。”

小亮说：“1号箱中放的是橙色的，2号箱中放的是黑色的，3号箱中放的是绿色的。”

小强说：“1号箱中放的是紫色的，2号箱中放的是黄色的，3号箱中放的是蓝色的。”

小佳说：“1号箱中放的是橙色的，2号箱中放的是绿色的，3号箱中放的是紫色的。”

老师说：“你们中有一个人恰好猜对了两个，其余的三人都只猜对一个。”那么3号箱子中放的是什么颜色的球？

55. 小淘气发作业

老师让小淘气把小胖、小贝、小丸子、小聪、小马虎的作业本带回去，小淘气见到这五人后就一人给了一本，结果全发错了。现在知道：⑴小胖拿的不是小贝的，也不是小聪的；⑵小贝拿的不是小丸子的，也不是小聪的；⑶小丸子拿的不是小贝的，也不是小马虎的；⑷小聪拿的不是小丸子的，也不是小马虎的；⑸小马虎拿的不是小聪的，也不是小胖的。另外，没有两人相互拿错(例如小胖拿小贝的，小贝拿小胖的)。问：小丸子拿的是谁的作业本？小丸子的作业本被谁拿走了？

56. 谁总说谎

甲、乙、丙三人，一个总说谎，一个从不说谎，一个有时说谎。有一次谈到他们的职业。甲说：“我是油漆匠，乙是钢琴师，丙是建筑师。”乙说：“我是医生，丙是警察，你如果问甲，甲会说他是油漆匠。”丙说：“乙是钢琴师，甲是建筑师，我是警察。”你知道谁总说谎吗？

甲　　丙

乙

57. 品质判定

甲、乙、丙三个人，甲说：“乙和丙都说谎。”乙说：“甲和丙都说谎。”丙说：“甲和乙都说谎。”

根据三人所说，你判断一下，下面的结论哪一个正确：

（1）三人都说谎；

（2）三人都不说谎；

（3）三人中只有一人说谎；

（4）三人中只有一人不说谎。

58. 矿石的种类

某地质学院的学生对一种矿石进行观察和鉴别。

甲判断：不是铁矿石，也不是铜矿石。

乙判断：不是铁矿石，而是锡矿石。

丙判断：不是锡矿石，而是铁矿石。

经化验证明：有一个人的判断完全正确，有一个人说对了一半，而另一个人完全说错了。你知道三人中谁是对的，谁是错的，谁是只对一半的吗？

59. 比赛结果预测

4名运动员参加一项比赛，赛前，甲说：“我肯定是最后一名。”

乙说：“我不可能是第一名，也不可能是最后一名。”

丙说：“我绝对不会得最后一名。”

丁说：“我肯定得第一名。”

赛后，发现他们4人的预测中只有一人是错误的。

请问谁的预测是错误的？

60. 准确的成绩预测

在期末考试前，学生W、X、Y、

Z分别预测他们的成绩，预测的结果是A、B、C、D，评分标准是A比B好，B比C好，C比D好。

W说：“我们的成绩都将不相同。若我的成绩得A，则Y将得D。”

X说：“若Y的成绩得C，则W将得D，W的成绩将比Z好。”

Y说：“若X的成绩不是得到A，则W将得C。若我的成绩得到B，则Z的成绩将不是D。”

Z说：“若Y的成绩得到A，则我将得到B。若X的成绩不是得到B，则我也将不会得到B。”

当期末考试的成绩公布，每位学生所得到的成绩都完全符合他们的预测。请问这四位学生的成绩分别是什么？

61. 谁打破了玻璃

四个小朋友宝宝、星星、强强和乐乐在院子里踢足球，一阵响声，惊动了正在读书的陆老师，

陆老师跑出来查看，发现一块窗户玻璃被打破了。陆老师问：“是谁打破了玻璃？”

宝宝说：“是星星无意打破的。”

星星说：“是乐乐打破的。”

乐乐说：“星星说谎。”

强强说：“反正不是我打破的。”

如果只有一个孩子说了实话，那么这个孩子是谁？是谁打破了玻璃？

62. 猜密码

一只皮箱的密码是一个三位数。小光说：“它是954。”小明说：“它是358。”小亮说：“它是214。”小强说：“你们每人都只猜对了位置不同的一个数字。”这只皮箱的密码是多少呢？

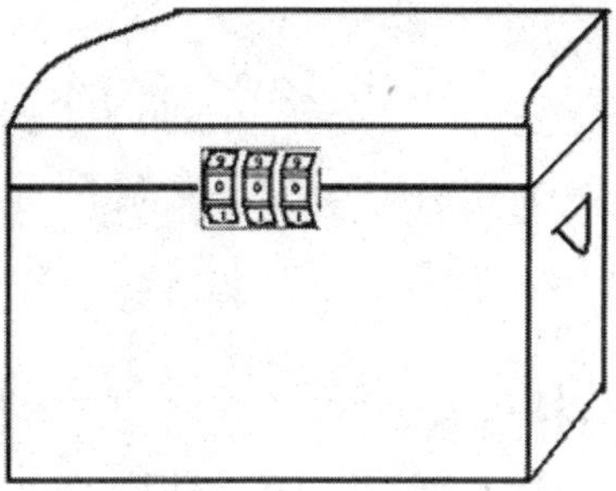

63. 得分

一次常识考试，共六道判断题，考生认为正确的就画“√”，认为错误的就画“×”。记分的方法是：答对一题给2分；不答的给1分；答错的不给分。已知A、B、C、D、E、F、G七人的答案及前六个人的得分记录在表中，请在表中填出G的得分，并简单说明你的思路。

	A	B	C	D	E	F	G
1		√	√	√	×	×	√
2	√		×	×	√	×	×
3	√	×		√	×	×	×
4	√	√	×		×	√	√
5	√	×	√	√		×	√
6	√	√	×	×	×		×
得分	7	5	5	5	9	7	

空白表示不答。

64. 新来的老师

学校新来了一位老师，五个学生分别听到如下的情况：(1) 是一位姓王的中年女老师，教语文课；(2) 是一位姓丁的中年男老师，教数学课；(3) 是一位姓刘的青年男老师，教外语课；(4) 是一位姓李的青年男老师，教数学课；(5) 是一位姓王的老年男老师，教外语课。他们每人听到的四项情况中各有一项正确。问：真实情况如何？

65. 胜利场次（1）

聪聪、明明、灵灵、莉莉四人进行乒乓球单循环赛，结果有三人获胜的场数相同。问另一个人胜了几场？

66. 胜利场次（2）

聪聪、明明、莉莉三人进行乒乓球单循环赛，结果3人获胜的场数各不相同。问第一名胜了几场？

67. 比赛积分

五个人进行象棋单循环赛，规定胜者得2分，负者得0分，和棋双方各得1分，比赛结束后统计可以发现，五个人的得分和加起来的值是多少呢？

68. 参赛人数

一次象棋比赛共有10名选手参加，他们分别来自甲、乙、丙三个队，每个选手都与其余9名选手各赛1盘，每盘棋的胜者得1分，负者得0分，平局双方各得0.5分。结果，甲队选手平均得4.5分，乙队选手平均得3.6分，丙队选手平均得9分。那么，甲、乙、丙三队参加比赛的选手人数各多少？

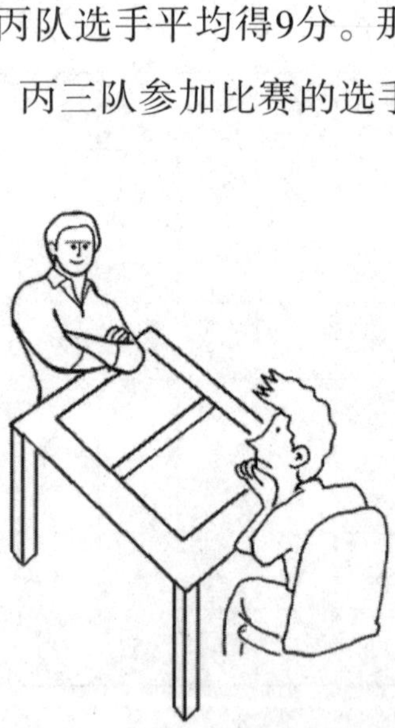

小故事

如此破案

一位经理在一次外出办事时，将自己的钱包落在了办公室里。等他办完事回来，发现钱包还在，但是里面的现金、银行卡和各种证件都不见了。经理猜到这件事肯定是公司里的人做的，但却不确定究竟是谁做的。后来，经理叫来了自己的好友，跟他商量了一番，想出了一条妙计。

第二天，好友召集了公司所有的员工，对他们说：“总经理的现金、证件和银行卡昨天被盗了，不过这只是总经理设下的一个圈套，目的是想考验一下员工的忠诚度。总经理已经知道谁是小偷了。现在我要给每个人发一根小木棍，那个拿到最长小木棍的人就是小偷，一会儿大家比一比谁的木棍最长，谁就是小偷。”果然，过了一小会儿，小偷被找到了。原来，每个人手中的小木棍都是一样长的，那个小偷由于做贼心虚，故意将自己的木棍折下一截，这样反而让自己露出了马脚。

第三章　答案

1. 什么出卖了他

邮轮刚刚经历了风暴，船肯定会左右晃动，如果中年男人一直在伏案写作，他的稿件上肯定不会非常清秀整齐，而没有一点涂抹的痕迹。

2. 有没有说谎

她们的确不是双胞胎，她们是三胞胎、四胞胎或五胞胎中的两个！

3. 一起谋杀案

有企鹅标本的那间房间。因为探险家是去北极探险，而企鹅生活在南极，因而企鹅的标本并不是探险家的，而是凶手用来藏钱的工具。

4. 特殊的人

这个特殊的人就是理发师。

5. 哥哥是凶手吗

哥哥不是凶手，因为AB型和O型的人结合，不会生出AB型的人。

6. 第一现场

由死者的帽子推断出来的。因为前一晚上刮了大风，如果案发地在街道上，那么帽子早被风吹走了，由此推断，这个尸体是在第二天风停了之后被转移到街道上的。

7. 神奇的动物

像骡子之类杂交的动物。

8. 谁是凶手

邮递员是凶手。因为伊丽莎白是在来电后被杀的。因为停电之后要等待电源恢复，这时候不会有人将台灯关掉。而邮递员为了掩盖自己作案的时间，就故意将台灯关掉，将应急灯打开，想制造伊丽莎白是在停电期间被人杀害的假象。

9. 自投罗网

县太爷故意把小孩子留下，还让他每天都到县衙来，好像从小孩子那里得到了某些线索一样。县太爷的目的就是引起真正小偷的注意。小偷做贼心虚，看到小孩子每天都被叫去县衙，一定会去小孩子那里打听，这样，县太爷派人跟着小孩子就抓住了真正的小偷。

10. 有毒的橙子

凶手是李珊。李珊并没有把毒直接放在橙子里，而是将毒药抹在了水果刀的一侧，这样在切橙子的时候，一半的橙子就粘上了毒药，而另一半则没有毒药。

11. 玻璃上的裂缝

小偷很可能就是店员小周。他很可能是先用钥匙把柜台打开，拿出里面的钻石戒指，再把柜子锁好，然后用钻石在有机玻璃上划了个大口子，假装戒指是被人从裂缝偷走的，目的是误导大家。作案成功之后，他将钻戒卖掉，然后携新婚妻子去了马尔代夫度假。

12. 祖传烟斗

艾玛的父亲知道这个中年男人就是偷烟斗的小偷。因为在寻物启事上，他们并没有写自己的地址，而只是给出了联系人和联系电话。那个中年男人没有打电话就直接来他家还东西，显然是对他家地址很了解，这样看来，这个中年男人正是在他家偷东西的小偷。

13. 要命的鸡蛋

先将鸡蛋在酸中浸泡一段时间，这时候蛋壳的石灰质被酸溶解，变得柔软而有韧性。将钢针慢慢插入蛋壳，蛋壳由于变得很软因而不会破裂。待钢针完全插入蛋壳内时蛋壳就自动将小孔封住了。将鸡蛋从酸中捞出，让酸得到挥发，鸡蛋蛋壳就恢复到了原样。

14. 被盗的药品

护士最有可能是凶手，因为药品没有写名字，而是用化学式作为标签，最有可能看懂这个标签的是护士而不是农民。

15. 消失的匕首

凶手很可能就是死者的侄子。他所使用的凶器是用冰做成的匕首，冰的硬度很高，用冰做成的匕首刺入人的腹部，足以致人死亡。凶手是将冰刀和干冰一起放入暖壶里，带入浴室当中，趁死者不注意将其杀死，然后将冰刀和干冰放入浴池的水里，由于温度很高，冰刀很快就融化了，这样死者就成功地掩盖了作案的凶器。

16. 三个数字

1、2、3。

17. 多少动物

一只猫、一只狗和一只兔子。

18. 说谎的牛仔

牛仔说他在沙漠里两个月没刮胡子，胡子是回来之后刮掉的，所以，他下巴的地方应该比他脸的其他部位白一些，但是，现在他的下巴同脸一样黝黑，由此推断，他在说谎。

19. 破解咒语

阿楠说："你把我丢给鳄鱼吧！"如果女巫把阿楠吃了，她就违背了自己的第一句话；如果女巫把阿楠喂给鳄鱼，她就违背了自己的第二句话。无论女巫怎么做，她都会违背自己的话，所以她只好把阿楠放走了。

20. 藏宝阁里的宝藏

可以随便问其中任何一个守卫："如果我昨天问你，哪个才是正确的按钮，你会怎样回答呢？"如果恰好问的是总说实话的那个守卫，那么，得到的答案肯定是真实的答案。如果问到的恰好是总说谎话的那个守卫，昨天问他他肯定会说错误的答案，今天问他昨天如何回答，他会把错误的答案反过来说，这样得到的答案就是正确的答案了。

21. 三个怪人

路易斯是售货员；纳特是厨师；爱德华是管道工人。这道题中的信息很多，但是有很多都是迷惑性的，实际上真正有用的信息只有第（2）、（4）、（5）中的信息和（3）中的一部分信息。

22. 谁要升上天堂

甲能升上天堂。如果乙的话是真的，那么就有两位说真话的人，这与题意不符，因此，乙说的是假话；假设丙说的是真话，那么甲说的话也是真话，这样又与题意不符。只有甲说的话为真的时候，题中的所有要求才全部符合。由此推断，甲才是那个说真话的人。

23. 小狐狸的生日

星期三。

24. 谁是赢家

这种现象是可能的。四匹马赛马的结果如下：

（1）甲、乙、丙、丁。

（2）乙、丙、丁、甲。

（3）丙、丁、甲、乙。

（4）丁、甲、乙、丙。

25. 消失的珠宝箱

因为阿兰的母亲，个子没有什么变化，步子也没有什么变化，所以能挖到宝箱。但是阿兰长高了，步子也大了，他现在的88步在距离上已经远远大于10年前的88步，所以他重新以很小的步子走了88步，这样才找到了藏宝箱的正确位置。

26. 会有什么感觉

感觉手暖暖的，不会被烫伤。当手伸进100℃的开水时，因为水的比热容大，手周围的气体膜会瞬间被开水溶解，因此人的手会被严重烫伤。但将手放入150℃的空气中时，由于手曾和外面的冷空气接触过，手的表面会形成一层类似保护膜的薄膜，由于这层膜的保护，手不会立即感受到150℃的热气，只会有暖暖的感觉。同时，与水相比，空气的比热容小，释放的热量也相对少，所以我们伸手去取干燥器和烤箱里的食物时不会被烫伤。

27. 没有投保的名画

因为那是一幅画在博物馆里的壁画，小偷不可能连博物馆的墙一起偷走的，所以博物馆没有为它投保。

28. 雪地奇案

因为男老师买的是往返票，而为妻子买的却是单程车票。

29. 怎样平衡

1个箭头。椭圆=1，箭头 =2，菱形=3。

30. 空管传音

声音和光一样，遵循反射定律。明明和冬冬应该让两根管子和墙形成的角度相等。这样声波反射到墙上，再通过墙反射到管子里，两个人就能听到对方讲话了。

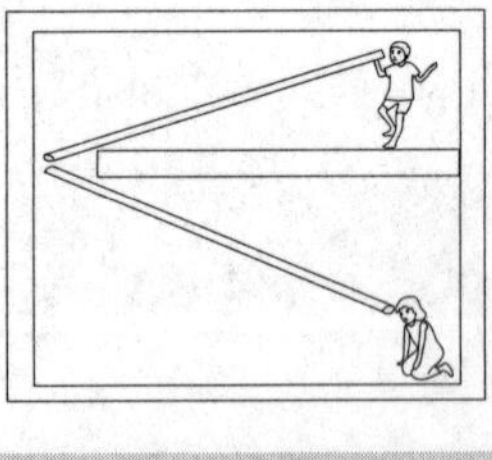

31. 绑架奇案

是邮差。因为在没有门牌号和收件人的情况下，只有他能收到邮件，并且不会引起他人注意。

32. 阿哲买大米

不合理。假如两袋米本来应卖100元，按半价出售的话，两袋米可卖50元。现在阿哲还回一袋米。一袋米的半价是25元，这25元是不能抵消两袋米的半价（50元）的。

33. 杨太太的诬陷

如果狗咬伤杨太太，她的裤子不可能完好无损，根本不用拉起裤子，就能看到伤口。

34. 如何分工

甲淘米，乙拾柴，丙烧水，丁择菜。

35. 丈夫被谁害死了

车夫在敲门时屋门是关着的，按理说他根本不可能知道屋里都有谁，可是他却一直在喊“大嫂”，这就说明他知道丈夫不在家里，可是后来他又谎称自己没有见过死者，由此说明，车夫就是凶手。

36. 神秘的回答

华生想喝热的咖啡。把他所说的数字代入电话键盘，就成为如图所示的“HOT”。

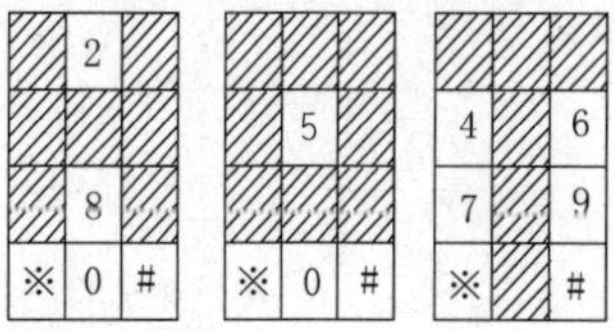

37. 穿越六边形

像图中那样把画着正六边形的纸卷起来，然后再画一条线就可以了。

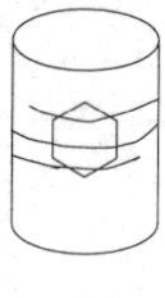

38. 谁是冠军

C。根据题意列表可得：

	A	B	C	D	E	F
甲	√	√	√	×	√	×
乙	√	√	×	×	×	×
丙	√	√	×	√	√	√

由列表可得，如果三人看法中只有一个是正确的，那么冠军可能是C、D、F。

39. 大洲地图

1是亚洲，2是大洋洲，3是欧洲，4是非洲，5是美洲。

列表分析：

	1	2	3	4	5
甲		美洲	欧洲		
乙		大洋洲		亚洲	
丙	亚洲				非洲
丁			大洋洲	非洲	
戊		欧洲			美洲

从甲分析，如果2是美洲正确，那么戊的两个答案都是错的，所以3是欧洲是正确的，从而由戊的说法可知，5是美洲，由丁可知，4是非洲，从而由乙可知2是大洋洲，1是亚洲。

40. 业务员的选择

B。由③可以排除C、D，由④排除A，因此答案为B，再代入题中验证，符合条件。

41. 天气判断

C。由于只有三种天气，甲市和丙市又天气相同，所以当乙市和丁市当天没雨时，可以推知二者天气不是多云就是晴，这样甲市、丙市就只能是雨，故C错误。

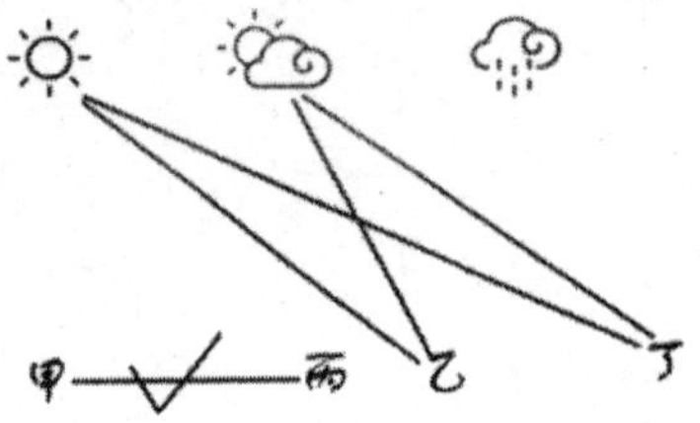

42. 谁做对了

使用假设法，假设燕做对了，那么英、红都做错了，这样，英说的是正确的，红、燕说的都错了，符合条件。

43. 少先队员

A。由于甲和丙所说内容矛盾，所以其中必有一假，如果丙为假，则甲所说与乙、丁均有矛盾，所以只能甲为假，由此可进一步推知乙、丁都不是少先队员，答案为A。

44. 计算机语言

B。由陈述可推知①0+0=0，②0+1=1，③1+1=1。由②可知A不正确，由①可知C不正确，由③可知D不正确，只有B为正确答案。

45. 彩色正方体推断

C。由条件①可得，其余的四个颜色（黄、绿、蓝、白）为两组互为对面的颜色，又由②③可得必定是白色与黄色为对面，蓝色与绿色为对面。所以，选C项。

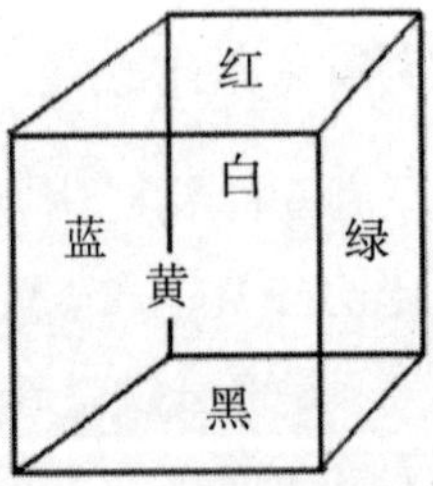

46. 理发师的悖论

D。首先假设理发师是不给自己理发的人，而陈述表明不给自己理发的人都来找理发师理发，结果是理发师给自己理发，与假设不符，所以假设不成立；再假设 理发师给自己理发，又与陈述“只给所有不给自己理发的人理发”矛盾，假设亦不成立。所以，不存在这样的人，故选择D。

47. 运动员的身份

由（3）可得，李文不是跳伞运动员，也不是田径运动员，所以李文是游泳运动员，张贝没有上过天，所以张贝是田径运动员，王丽就是跳伞运动员。

48. 职业判定

甲是律师、乙是教师、丙是警察、丁是医生。由⑶可以知道丙不是律师，但是他见过律师，再由⑸知乙不是律师，又由⑷可知甲是律师。于是由⑴和⑶知丙不是教师，由⑵和⑸知丙不是医生，从而丙是警察. 再由⑵知乙是教师，丁是医生。

49. 职业与住址

徐成在上海工作，是工人。康明在杭州工作，是教师。李刚在南京工作，是商人。

由题目条件可知：康明不在上海工作，而在上海工作的是工人，所以康明不是工人，又不是商人，那么康明只能是教师，在南京工作的不是教师，就只能是在杭州工作，那么徐成在上海工作，是工人。李刚在南京，是商人。

50. 同学的住址

南京。

因为甲、乙都说“丙住在天津，”我们可以假设这句话是假话，那么甲、乙的前两句应当都是真话，推出乙既住在北京又住在上海，矛盾，所以假设不成立，即“丙住在天津”是真话。因为甲的前两句话中有一句假话，而甲、丁两人的前两句话相同，所以丁的第三句话“我住在广州”是真的。由此知乙的第二句话“丁住在上海”是假话，第一句“我住在上海”是真话；进而推知甲的第二句是假话，第一句“我住在北京”是真话；最后推知丙的第二句话是假话，第三句“何俊住在南京”是真话，所以，何俊住在南京。

51. 响亮的绰号

由（2）知，宝宝不是跳高冠军和大作家；由（5）知，贝贝不是大作家；由（6）知，贝贝、聪聪都不是小画家， 所以宝宝是小画家，所以由（3）、（4）知宝宝不是短跑健将和数学博士，推知宝宝是歌唱家，因为聪聪是大作家，所以由（2）知聪聪不是跳高冠军，推知贝贝是跳高冠军，因为贝贝是跳高冠军，所以由（1）知贝贝不是数学博士，所以，宝宝是小画家和歌唱家，贝贝是短跑健将和跳高冠军，聪聪是数学博士和大作家。

52. 出场顺序

第一是丙，第三是甲。

题中每个人都猜了另外两个人的出场顺序，每个人的出场顺序也都被另外两个人猜过，其中戊被乙和丙猜的都是第四，由于每人的出赛顺序都至少被一人所猜中，所以戊是第四（否则戊的出赛顺序没有人猜中），以此为突破口。由于戊是第四，则丁不能第四，所以丁的出赛顺序被乙猜中，为第五，则丙不能是第五，丙只能是第一，甲不能是第一，故甲是第三，乙是第二，所以答案为：第一是丙，第三是甲。

53. 珠子的颜色

A猜对了第三包是黄的，B猜对了第二包是蓝的，C猜对了第一包是红的，D猜对了第四包是白的，E猜对了第五包是紫的。题目要求A、B、C、D、E五个人在猜每包珠子的颜色时每人只猜两包且每人都只猜对了一包每包只有一人猜对，所以观察五包珠子中第一包只有C猜，所以C猜对了第一包，又根据每人只猜对了一种，所以C猜第五包是白的，猜错了；第五包只有C、E两人猜，所以E猜第五包是紫的，猜对了；那么E猜第二包是黄的，猜错了；紫颜色的珠子，只有A、E两人猜，那么A猜第二包是紫的，猜错了，第三包是黄的，猜对了；第二包有A、B、E三人猜，其中A、E都猜错了，所以B猜第二包是蓝的，猜对了；那么B猜第四包是红的，猜错了；所以D猜对的是第四包，是白的。D猜第三包是蓝的，也猜错了；总结以上推理判断，A猜对了第三包是黄的，B猜对了第二包是蓝的，C猜对了第一包是红的，D猜对了第四包是白的，E猜对了第五包是紫的。

54. 彩球

蓝色。由于猜中的总次数为5次，所以有一个箱子至少被猜中了2次以上，从而这个箱子只能是2号箱，推理得出只能是小亮对了2次，其他人只对一次，所以1号箱只能是橙色的，那么3号箱的颜色是蓝色的。

55. 小淘气发作业

【解析】 根据“全发错了”及条件(1)~(5)，可以得到下表：

	小胖的作业	小贝的作业	小丸子的作业	小聪的作业	小马虎的作业
小胖	×	×		×	
小贝		×	×	×	
小丸子		×	×		×
小聪			×	×	×
小马虎	×			×	×

由上表看出，小聪的本被小丸子拿了，此时，再继续推理分析不大好下手，我们可用假设法。

由上表知，小胖拿的本不是小丸子的就是小马虎的。先假设小胖拿了小丸子的本. 于是得到下表， 表中小贝拿小马虎的本，小马虎拿小贝的本，两人相互拿错，不合题意，再假设小胖拿小马虎的本，于是又可得表，经检验，下表符合题意。所以小丸子拿了小聪的作业本，小丸子的作业本被小马虎拿去了。

56. 谁总说谎

甲。如果甲从不说谎，那么乙的最后一句、丙的第一句都对，没有总说谎的人，矛盾；同理，如果丙从不说谎，也将推出矛盾。

57. 品质判定

(4)正确。(1)假设“三人都说谎”是正确的，那么乙和丙确实在说谎，所以甲说的是真话，产生矛盾，这个说法错误。(2)假设“三人都不说谎”是正确的，那么与甲、乙、丙三人的说法都矛盾。这个说法是错误的。(3)假设“三人中只有一人说谎”是正确的，如果甲说谎，那么与乙说的话相矛盾，同理乙说谎与丙的话相矛盾，丙说谎与甲的话相矛盾，这个说法是错误的。(4)假设“三人中只有一人不说谎”，如果甲说真话，那么乙和丙都说谎，同理，乙说真话，甲和丙都说谎，丙说真话，甲和乙都说谎，没有矛盾，所以只有(4)的说法是正确的。

58. 矿石的种类

丙全说对了，甲说对了一半，乙全说错了。先假设甲全对，推出矛盾后，再设乙全对，又推出矛盾，则说明丙全对，甲说对了一半，乙全说错了。

59. 比赛结果预测

丁的预测是错的。假设甲的预测是错的，那么其他三人的预测都是对的，那么甲不是最后一名，乙和丙也不是最后一名，丁是第一名，这样的话没有人是最后一名，矛盾. 所以甲的预测是对的，甲是最后一名，那么丙的预测也是对的。如果乙的预测是错的，那么乙是第一名，而丁的预测是对的，丁也是第一名，矛盾，所以乙的预测是对的，丁的预测是错的。

60. 准确的成绩预测

W、X、Y、Z的成绩分别是B、A、D、C。

由于每位学生所得到的成绩都完全符合他们的预测，所以X说：“W的成绩将比Z好”是正确的，这样W将不可能得D，Z不可能得A，这样Y不可能得C(否则W得D)。

(1)如果W得A，那么Y将得D。由于X的成绩不是得到A，那么W将得C，这与W得A矛盾，所以W不得A。

(2)如果Y得A，那么Z将得到B。但这样

W的成绩将不可能比Z好，矛盾。所以Y不得A。

（3）由于W、Y、Z均不得A，那么只有X得A。

（4）如果Y得B，那么Z的成绩将不是D。这样Z的成绩将是C，W的成绩将是D，矛盾，所以Y不得B。由于Y不得A、B、C，所以Y得D。

（5）由于W的成绩比Z好，所以剩下的B和C只能是W得B，Z得C。

所以W、X、Y、Z的成绩分别是B、A、D、C。

61. 谁打破了玻璃

强强。因为星星和乐乐说的正好相反，所以必是一对一错，我们可以逐一假设检验。

假设星星说得对，即玻璃窗是乐乐打破的，那么强强也说对了，这与“只有一个孩子说了实话”矛盾，所以星星说错了。

假设乐乐说对了，按题意其他孩子就都说错了。由强强说错了，推知玻璃是强强打破的。

宝宝、星星确实都说错了。符合题意。

所以是强强打破了玻璃。

62. 猜密码

每个人只猜对了位置不同的一个数字，也就是说一样的数字必然不对，所以5和4错误，第一位肯定是9，第三位是8，第二位是1，密码就是918。

63. 得分

8分。

由于E得了9分，说明他只答错了一道题。先假定答错的是第1题，这样就有一个标准答案，并由此可分析其他人的得分。如出现矛盾，再假定E答错的是第2题……直到判断出E答错的题号为止，有了正确的答案，就可以写出G的得分。

假设E的第1题答错，那么A至少错3道题，一题未答，最多得5分，与A得7分矛盾，所以E第1题答对。

假设E第2题答错，可知A最多得3分，矛盾。所以E第2题答对。

假设E第3题答错，则B最多得3分，矛盾。所以E第3题答对。

假设E第6题答错，则D最多得3分，矛盾。所以E第6题答对。

由于E得9分，因此E只答错一题，因此E第4题答错，于是A的第2、4两题对，3，6两题错。而A得7分，说明A的第5题是对的。由A、E两人的答案，可得一标准答案如下表：

题号	1	2	3	4	5	6
答案	×	√	×	√	√	×

按此标准评分，与题中所给A、B、C、D、E、F得分相符合，所以E的第4题确实答错了。

上表的答案是正确的，故可知G得8分。

64. 新来的老师

真实情况是姓刘的老年女老师，教数学课。

假设是男老师，由（2）、（3）、（5）知，他既不是青年、中年，也不是老年，矛盾，所以是女老师。再由（1）知，她不教语文，不是中年人。假设她教外语，由（3）、（5）知她必是中年人，矛盾，所以她教数学。由（2）、（4）知她是老年人，由（3）知她姓刘。

65. 胜利场次（1）

另一个人可能胜0场，也可能胜3场。四人进行单循环赛，则每人都赛3场，共赛3×4÷

2＝6(场)。如果其中有三人都胜3场，则至少进行9场比赛，这是不可能的；如果其中有三人都胜2场，那么6场比赛中的获胜者都在这三个人中，每人胜了2场，另一个人胜0场；如果其中有三人都胜1场，那么6场比赛中的3场这三人各胜1场，另外3场的胜者必是第四个人，故另一个人胜3场；三个人都胜0场也是不可能的。因此，如果有3人获胜0的场数相同，那么另一个人可能胜0场，也可能胜3场。

66. 胜利场次（2）

第一名胜了2场。三人进行单循环赛，即每两人都要赛一场，共进行3×2÷2＝3（场）比赛。每场比赛都有一人获胜，每人都赛2场。由题意知三人获胜的场数各不相同，所以三人获胜的场数分别为2、1、0。显然，第一名是胜了2场。

67. 比赛积分

五个人循环比赛总共比赛5×4÷2＝10（场），每场无论分出胜负还是打平，两人的得分和一定是2分，因此最终四个人的得分加起来一定是20分。

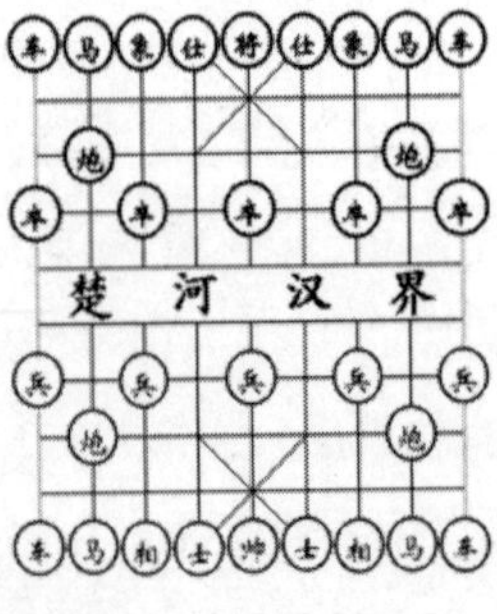

68. 参赛人数

甲队4名选手，乙队5名选手，丙队1名选手。

由题意可知，这次比赛共需比9+8+7+…+2+1=45(盘)。

因为每盘比赛双方得分的和都是1分，所以10名选手的总得分为45分。每个队的得分不是整数，就是“&.5”这样的小数。由于乙队选手平均得3.6分，3.6的整数倍不可能是“&.5”这样的小数，所以，乙队的总得分是18或36。

但36=3.6×10，而三个队一共才10名选手(矛盾)。所以乙队的总分是18分，有选手18÷3.6=5(名)，甲、丙两队共有5名选手。

由于丙队的平均分是9分，这个队总分只可能是9分，18分(不可能是27分)。因为27+18=45，则甲队选手总得分为0分，丙队选手人数相应为1名、2名，甲队选手人数相应为4名、3名，经过试验，甲队4名选手，丙队1名选手。

第四章

天马行空——想象能力

1. 比萨上的草莓

有一个圆形的比萨，上面放着11个草莓。现在给你一把刀，要你只切4条直线，就把这张比萨分成11份，每份上都有一个草莓。该怎么分呢？

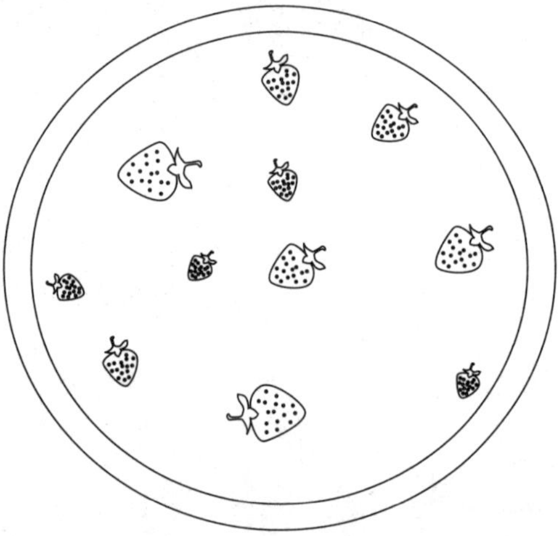

2. 地牢里的怪事

一群穷凶极恶的匪徒为了钱财，绑架了一位银行行长。匪徒把行长关在一个幽暗的地牢里，地牢只有一个出口，没有窗户，并且门口彻夜有人把守着。这么严密的防守，是不可能有人能够进出的。可到了第二天，地牢里出现了两个人，除了行长之外，还有一个女的，你知道这个女的是怎么进去的吗？

3. 两份相同的试卷

某个考场里出现了两份一模一样的试卷，据这个考场的老师和同学说，考场里秩序非常好，同学们都很认真地做题，没有出现作弊的现象，那为什么会出现两份完全相同的试卷呢？

4. 会法术的阿达

三年级二班有个非常聪明的学生叫阿达，这天，阿达和他的好朋友李冬冬一起去郊外游玩。阿达对冬冬说："我最近学会了一种法术，只要画一条线，保证你好几天都走不完。"冬冬不信："那怎么可能呢？就算你画再长的线我也可以走完。"阿达说："不信你试试！"冬冬回答："试试就试试！"

后来阿达画了一条线，冬冬果真走了好几天也没有走完。你知道是怎么回事吗？

5. 巧分灯笼

为了庆祝10月1日国庆节，东东、

南南、西西3人动脑筋，想把板灯锯成4块，分为3盏灯笼，3盏灯笼合起来还能成“101”。想一下怎样分？

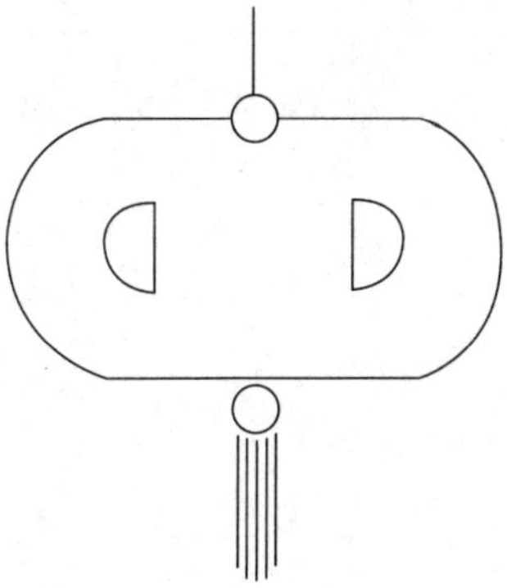

6. 一天到晚游泳的鱼

有一条火柴摆成的小鱼，遇到了一块岩石，现在它想掉头，你能只移动三根火柴，就让它掉头吗？

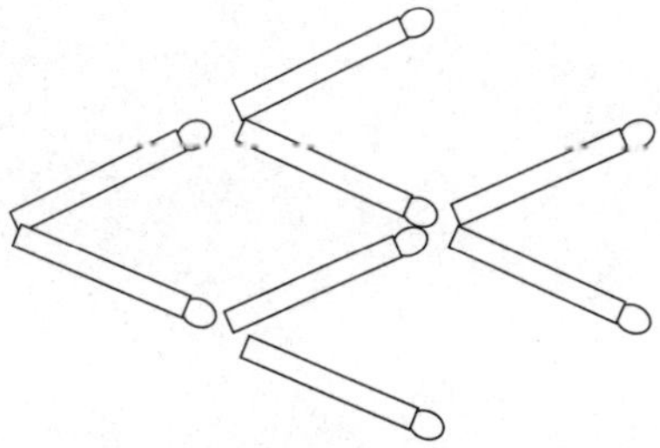

7. 花儿开放

下图是一个由18根火柴组成的六角星，要怎样移动其中的6根火柴，让它变成一个由六个菱形组成的花朵呢？

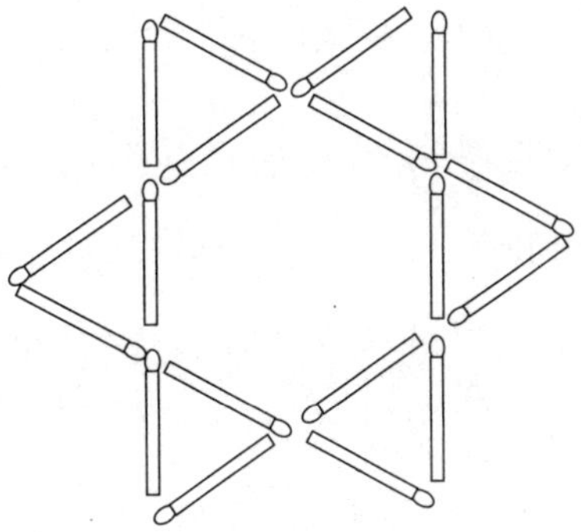

8. 扑克牌的暗示

有一位数学家巴斯先生，到一个城市去旅行，住在了一个五星级的宾馆里。半夜的时候，巴斯先生遭遇了暗杀，人们见到他尸体的时候，发现他手里紧紧攥着一张扑克牌“K”。大家都觉得数学家一定是想通过这张扑克牌向我们暗示凶手的信息。这家宾馆的房间号都是三位数，所以有人怀疑“K”代表的是“013”的意思，可是这家宾馆根本就没有这个房间，这就让大家犯了愁。后来，宾馆经理请来了神探阿哲，阿哲一看到这张扑克牌就猜到了凶手是谁，你知道他是怎么猜到的吗？

9. 威武的守卫

富翁鲁姆盖了一个方形的城堡，城堡四面都有一个巨大的窗户。为了显示自己的富贵，他请了12个威武的守卫，分四组驻扎在城堡的四面日夜巡逻。鲁姆每天通过窗户监视着外面，看守卫们是否坚守着自己的岗位。12个守卫都觉得这样太辛苦了，于是他们想了一个妙计，既节省了人力，又让鲁姆视察的时候仍能看到每面3个人。请你想想他们是怎么做到的呢？

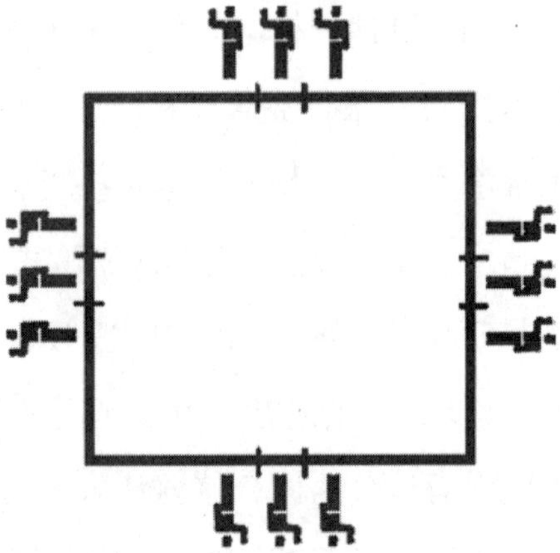

10. 谁能得到小红花

今年的数学考试，丽丽、萌萌和楠楠都考了100分，可是数学老师只有一朵小红花，这朵小红花该给谁呢，老师犯了难。后来老师想了一个办法，叫来了她们三个说，用7条直线，画出不重叠的三角形，谁画的最多，就把小红花给谁。如果你是她们三个中的一个，你会怎么画呢？

11. 苹果的皮

龙龙的妈妈买了一篮子的苹果。由于担心苹果表皮上有农药残留，妈妈要龙龙用水果刀将苹果的皮全部削掉。假如龙龙将苹果皮按照一定的宽度连续削下来，并保证中间不会断，平放在桌子上，应该是什么形状呢？

12. 点的轨迹

丁丁在仓库里偶然翻出了爸爸小时候玩过的用废旧车轮做成的铁环。他在轮子上贴了张奥特曼的大头贴，然后开始在地上滚动轮子玩。如果将奥特曼大头贴看成一个点的话，那么这个点在轮子滚动过程中会留下怎样的轨迹呢？如果让轮子在大铁圈内侧滚动，那么这个点在轮子滚动时会留下怎样的轨迹？

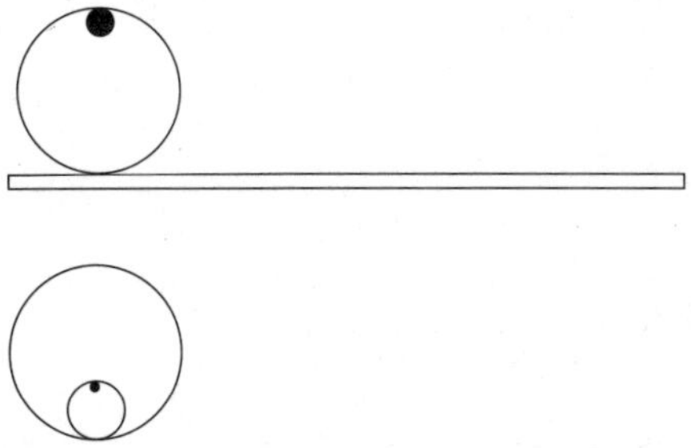

13. 难以模仿的动作

鲁鲁是个很调皮也很聪明的孩子，他总是喜欢模仿别人的动作，并且模仿得惟妙惟肖。别人做一套什么动作，他都能一模一样地模仿出来。但是，也有人说：“鲁鲁再聪明，可是有个简单的动作他却永远模仿不了。”你知道这是个什么动作吗？

14. 如何走完这条路

牛牛和思思在一条马路上走着，前面有个拐弯，牛牛本应该向左转的，但是思思说：“牛牛，你能不向左转，就把这条路走完吗？”牛牛笑着说：“当然可以。”说完之后，他径直向转弯处走去。过了五分钟，他果然没有左转就走完了这条向左转弯的路，你知道他是如何完成的吗？

15. 阿凡提智擒盗贼

阿凡提的村子里住着一位老奶奶，老奶奶有一头非常健壮的牛，一天夜里，老奶奶的牛被人偷走了，第二天全村的人一起四处寻找。后来，有个村民在牲口市场上找到了老奶奶的牛，可是那个偷牛的人，说什么也不承认自己偷了牛。因为村里的人拿不出有力的证据，那个偷牛的人反而说村民们诬陷他。正在双方争执的时候，阿凡提过来了，只见他用两只手蒙住了牛的眼睛，然后问了盗贼几个问题，盗贼立刻原形毕露了。你知道阿凡提究竟问了什么问题吗？

16. 违章建筑

周周住在一条很古老的巷子里，这天，他家对面的住户在大门口筑立起一道厚厚的砖墙，因为这堵墙的存在，本来就不宽的路变得更加狭窄了。周周看到这种情况后非常生气，他立刻从家里取来毛笔，用墨汁在墙上写了四个大字：“违章建筑”。可是到了第二天，四个大字却被人擦掉了。于是，周周又想了一个办法，这次，无论主人如何擦，或用其他方法覆盖，都没法让字消失。猜猜周周用了什么方法吧。

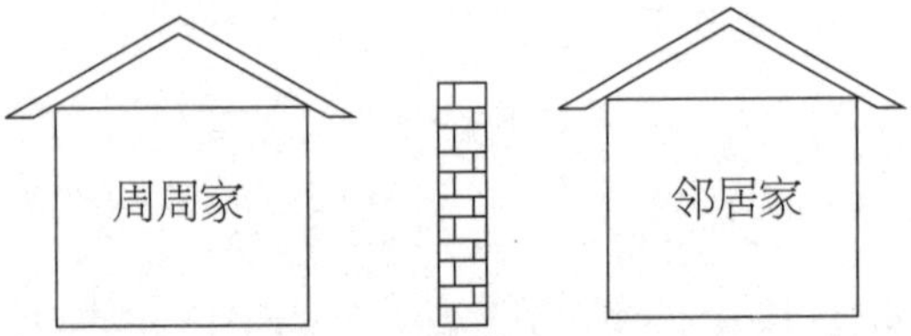

17. 少了一个正方形

下图是用12根火柴摆出的田字形。你能只移动3根火柴，就形成3个面积相同的正方形吗？

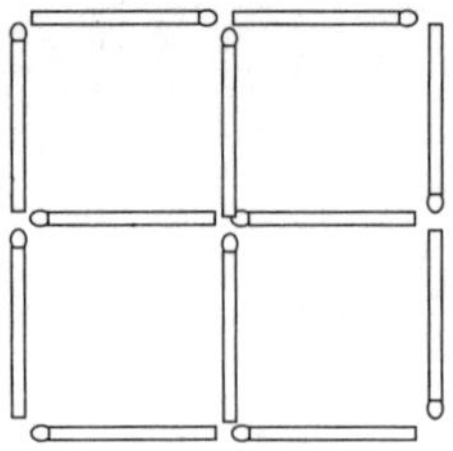

18. 葡萄美酒

阿兰的爷爷从外国带回了一瓶尘封多年的葡萄酒。葡萄酒的塞子是用木头做成的。爷爷对阿兰说：“只要你能够不取出软木塞，不打破酒坛，也不在酒坛上钻孔，就能倒出葡萄酒，那么这瓶酒就送你了。”阿兰想了想，用了一个方法轻轻松松喝到了葡萄酒。你知道他用的什么方法吗？

19. 还剩几个角

如果一个正方形用直线切去一个角，那么还剩下几个角呢？

20. 隧道何时完工

某政府打算在一座山里修建一条隧道，有两个工程队来应征。甲工程队完成这个隧道要15天，乙工程队要完成这个隧道需要10天。现在这个政府想让两个工程队同时施工，需要多少天能完成这个隧道？

21. 雨什么时候满

院子里有一个脸盆，有一次，雨从空中垂直落入地面，这个脸盆用了十分钟的时间落满了雨水。第二天，又下了一场雨，雨的大小没有变化，只是雨是倾斜着落下来的，那么这次要想让脸盆里落满雨水需要的时间比上次长了还是短了？

22. 奇怪的弟弟

阿凡提在一个镇子上遇到了一对兄弟，这兄弟俩是这个镇了上一个姓钱的财主家的孩子。这对兄弟中，哥哥同正常人一样，点头表示“是”摇头表示“否”。但弟弟却很奇怪，点头表示“否”，摇头表示“是”。阿凡提很想知道谁是哥哥谁是弟弟，于是他只问了其中一个人一个问题，就得到了答案。你知道他问的什么吗？

23. 哪个次数多

小李和小刘是邻居，有一次，小刘问了小李一个这样的问题：“你说一个人的一生之中，是睡着的次数多，还是醒来的次数多？”小李摇了摇头不知道该怎样回答，你知道哪个次数多吗？

24. 变大还是变小

一个硬币，在它的中心钻个孔，如果将硬币加热，硬币的孔会变大还是变小呢？有人说：“金属受热膨胀，有孔的地方就会被挤小了。”这种说法对吗？

25. 什么天气

假如半夜12点的时候天上突然下起了雨，那么再过72小时，天上会不会出太阳呢？

26. 兄弟分珠宝

一个富商在临终时留下了一批珠宝。他有三个儿子，为了不让儿子因为分家产闹纷争，富商特意留下了一份遗嘱：大儿子得到全部珠宝的$\frac{1}{2}$，二儿子得到全部珠宝的$\frac{1}{3}$，三儿子得到全部珠宝的$\frac{1}{9}$。但是等到分财产的时候大家才注意到，原来富商的所有家产是17颗大小相同的珍珠。兄弟几个犯了难，不知道怎样按遗嘱来分，如果将珍珠打碎的话，珍珠的价值就会大大降低。三兄弟各执一端，谁也不想少分一点。后来三兄弟找来了父亲生前的好友来解决纠纷。这位好友不仅顺利地解决了问题，还使三兄弟都比原来多分了一点。你知道富商的好友用什么方法分的珍珠吗？

27. 歪打正着

有一位精明的玉器商人为了招揽生意，将一件一寸高的玉雕侍女像摆在了陈列台上，并在旁边附了一个说明："本店以谜会友。以此一寸人雕像为谜面，打一字，猜中谜底者，可得到此玉器。"玉器商人的告示一出，立刻吸引了一大批顾客，只是一连好几天，都没有人猜中谜题。过了一个星期，一个彪形大汉进了商店，看见陈列台上的玉器，一把夺过玉器，跟商人说他想拿走，店员忙上前阻拦，商店老板挥了挥手说："让他拿走吧，他猜中了谜题。"你知道谜底到底是什么吗？

28. 如何放硬币

两个人在一张圆形的桌子上玩放硬币的游戏，游戏规则是：两人轮流将硬币放在桌子上，新放上的硬币不能遮住原来的硬币，谁不能再找出一块放得下硬币的地方，谁就输了。有什么方法能让某一个人总能赢得游戏，不管这张桌子有多大。

29. 智取乒乓球

小伟和小辉在院子里打乒乓球的时候，不小心，乒乓球滚进了地上的一个洞里。这个洞的形状很奇怪，是个直径20厘米的狭长洞穴，并且洞也不是直的，而是有一定的弧度。人的手根本没办法伸进去，此外，这块地的土是黏土，要挖开也不容易，你能想个办法在不损坏球的情况下把球拿出来吗？

30. 怎样识别真花

明明家里有两盆花，一盆是真花；另一盆是假花。但是因为假花做得太逼真，光用肉眼根本看不出哪盆是真花，哪盆是假花。明明的妈妈给明明出了道题目：在不闻、不摸这两盆花的情况下，有什么办法能区别哪盆是真的，哪盆是假的？明明想了半天，也没有想出正确的办法，你快来帮帮明明吧！

31. 真凶是谁

莉莉发现杰克和海伦死在了地板上，感到十分伤心。在尸体旁边有一些碎玻璃。地毯湿乎乎的，两个人都没有穿衣服。你们知道凶手是谁吗？

32. 幼儿园里有多少小朋友

老师让幼儿园的小朋友排成一行，然后开始发水果。老师分发水果的方法是这样的：从左面第一个人开始，每隔2人发一个梨；从右边第一个人开始，每隔4人发一个苹果。如果分发后的结果有10个小朋友既得到了梨，又得到了苹果，那么这个幼儿园有多少个小朋友？

33. 黑红手绢

有一个班的学生在元旦时开了一个联欢晚会。其中有一个游戏环节需要全场的同学都参与。班长给每个人背上都挂了一个手绢，手绢只有黑红两种颜色，其中黑色的手绢至少有一顶。每个人都看不到自己背上究竟是什么颜色的手绢，只能看到别人的。班长让大家看看别人背上的手绢，然后关灯，如果有人觉得自己的手绢是黑色的，就咳嗽一声。第一次关灯没有反应，第二次关灯依然没有反应，但第三次关灯后却听到接连不断的咳嗽声。你觉得此时至少有多少人背上是黑手绢？

34. 他是怎么猜到的

幼儿园一老师带着7名小朋友，她让六个小朋友围成一圈坐在操场上，让另一名小朋友坐在中央，拿出七块头巾，其中4块是红色，3块是黑色。然后蒙住7个人的眼睛，把头巾包在每一个小朋友的头上。然后解开周围6个人的眼罩，由于中央的小朋友的阻挡，每个人只能看到5个人头上头巾的颜色。这时，老师说："你们现在猜一猜自己头上头巾的颜色。"大家思索好一会儿，最后，坐在中央的被蒙住双眼的小朋友说："我猜到了。"

问：被蒙住双眼坐在中央的小朋友头上是什么颜色的头巾？她是如何猜到的？

35. 莫比乌斯带

有一个小偷偷了一位很老实农民的东西，并被当场捕获，将小偷送到县衙，县官发现小偷正是自己的儿子。于是在一张纸条的正面写上：小偷应当放掉，而在纸的反面写了：农民应当关押。县官将纸条交给执事官由他去办理。聪明的执事官对纸条做了一点改变，用手指将两端捏在一起。然后向大家宣布：根据县太爷的命令放掉农民，关押小偷。县官听了大怒，责问执事官。执事官将纸条捏在手上给县官看，从“应当”二字读起，确实没错。仔细观看字迹，也没有涂改，县官不知其中奥秘，只好自认倒霉。

你知道聪明的执事官对纸条做了什么变动吗？

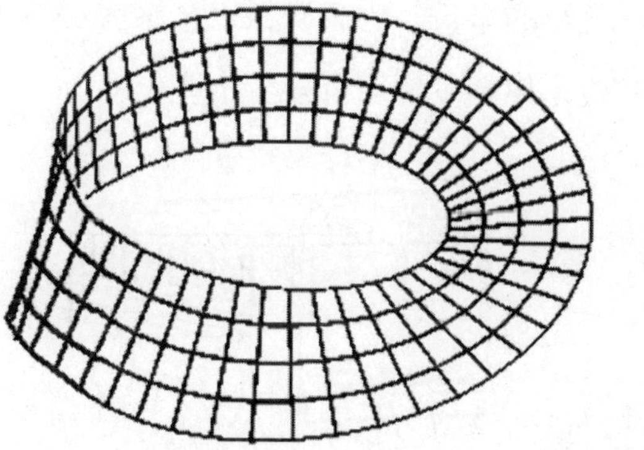

36. 天会黑吗

6点放学，雨还在下，丽丽为了考考青青，便对青青说：“青青，雨已经下了三天了，看样子不打算停了，你觉得40小时后天会黑吗？”

37. 兄妹对应

把1—8这八个号码，贴在四个小伙子小张、小赵、小王、小李和他们四个人的妹妹小敏、小珍、小兰、小英的背后，根据以下条件判断这八个人各贴的几号？并判断出谁是谁的妹妹？①兄妹号码不相邻，男的与男的号码不相邻；②小张是1号，小敏是8号；③小王与小珍的号码相邻；④小李是小敏的哥哥；⑤小英是2号，小王的号码与小英相邻。求出号码与八个人的对应关系和兄妹的对应关系。

38. 分果冻

小红的妈妈买了许多果冻，这些果冻一共有48个，小红的妈妈对小红说：'如果你能把这些果冻分成4份，并且使第一份加3，第二份减3，第三份乘3，第四份除3所得的结果一致，那你就可以吃这些果冻了。小红想了好长时间，终于把这个问题想出来了，聪明的你知道怎么分吗？

39. 计算容积

曾经有这样一个故事，一名毕业于名牌大学数学系的学生，因为他是学校的佼佼者，所以十分傲慢；一位老者很看不惯就给他出了一道求容积的题，老者只是拿了一个灯泡，让他计算出灯泡的容积是多少。傲慢的学生拿着尺子算了好长时间，记了好多数据，也没有算出来，只是列出了一个复杂的算式来。而老者只是把灯泡中注满了水，然后用量筒量出了水的体积，很简单就算出了灯泡的容积。

现在如果你手中只有一把直尺和一只啤酒瓶子，而且这只啤酒瓶子的下面$\frac{2}{3}$是规则的圆柱体，只有上面$\frac{1}{3}$不是规则的圆锥体。以上面的事例做参考，你怎样才能求出它的容积呢？

40. 公交车座位

有一辆公交车总是在一个固定的路线上行驶，除去起始站和终点站外，中途有8个停车站，如果这辆公交车从起始站开始有乘客，不算终点站，每一站上车的乘客中恰好又有一位乘客从这一站到以后的每一站下车。如果你是公交车的车长，为了确保每个乘客都有座位，你至少要安排多少个座位？

41. 免费的餐饮

一个家庭里面有5口人，平时到周末的时候，这家人总是会去一家高档饭店吃饭。吃了几次，这家人就提议让老板给他们点优惠，免费送他们一餐。聪明的老板想了想，说道："你们这一家人也算是这里的常客，只要你们每人每次都换一下位子，直到你们5个人的排列次序没有重复的时候为止。到那一天之后，别说免费给你们送一餐，送10餐都行。怎么样？"那么，这家人要在这个饭店吃多长时间饭才能让老板免费送10餐呢？

42. 敲钟的速度

在一个寺院里，每天和尚都要敲钟，第一个和尚用10秒敲了10下钟，第二个和尚用20秒敲了20下钟，第三个和尚用5秒敲了5下钟。这些和尚各人所用的时间是这样计算的：从敲第一下开始到敲最后一下结束。这些和尚的敲钟速度是否相同？如果不同，一次敲50下的话，他们谁先敲完。

43. 电影院卖票

有一些人排队进电影院，票价是5元。查了一下，进电影院人的个数是2个倍数，在这些人当中，其中一半人只有5元，另外一半人有10元纸票子。电影院开始卖票时竟一点钱也没有。设计一种排队方法使得每当一个10元买票时，电影院都有5元找钱？（拥有10元的人都是纸币，没法破成2个5元的纸币）

44. 仆人做工

一个人在一个大户人家里做仆人。大户人家的主人给仆人一根3尺长，直径为1尺长的木料，让仆人把这块木料做成长方体木块。仆人就把这块木料放到秤上称了一下，知道这块木料重3千克，即将做成的木柱只重2千克。于是仆人从方木上砍去1立方尺的木材，但主人认为仆人这样做不合理。仆人该怎么向主人解释呢？

45. 两家人的旅行

许强家与李超家准备一起旅行。这两家的家庭成员共九人，他们是——许强(父)、许强妻以及他们的三个儿子：许明、许涛、许亮；李超(父)、李超妻以及他们的两个女儿：李娜、李珊。此外，还知道以下条件：

（1）一独木舟上只坐三个人，只三条独木舟；

（2）每一舟上必须坐一个父母辈；

（3）同一个家庭的人不能独占一条独木舟。

问题：

（1）如果两个母亲(许强妻与李超妻)在同一条独木舟上，而许强的三个儿子分别坐在不同的独木舟上，下面的哪一个断定一定是正确的：

A．每条独木舟上都有男有女。

B．有一条独木舟上只有女性。

C．有一条独木舟上只有男性。

D．李娜和李珊两姐妹坐在同一条独木舟上。

E．许强与李超这两个父亲坐在同一条独木舟上。

（2）如果李超妻和李珊乘坐同一条独木舟，下面哪一组人可以同乘另一条独木舟：

A．许涛、李超、李娜。

B．许涛、李超、许亮。

C．许涛、李娜、许明。

D．李超、李娜、许强妻。

E．许强妻、许强、许明。

（3）如果李超和许强妻在同一

条独木舟上，下列的五种情况中，只有一种情况是不可能存在的。到底是哪一种情况：

A．许涛、李超妻和李珊同乘一条独木舟。

B．李超妻、许强和许明同乘一条独木舟。

C．李超妻、李珊和许亮同乘一条独木舟。

D．李超妻、许明和许亮同乘一条独木舟。

E．李娜、许强和李珊同乘一条独木舟。

（4）许强家的三个儿子乘坐不同的独木舟。对此，P、Q、张三个人作出三种断定：

P断定：李超家的两个女儿不在同一条独木舟上。

Q断定：李超和李超妻夫妻俩不在同一条独木舟上。

张断定：许强和许强妻夫妻俩不在同一条独木舟上。

哪一种判断肯定是正确的：

A．只有P的断定对。

B．只有Q的断定对。

C．P和Q的断定对，张的断定错。

D．P和张的断定对，Q的断定错。

E．P、Q、张的断定都对。

（5）途中，李超和两个男孩子徒步旅行，剩下的六个人则乘坐两条独木舟继续旅行。如果题设的其他已知条件不变，下面哪一组的孩子们可能留下来乘坐独木舟：

A．许涛、李娜、李珊。

B．许涛、李珊、许亮。

C．许涛、许明、许亮。

D．许涛、许明、李珊。

E．李珊、许明、许亮。

46．确定他们的民族

六个不同民族的人，他们的名字分别为甲、乙、丙、丁、戊和己；他们的民族是土族、赫哲族、朝鲜族、拉祜族、彝族和锡伯族（名字顺序与民族顺序不一定一致）现已知：

（1）甲和土族人是医生。

（2）戊和彝族人是教师。

（3）丙和赫哲族人是技师。

（4）乙和己曾经当过兵，而赫哲族人从没当过兵。

（5）拉祜族人比甲年龄大，锡伯族人比丙年龄大。

（6）乙同土族人下周要到朝鲜

族去旅行，丙同拉祜族人下周要到瑞士去度假。

请判断甲、乙、丙、丁、戊、己分别是哪个民族的人?

47. 密码组合问题

一种密码只由数字1、2、3、4、5组成，这些数字由左至右写成且符合下列条件才能组成密码。这组数字是:

甲：密码最短为两个数字，可以重复。

乙：1不能为首。

丙：如果在某一密码文字中有2，则2就得出现两次以上。

丁：3不可为最后一个字母，也不可为倒数第二个字母。

戊：如果这个密码文字中有1，那么一定有4。

己：除非这个密码文字中有2，否则5不可能是最后一个字母。

问题:

（1）下列哪一个数字可以放在2与5后面形成一个由三个数字组成的密码:

A. 1

B. 2

C. 3

D. 4

E. 5

（2）下列哪一组是一个符合条件的密码:

A. 1224

B. 2532

C. 3225

D. 4315

E. 5413

（3）如果某一种密码只有数字1、2、3可用，且每个密码只能用两个数字组成，那么可组成密码的总数是:

A. 1

B. 3

C. 6

D. 9

E. 12

（4）下列五组数字中，有一组不是密码，但是只要改变数字的顺序，它也可以变成一个密码。这组数字是：

A. 22345

B. 22214

C. 31454

D. 41232

E. 53322

（5）下列选项不能使密码3322514变成另一个密码的是：

A. 用4替换每个2

B. 用5替换第一个3

C. 用5替换4

D. 把5移至4右边

E. 把第二个3移至1的左边

48. 巧分正方形

在正方形边上的40个点中，选出6个点，连出三条线段，将正方形分成六部分，使得每个部分都恰好有1个三角形，2个小正方形。

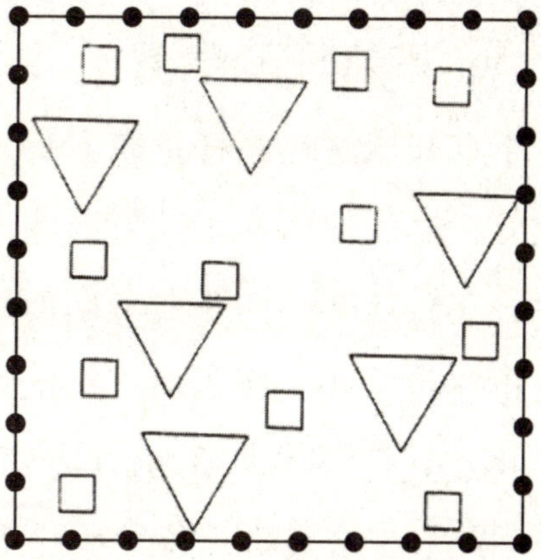

49. 巧分六边形

ABCDEF是一个正六边形，O是它的中心，画出线段PQ，就可以把它分成2个形状、大小都相同的五边形。能否画出30条线段，把正六边形分成6个形状、大小都相同的图形？能否画出几条线段，把正六边形分成3个形状、大小都相同的四边形？能否画出几条线段，把正六边形分成3个形状、大小都相同的五边形？

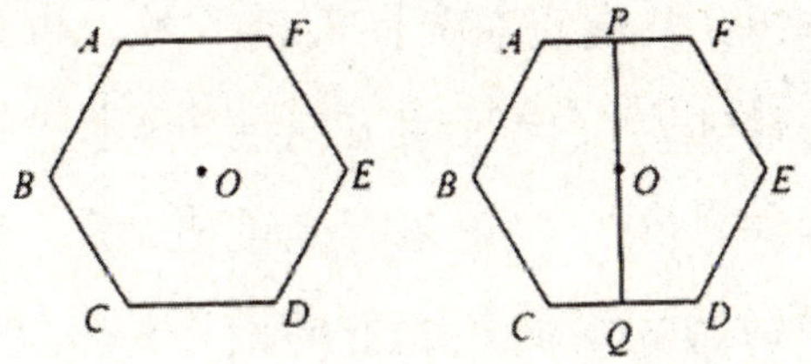

50. 离旗杆的距离

小京开始站在旗杆正东方10米远的地方，然后他面向正北方向前进12米后，左转弯90°向正西方向前进15米，再左转弯90°向正南方向前进15米，再左转弯90°向正东方向前进9米，问此时小京离旗杆多少米？

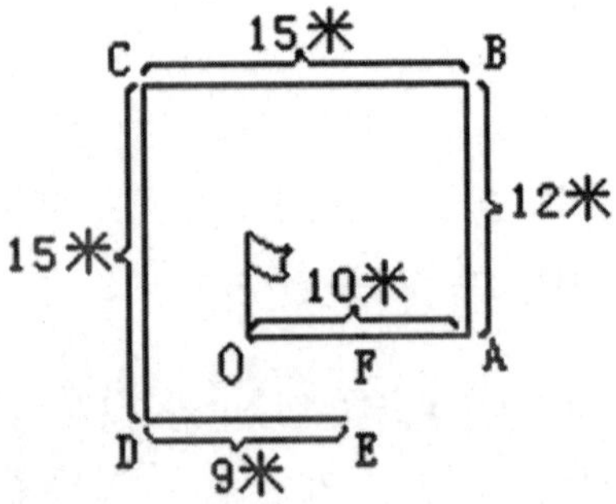

51. 走了多少

阿毛一开始站在操场的正中间，然后他向正北方向前进5米，接着左转弯90°向正西方向前进8米，再左转弯90°向正南方向前进10米，再左转弯90°向正东方向前进12米，再右转弯90°又向正南方向前进4米，再左转弯90°向正东方向前进5米，再左转弯90°向正北方向前进9米，问这时阿毛离操场正中间多少米？

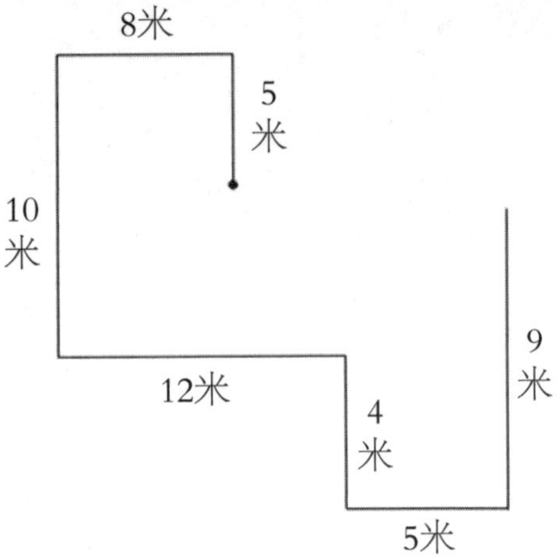

52. 买苹果

有5个人去买苹果，他们买的苹果数分别是A，B，C，D，E，已知A是B的3倍，C的4倍，D的5倍，E的6倍，则A+B+C+D+E最小为多少？

53. 分书架

毕业了，寝室的5个人需要分书架，一共有3个一模一样的书架，把这三个书架分给3个人，然后分到书架的三个人各拿出1000元，平均分给其余两人。这样一分，大家都觉得挺合理的。事后，其中一人算了半天也不知道到底一个书架是多少钱，你能告诉他吗？

54. 四对双胞胎

在老北京一个胡同的大杂院里，住着4户人家，巧合的是每家都有一对双胞胎女孩。这四对双胞胎中，姐姐是ABCD，妹妹是abcd。一天，一对外国游人夫妇来到这个大杂院里，看到她们8个，忍不住问："你们谁和谁是一家的啊？"

B说："C的妹妹是d。"

C说："D的妹妹不是c。"

A说："B的妹妹不是a。"

D说："她们三个人中只有d的姐姐说的是事实。"

如果D的话是真话，你能猜出谁和谁是双胞胎吗？

55. 走哪条路

有一个外地人路过一个小镇，此时天色已晚，于是他便去投宿。当他来到一个十字路口时，他知道肯定有一条路是通向宾馆的，可是路口却没有任何标记，只有三个小木牌。第一个木牌上写着：这条路上有宾馆。第二个木牌上写着：这条路上没有宾馆。第三个木牌上写着：那两个木牌有一个写的是事实，另一个是假的。相信我，我的话不会有错。假设你是这个投宿的人，依照第三个木牌的话为依据，你觉得你会找到宾馆吗？如果可以，哪条路上有宾馆？

56. 小超市的闹钟

小张在一个小超市买了一些东西。他离开的时候发现超市的钟指向11点50分，回到家，家里的钟已是12点5分，但小张发现他还有一些重要的东西没有买，于是，他就以同一速度返回小超市。到超市时发现超市的时钟指向12点10分。家里的钟是非常准确的，那么小超市的时钟是快还是慢？

57. 算灯笼

国庆期间，有一家饭店为了炫耀自己的豪华，在饭店的大厅里装了许多的灯笼。其中一种装法是一盏灯下一个大灯笼两个小灯笼；另一种是一盏灯下一个大灯笼四个小灯笼。大灯笼共有360个，小灯笼有1200个。你觉得这家饭店的大厅里两种灯各有多少盏？

58. 选项（1）

选项中，是如图展开图复原的实物图的是（　　）。

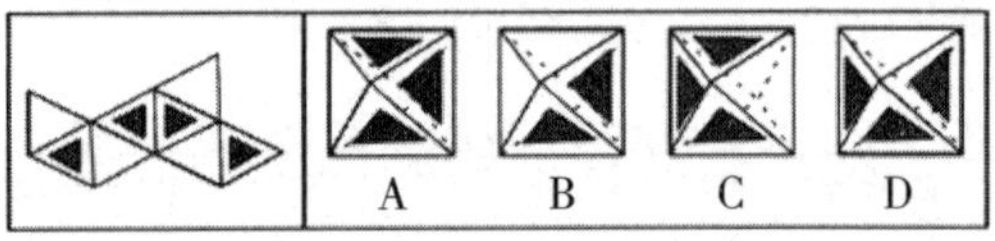

59. 选项（2）

选项中，是如图展开图复原的实物图的是（　　）。

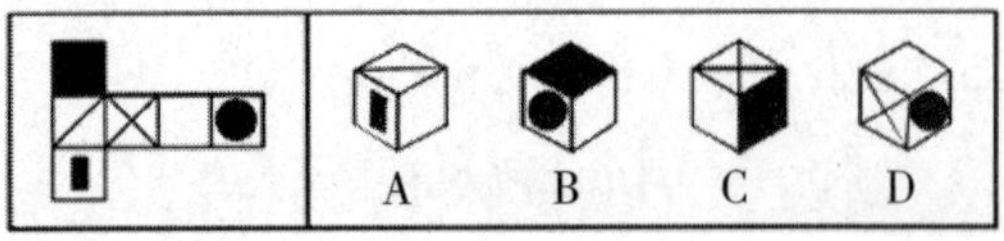

60. 选项（3）

选项中，是如图展开图复原的实物图的是（　　）。

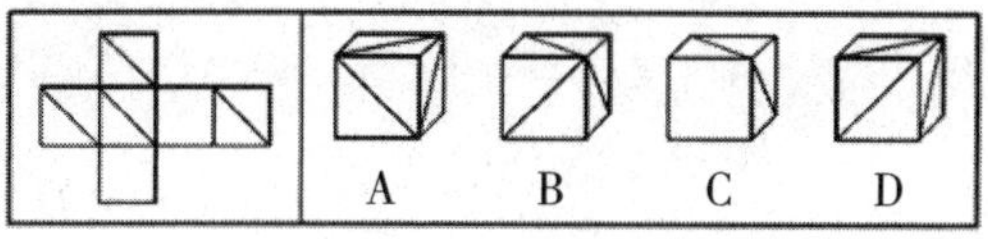

61. 选项（4）

选项中，是如图展开图复原的实物图的是（　　）。

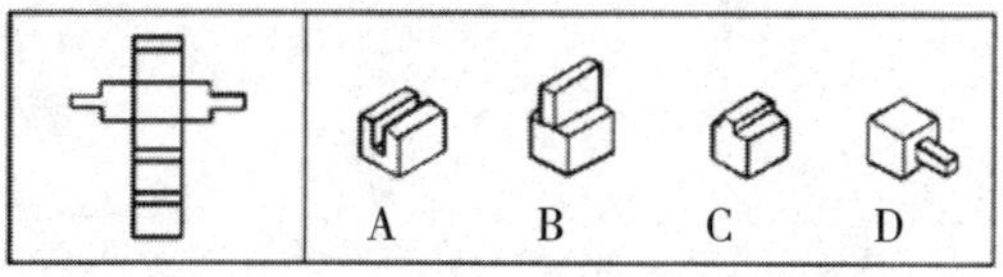

62. 选项（5）

选项中，是所给图形的平面展开图是（　　）。

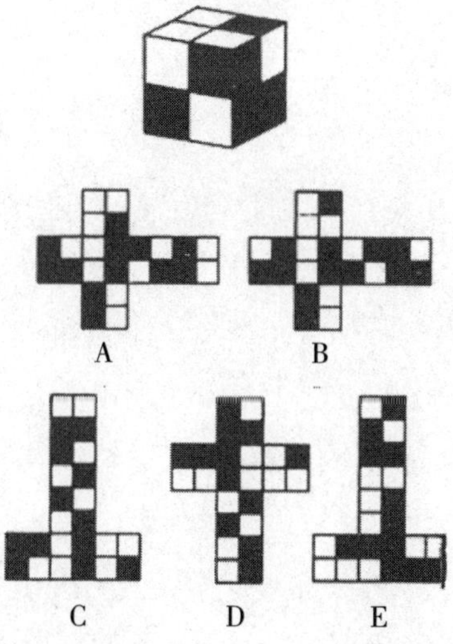

63. 选项（6）

下面四个图形都是正方体的展开图，其中每个正方形都标上了颜色。已知正方体相对的两个面上的颜色相同，那给出的展开图中不正确的是（　　）。

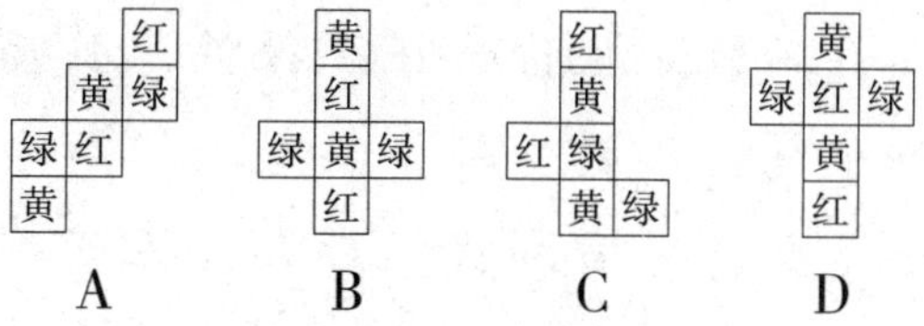

64. 选项（7）

下列曲线中，哪一个拉住两端不打结？

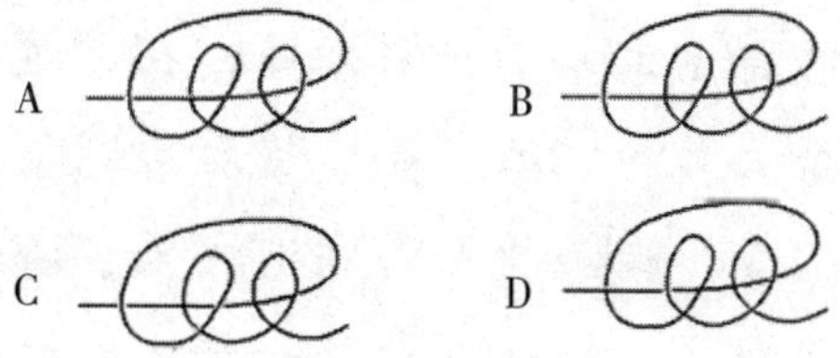

65. 选项（8）

选项中，是如图展开图复原的实物图的是（　　）。

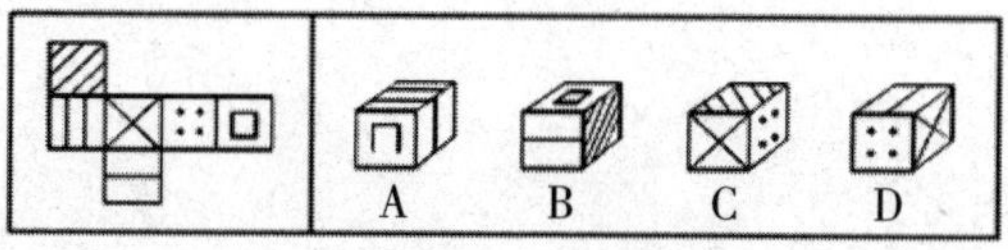

小故事

智卖画像

某地有个财主，寿辰快到了，他请了一位画师为自己画一幅画像，以便在寿宴上炫耀一番。画像画好后，财主想占便宜，他借口说画得不像，把价钱压得很低。画师不服气，和财主辩了半天理，财主还是坚持不肯加钱。后来，画师一气之下，将画带走了。但是过了没几天，财主又主动找到那个画师，花了很多的银子把这幅画买回来，这到底是怎么回事呢？

事情原来是这样的：画师拿走财主的画像之后，心中愤愤不平，后来，他想到了一条妙计。他在财主画像的脖子上添了一幅枷锁，在旁边写了个大大的“贼”字，然后拿到集市上去卖。街上的人看到这幅画，都认出了财主。后来，大家一传十，十传百，纷纷前来观看这幅画像。消息传到财主那里，他很气愤，但又没办法，最后只得出高价把画买了回来，并丢到灶里烧了。

第四章　答案

1. 比萨上的草莓

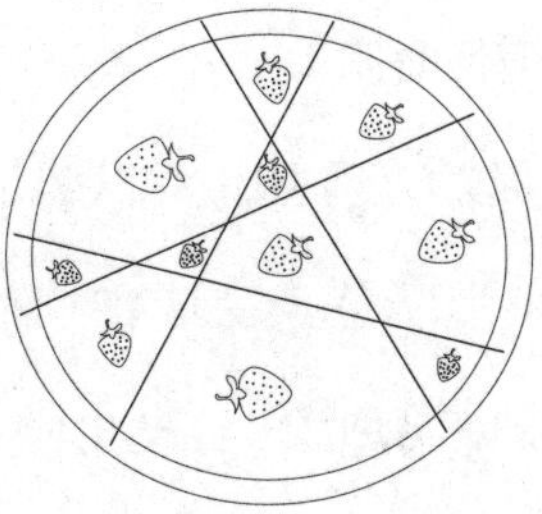

2. 地牢里的怪事

银行行长是个女人，她那天晚上在地牢里生了个女儿，所以第二天地牢里才会多了一个女的。

3. 两份相同的试卷

有两个同学同时缺考，两份空白的试卷当然完全相同。

4. 会法术的阿达

其实，阿达根本不会什么法术，他只不过是在冬冬的鞋底画了道线，冬冬走了好几天也没有把线完全磨掉。

5. 巧分灯笼

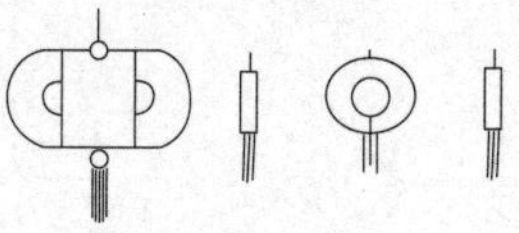

6. 一天到晚游泳的鱼

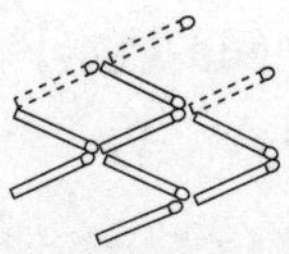

7. 花儿开放

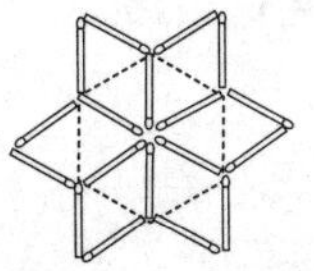

8. 扑克牌的暗示

巴斯是数学家，他的暗示很可能与数学有关。“牌”的谐音是“π”，而字母“K”倒过来也与“π”相似。“π”在计算中通常用“3.14”表示，所以，阿哲猜到巴斯所暗指的房间号码是“314”。

9. 威武的守卫

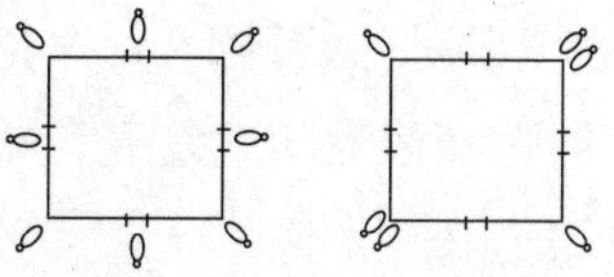

10. 谁能得到小红花

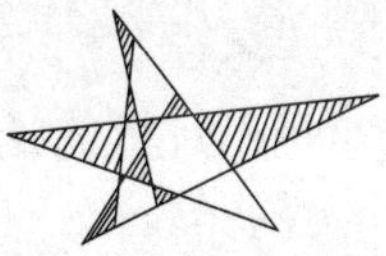

11. 苹果的皮

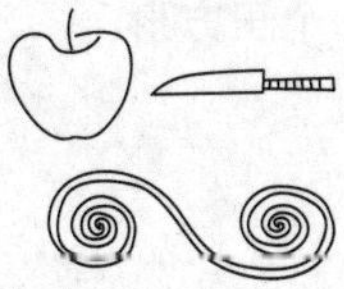

12. 点的轨迹

13. 难以模仿的动作

紧闭两眼，然后一会儿睁开的动作鲁鲁不能模仿。因为别人闭上眼，鲁鲁也闭上眼，但是别人什么时候睁开眼，鲁鲁就不知道了。

14. 如何走完这条路

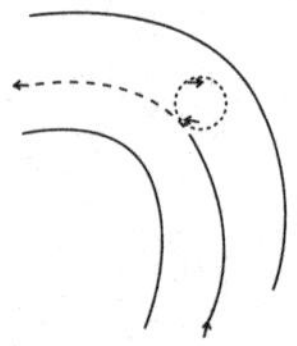

15. 阿凡提智擒盗贼

阿凡提问：“既然你说牛是你的，那你知道牛的哪只眼睛是瞎的吗？”盗贼并没有注意过牛的眼睛，就胡乱说是左眼。阿凡提把捂在牛左眼上的手拿开，只见牛的左眼亮晶晶的，没有一点问题。盗贼又慌忙说是自己记错了，牛的右眼是瞎的，阿凡提又把另一只手掀开，牛的眼睛依然闪闪发光，盗贼的谎言就这样不攻自破了。

16. 违章建筑

周周在自家里安装了一台幻灯机，将“违章建筑”四个字用幻灯机的光打到对面的墙上。这样，无论对方用擦还是覆盖的方法都不能让字消失。

17. 少了一个正方形

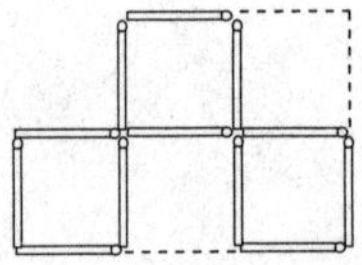

18. 葡萄美酒

阿兰直接把木头塞子按到了酒瓶里。

19. 还剩几个角

5个角或3个角。有两种不同的情况，如图所示：

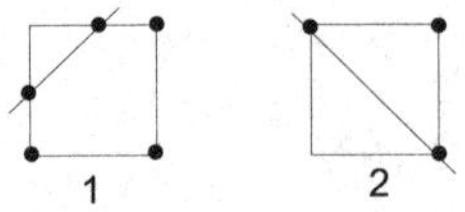

20. 隧道何时完工

6天。计算方法：甲工程队每天完成工程的$\frac{1}{15}$，乙工程队每天完成工程的$\frac{1}{10}$，这样两个工程队同时施工，每天完成工程的$\frac{1}{15}+\frac{1}{10}=\frac{1}{6}$。由此得出，两个队同时施工，需要6天能够完成这项工程。

21. 雨什么时候满

和上次的时间一样长。

22. 奇怪的弟弟

他问其中的一个：“你是钱家的孩子吗？”如果这个人点头就是哥哥，如果这个人摇头就是弟弟。

23. 哪个次数多

一样多。一个人每次都是先睡着，然后再醒来，所以睡着的次数与醒来的次数是一样的。

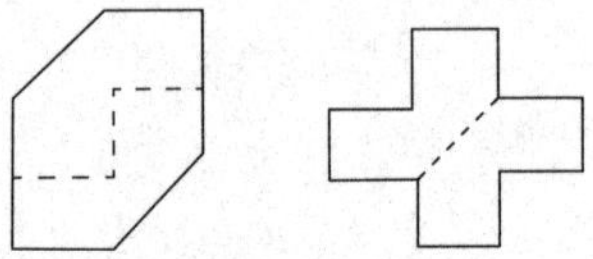

24. 变大还是变小

这种说法不对，对材质均匀、温度也均匀的硬币加热，中间的孔会因为各部分的尺寸比例放大而变大。

25. 什么天气

当然不会。因为再过72小时还是半夜12点，是绝对不会出太阳的。

26. 兄弟分珠宝

富商的好友拿来了自己的一颗珍珠，然后按富商的遗嘱来分家产，大儿子得到了9颗，二儿子得到了6颗，三儿子得到了2颗，最后还剩下一颗，富商的好友又取走了。

27. 歪打正着

谜底就是“夺”字。

28. 如何放硬币

要先走第一步，先在圆桌的正中间放一个硬币。然后，每一枚硬币都放在对手所放硬币的对称的位置上，这样，只要对方能放下硬币你就能放下硬币。最后，一定是对方输。

29. 智取乒乓球

往洞里灌水，因为是黏土，灌入的水不会渗入土里，所以，只要把洞里灌满水，球就会浮起来。

30. 怎样识别真花

放一只蜜蜂在房间里，看它去哪盆花上采蜜，蜜蜂采的那盆花就是真花。

31.真凶是谁

是猫。杰克和海伦是两条金鱼，猫将鱼缸打碎了。

32. 幼儿园里有多少小朋友

158个小朋友。10个小朋友拿到梨和苹果最少人数是（2+1）×（4+1）×（10−1）+1=136人，然后从左右两端开始向外延伸，假设梨和苹果都拿到的人为“1”，左右两边的延伸数分别为：3×5−3=12人，3×5−5=10人。所以，总人数为136+12+10=158。

33. 黑红手绢

三个黑手绢。假如只有一个人背上是黑手绢，那么这个人在第一次开灯时就会咳嗽的，事实上他没有，所以不止一个人背上是黑手绢；如果是两个黑手绢，那么在第二次关灯时就该有两人咳嗽，结果仍没有，说明背上是黑手绢的人要多于两人。第三次关灯时有人咳嗽，说明此时最少有三个人发现自己背上是黑手绢，所以他们会咳嗽。所以至少有三人背上是黑手绢。

34. 他是怎么猜到的

红色的，因为解开周围6个人的眼罩后，每个人都要思考，所以周围6个人每个人都只能看到3红2黑，不能确定自己头巾的颜色，而这需要6人是黑红相间分配，也就是6人3红3黑，中间那小孩可以猜到自己戴的必须是红色头巾。

35. 莫比乌斯带

聪明的执事官将纸条扭了个弯，用手指将两端捏在一起，这样一张纸的正反面就成了一面了，变成了应当放掉农民，应当关押小偷。

36. 天会黑吗

因为40小时已经超过了一天一夜的时间，但没有超过48小时，所以用48小时去掉一天的时间24小时，剩余16小时，在下午6点的基础上再加上16小时，6点到夜里12点只需6小时，所以剩余的10小时是第二天的时间，即是第二天的上午10点，此时明显天是亮的，所以那时天不会黑。

37. 兄妹对应

先把已知的条件列出（兄妹关系用连线表示）：因为小王的号码与小英相邻，故小王的号码是1或3；又因为小王与小珍的号码相邻，因此小王的号码只能是3；小珍号码是4号。由于男的与男的号码不相邻，因此6号一定不是男的号码。因为如果6号是男的号码，还没有确定的号码还有5、7，不论哪个号码标在男背上，都与6相邻，不合题意，所以6号一定是女孩小兰的号码。小李与他的妹妹小敏号码不能相邻，不能是7号，只能标5号，小赵标7号。 根据兄妹号码不相邻。小王（3号）的妹妹只能是小兰（6号）；小张（1号）的妹妹不能是小英（2号），只能是小珍（4号），小赵（5号）的妹妹是小英（2号）小李（5号）的妹妹是小敏（8号）。

38. 分果冻

四份分别是6，12，3，27。设这四份果冻都为X，则第一份为X+3，第二份为X−3，第三份为3X，第四份为$\frac{X}{3}$，总和为48，求得X=9。这样就知道每一份各是多少了。

39. 计算容积

先把啤酒瓶底的直径测量出来，这样就可以计算出瓶底的面积。再在瓶中注入约一半的水，测出水的高度，做好记录；盖好瓶口后，把瓶子倒过来测量出瓶底到水面的高度，做记录。将两个做好的记录相加再乘以瓶底的面积便可知啤酒瓶的容积了。

40. 公交车座位

由题意可知，这辆公交车从起始站到终点站一共有10个站，在这里用1−10站表示。那么起始站（1站）应该至少上来9个人，才能保证以后的每一站都有人下车；2站应该下1人，上8人；后面的依次类推。

1站：9人

2站：（91）+8=16人

3站：（92）+（81）+7=21人

……

9站：（98）+（87）+（76）+（65）+（54）+（43）+（32）+（21）+1=9

10：全下了。

即：

1站：1×9=9人

2站：2×8=16人

3站：3×7=21人

4站：4×6=24人

5站：5×5=25人

6站：6×4=24人

7站：7×3=21人

8站：8×2=16人

9站：9×1=9人

10站：0人

那么这辆公交车最少要有25个座位。

41. 免费的餐饮

每次换一下位子，第一个人有5种坐法，第二个人有4种坐法，第三个人有3种坐法，第四个人有2种坐法，第五个人有1种坐法。5×4×3×2×1=120。这家人每一周去这个饭店吃一次饭，那他们要去120次，得120周，那么，这家人840天才能吃到老板免费送的10餐。

42. 敲钟的速度

他们的敲钟速度是不同的，应该按敲钟的间隔来算时间，第一个和尚用10秒敲了9个间隔，第二个和尚用20秒敲了19个间隔，第三个和尚用5秒敲了4个间隔。所以他们敲钟每个间隔所用的时间分别为：$\frac{10}{9}$，$\frac{20}{19}$，$\frac{5}{4}$，即1.11，1.053，1.25。所以第二个和尚敲钟的速度是最快的，他最先敲完50下。

43. 电影院卖票

可以先让5元的人买票，然后再让10元的人买票，或者先让一个5元的买票，然后接一个10元的买票，如此类推，也可。

44. 仆人做工

仆人可以做一个箱子，保证箱子内部的尺寸与最初的方木相同，然后将雕刻好的木柱放入箱子内，再向箱子里加入沙土，直至把箱子完全填实，并且使箱内沙土与箱口齐平。之后木匠可以轻轻将木柱取出，保证不带出沙粒，再把箱内的沙土捣平，量出剩余的深度为1尺，即木柱所占的空间为2立方尺。即证明仆人砍的没错。

45. 两家人的旅行

（1）A。

这个答案最好能一眼看穿，剩下的4男2女，许强和李超必须在两条独木舟上，许强的一个儿子必须跟着李超，李超必须有一个女儿跟着许强才能满足要求。所以A能满足要求。

（2）B。

选A，剩下的许强、许强妻、许明和许亮有三个人在同一舟上，不符合条件3；选C，C项违反已知条件2；选D，剩下的许强、许涛、许明和许亮有三个人在同一舟上，不符合条件3；选E，不符合条件3。只有B项剩下的许强、许强妻、许明和李娜可以符合三个条件。

（3）B。

根据三个条件，许强和李超妻必须分坐在两条独木舟上，不能在同一独木舟上，否则就违反了条件2，B项显然错误。

（4）D。

要满足已知条件2和3，李超家的两个孩子不能坐在同一条独木舟上，许强和许强妻也不能坐在同一条独木舟上，否则就有一条舟上是一家人，P的断定和张的断定肯定是对的。“李超和李超妻夫妻俩不在同一条独木舟上”可能对，也可能错，只是有这种组合的可能。

（5）A。

许强家的两个男孩已经跟着李超去徒步旅行，孩子中只能剩下一个男孩和李超家的两个女儿，只有A和这个结果相符。

46. 确定他们的民族

甲是锡伯族人；乙是彝族人；丙是朝鲜族人；丁是赫哲族人；戊是拉祜族人；己是土族人。

前三个条件说明：甲、戊、丙三个人是朝鲜族、拉祜族、锡伯族人；

乙、丁、己三个人是土族人、彝族、赫哲

族；

第四个条件说明乙和己不是赫哲族人，所以丁是赫哲族人；

第五个条件说明甲不是拉祜族人，丙不是锡伯族人；

第六个条件同样说明乙不是土族人，丙不是拉祜族人；

综上所述：甲是锡伯族人，乙是彝族人，丙是朝鲜族人，丁是赫哲族人，戊是拉祜族人，己是土族人。

47. 密码组合问题

（1）B。

根据条件丙，就可立即选出答案。

（2）C。

A违反条件乙；B违反条件丁；D违反条件己；E违反条件丁。故选C。

（3）A。

自已知条件乙、丁、戊可知，三个数字中1和3两个数字在这样的条件中是不可能有用的。因此只有2一个数字可用；再根据已知条件丙，可得知这样的密码文字只有22一种，故选A。

（4）D。

这样的题目要首先找出错误的密码，然后再看是否可根据题中所限制的条件将它改正。我们可以发现，D组中的密码明显违反已知条件丁，但只要将3与前三个数字412任一位置交换即可变成一个完全符合条件的密码，因此选D。

（5）C。

因为用5替代4后，原密码变为3322515，这样就违反了已知条件戊，故为错。

48. 巧分正方形

结果如下图所示

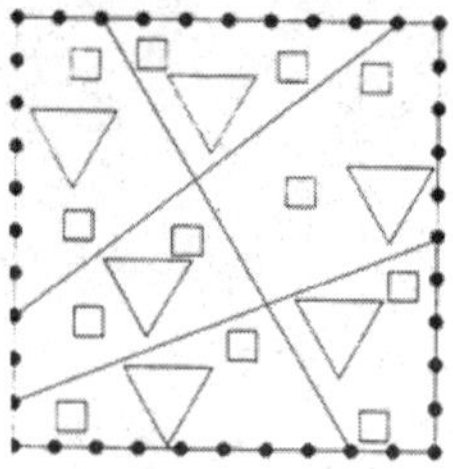

49. 巧分六边形

答案如下图所示：

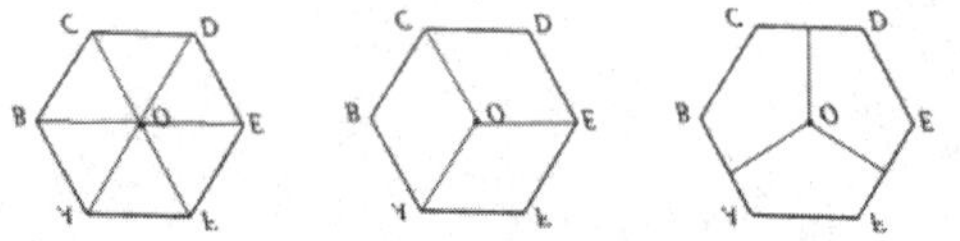

50. 离旗杆的距离

按画地图的方法，先确定方位，上北下南，左西右东。先随便点一点O表示旗杆的位置，根据题意画得下图，只要能求出线段OE的长度，就能知道小京最后离旗杆多少米。

在下图中，过E点作OA的垂线，交OA于F点，下面求EF、OF的长度。

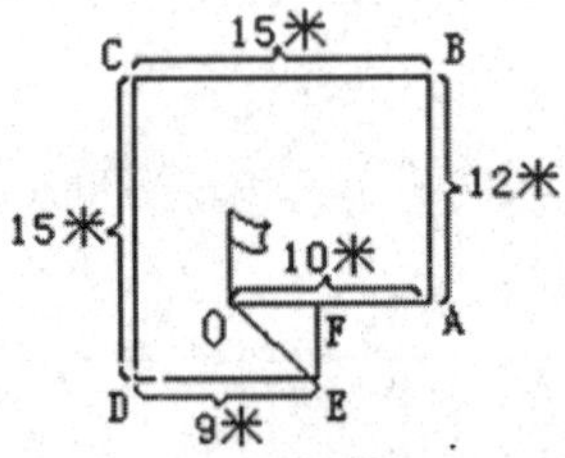

EF的长度为：15−12=3（米）

OF的长度为：9+10−15=4（米）

因为EF垂直于OF，所以三角形OEF为直角三角形，在这个直角三角形中，一条直角边长3米；另一条直角边长4米，根据勾三股四弦五这一结论，便可知道斜边OE为5米，这样便知小京最后离旗杆的距离是5米。

51. 走了多少

根据题图可得，阿毛在操场中心的正东9米处。

52. 买苹果

由已知A=3B=4C=5D=6E，ABCDE都是整数，所以A要能被3、4、5、6整除，于是A最小为3×4×5=60，A=60，B=20，C=15，D=12，E=10，A+B+C+D+E=117。

53. 分书架

得到书架的三个人每个人拿出1000元，一共是3000元，将3000元给两个人平分，也就是两个人每人拿到3000÷2=1500元，所以说，书架的价值应该是1500+1000=2500元。

54. 四对双胞胎

假设B说的是事实，则C就是d的姐姐，按D的依据就是C说的也为真，那么出现有两个人说的是事实，与题意矛盾，所以B说的不是事实，同时也知道C不是d的姐姐，则BC的话都是假的，所以只有A说的是真话，则A就是d的姐姐，A说B的妹妹不是a，又不可能是d，所以B的妹妹只可能是b或c，根据C的假话知道D的妹妹就是c，B的妹妹就是b，最后C的妹妹就是a。

55. 走哪条路

假设第一个木牌是正确的，那么第一个小木牌所在的路上就有宾馆，第二条路上就没有宾馆，第二句话就该是真的，结果就有两句真话了；假设第二句话是正确的，那么第一句话就是假的，第一二条路上都没有宾馆，所以走第三条路，并且符合第三句所说，第一句是错误的，第二句是正确的。

56. 小超市的闹钟

小超市的钟慢了5分钟。

57. 算灯笼

设第一种灯为x，另一种灯为y，则有x+y=360；2x+4y=1200；解得：x=120，y=240。

58. 选项（1）

B。

59. 选项（2）

C。

60. 选项（3）

D。

61. 选项（4）

B。

62. 选项（5）

C。

要找到，三个看到面之间的关系。

63. 选项（6）

C。

64. 选项（7）

D。

65. 选项（8）

A。

第五章

奇思妙想——创新能力

1. 聪明的阿山

阿山的妈妈在生阿山的时候难产死了，阿山的爸爸后来又娶了一个女人。这个女人对阿山非常刻薄，经常借故刁难他。阿山的爸爸死后，留给了家里一笔遗产。女人想独自霸占遗产，但是苦于亲戚朋友的监督压力，又不敢公然霸占财产。后来，这个女人想出了一条计策，她将家里财产变卖，买了7个连在一起的无缝金环，对阿山说："阿山啊，你父亲给你留下了一笔财产，我把它换成了金环。我给你7天的时间，你可以将这笔遗产带走，不过你每天只能带走一个金环，并且你只能将一个金环打开缺口。"女人想，阿山顶多带走两个金环，剩下的金环就都归她所有了。可是她的如意算盘落空了，阿山只打开了一个金环的缺口，可是他却每天都拿走一个金环，到第七天的时候，他拿走了所有的金环。你知道阿山是怎么做到的吗？

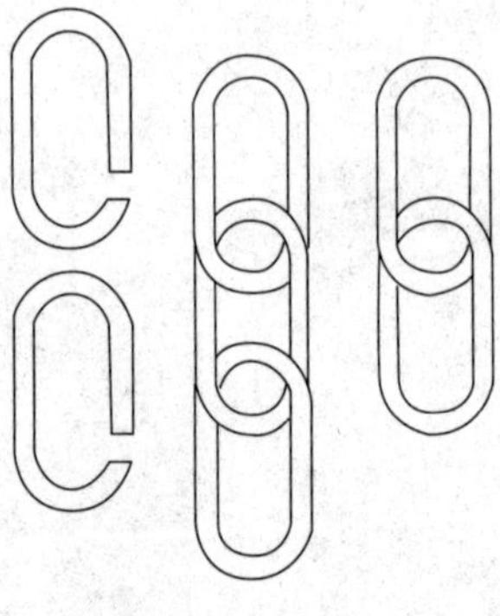

2. 神笔阿苗

阿苗和朋友进入了一个山洞，回来的时候发现洞口关闭了。阿苗借着洞顶缝隙透过来的微弱光线看到洞门上写着一道等式。等式为5+5+5=550，等式底下还写着一句话："如果想开启洞门，请在等式上加上一笔，使等式成立。"阿苗想了想，拿起一支笔在等式上画了下，洞门就瞬间开启了，你知道阿苗是怎么做到的吗？

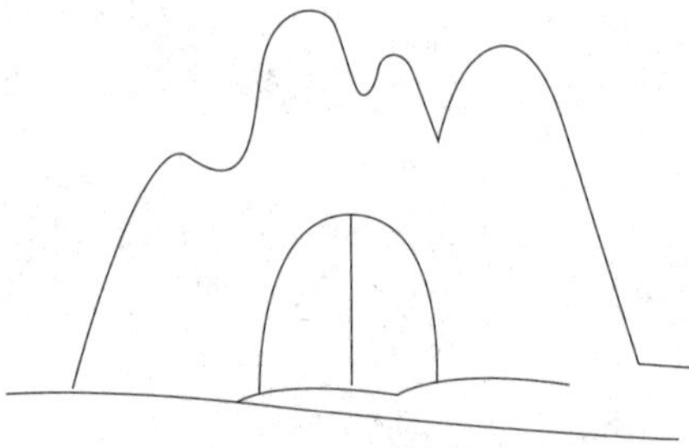

3. 货车过桥

一辆大货车载着5吨的钢索前进，车子行到半路的时候遇到了一座桥梁。桥头挂着一个牌子，上面写道：本桥梁最大载重量6吨，可是货车本身的重量为2吨，再加上钢索的重量，明显超出了桥梁的承重量。你能想到什么办法能让货车顺利过桥吗？

4. 王子和公主

在遥远的茉莉国，有一位美丽的茉莉公主，公主不仅漂亮，而且聪明，当然公主也有缺点，那就是太骄傲，她总是觉得谁都配不上自己。茉莉王国周围有很多个王子曾经慕名而来想要娶她，都因为被她的难题难住没有成功。这天，又有一位年轻的王子来向茉莉公主求婚。茉莉公主又出了一道题为难他。她给了王子一个口袋，然后告诉王子，口袋里面有一个白球和一个黑球，王子可以摸出一个球，如果是黑球的话她就嫁给他，如果是白球的话她就不嫁给他。其实，茉莉公主在口袋里放的两个球都是白色的，无论王子摸出哪个，王子都娶不到公主。聪明的王子早就猜透了公主的心思，他巧妙地用了一个计策，就轻轻松松地娶到了公主，你知道王子用的是什么方法吗？

5. 五边形地板砖

龙龙家新买了套三室一厅的房子，龙龙的爸爸特别想在他家的客厅里用五边形的地板砖铺成地板，并且要求所有的地板砖形状、大小要完全相同，只有铺到边上的时候才可以用碎地板砖。那么，用五边形的地板砖可以把地板铺得没有缝隙吗？

6. 灿烂的遗产

吉姆和山姆是一对兄弟。他们的父亲于上个月去世了，父亲去世时留给了兄弟两个100枚金币和100枚银币。父亲为了防止兄弟二人因分遗产的事儿争吵，于是特地立了一份遗嘱，遗嘱里这样写道：“100枚金币和100枚银币分别放在两个相同的盒子里，老大吉姆要蒙上眼睛来摸任一盒子里的钱币，如果摸到一枚金币，就将所有金币都给他，将银币给山姆；如果他摸到一枚银币，就将所有银币都给他，将金币都给山姆。吉姆可以调换盒子里钱币的组合。”

如果你是吉姆，你会怎么做才能让自己摸到金币的概率大一些呢？

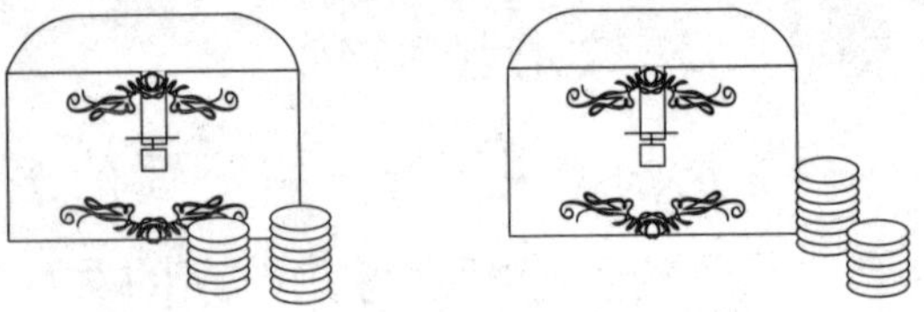

7. 阿生的位置

阿生站在一个地方，从这个地方向四周望去，四周的方向都一样，你知道阿生站在什么位置吗？

8. 相亲相爱的数字

一组数字在相亲，其中220和284一见钟情，两人立马订了婚。别的数字问它们："你们为什么这么相亲相爱呢？"两个数字回答："因为我们两个是我中有你，你中有我！"你知道它们说的这句话有什么奥妙吗？

9. 优秀的空降兵

阿东是一位优秀的空降兵。一次他乘飞机去执行任务。当飞机飞到半空中时，他从座椅上跳了下来，奇怪的是，他的降落伞没有打开，但是却安然无恙，你知道他有什么样的本事吗？

10. 神奇的数字

有一个神奇的数字，如果去掉2就变成5，如果去掉5就变成20，去掉10变成15。你能猜出这个数字是哪个数字吗？

11. 苹果怎么分

齐齐家来了六个小伙伴，他想用苹果来招待他们，可是他家只有五个苹果。齐齐想可以把苹果切开再分给他们，但是苹果又不能切得太碎。齐齐最后决定，每个苹果最多切成三块，为了公平起见，每个小伙伴分到的苹果应该是一样大的，那么齐齐应该怎么切和分才能做到公平呢？

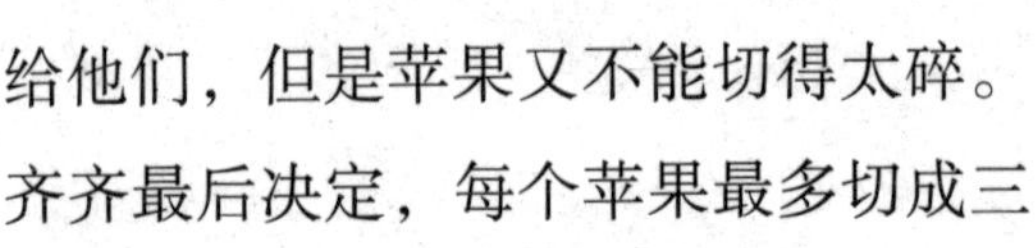

12. 蚂蚁过洞

一只小蚂蚁从一条狭小的洞中走

过，走到一半的时候，遇到迎面走来的另一只蚂蚁。这个洞只能允许一只蚂蚁通过，并且两只蚂蚁都不想退回洞口去。幸好在洞的一侧有个凹槽，里面有一粒沙子，把它挪出来正好容下一只蚂蚁。要用怎样的方法才能使两只蚂蚁都能通过狭小的洞呢？

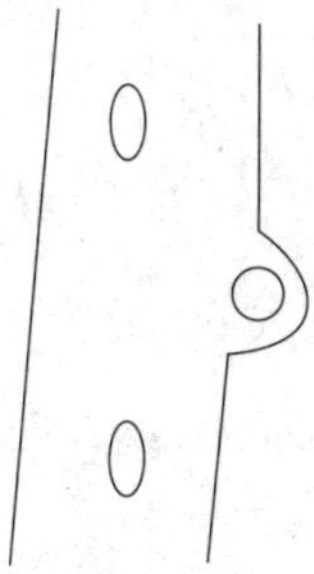

13. 熊是什么颜色

一只熊向南走了1千米，又向西走了1千米，然后又向北走了1千米，又回到了起点。你知道这只熊是什么颜色的吗？

14. 捞瓶盖

一个木头的瓶盖掉在了一个玻璃杯里。在正常情况下，瓶盖不会停在瓶子中央，而是会漂到瓶子的一侧，最后停在那里。如果摇晃水杯，使水旋转，瓶盖会漂到水的中央。除此之外还有一种方法可以让瓶盖自己漂到水杯中央，你知道是什么方法吗？

15. 谁的容积大

有两个形状不规则的杯子，在没有任何测量器具的情况下，如何用最简单的方法知道它们哪个杯子的容积大？

16. 消失的三角形

下面是用9根火柴做成的3个三角形。要求只能动其中的3根火柴，就让3个三角形都消失，你知道该怎么做吗？

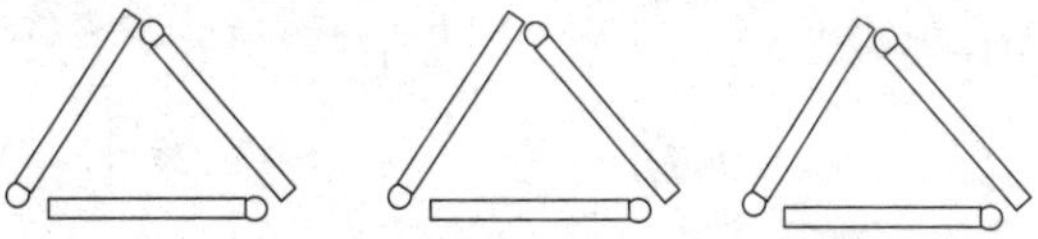

17. 谁能得到花围巾

加加和露露是一对双胞胎。有一次妈妈带她们两个去逛商场，大厅里正在举行抽奖活动，妈妈也过去参加了抽奖，没想到抽到一条漂亮的花围巾。加加和露露都很喜欢这条花围巾，可是该给谁呢？妈妈灵机一动，从地上捡起一根绳子，说谁能从绳子中间剪开，让绳子还是一条绳子，就把花围巾送给谁。后来还是姐姐加加得到了这条花围巾，你知道她用了什么方法吗？

18. 如何选择

在一个狂风暴雨的夜晚，东子开车从公司回来，途中经过一个公交车站，车站有三个人正在等车。一个是生命垂危的病人，需要马上送医院救治，否则就有生命危险；另一个是曾救过东子的医生，东子做梦都想报答他；第三个是东子日思夜想的梦中情人，如果今晚错过了，可能以后再也没有机会了。现在已经是午夜时分，再加上天气的原因，大概没有车再经过这里了。东子的车除了他自己现在只能载一个人，他应该如何选择呢？

19. 巧运钢管

一次，一位著名的工程师到国外去考察，回来时带了一根长1.7米的钢管。这根钢管是用最新材料制成的，具有非常大的研究价值。在上飞机时，工程师才注意到，原来这家航空公司有规定，凡长宽高超过一米的货物是不能带上飞机的。飞机还有五分钟就要起飞了，工程师非常着急。后来工程师灵机一动，想了一个办法，很顺利地将钢管带到了飞机上，并且没有损坏钢管，也没有违反航空公司的规定，你知道他用的什么方法吗？

20. 该要哪块银板

玲玲家有一块厚薄相同、质地均匀的银板。后来银板被切割成两块面积差不多，形状不规则的银板。玲玲想要拿一块比较大的银板来锻造出一只银手镯，但是用肉眼分不出两块银板的面积大小，用尺子量取各自的面积也很困难，你能用什么方法快速区分出哪块银板的面积大吗？

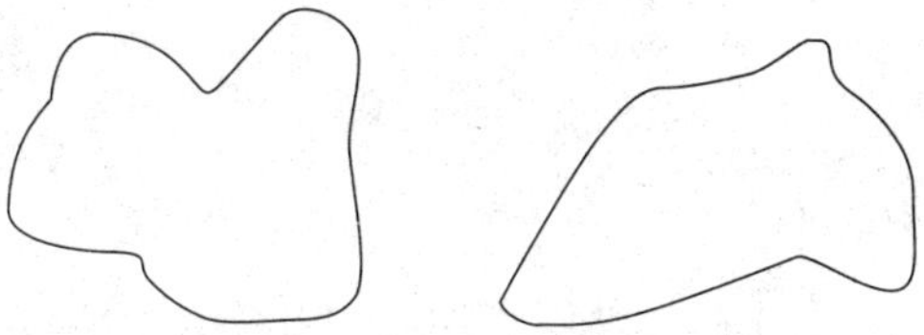

21. 让球自己回来

小明手里拿着一个球，每次他把球用力抛出去之后球都能自己回来。已知他并没有往墙上扔，也没有在球上绑什么东西。那么你知道他是怎么做到的吗？

22. 巧制道具

小玲和萌萌要参加一个话剧比赛，比赛中需要用到一个白色的十字架。小玲从家里找到了一块白色的纸板，你能帮她把下面的纸板重新剪开，并做成十字架吗？

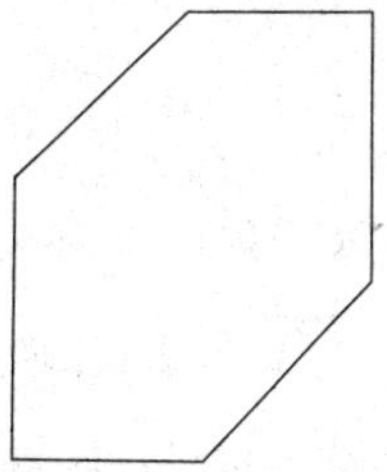

23. 巧取皮球

林林在院子里玩球，不小心将球滚到了隔壁方阿姨家的一棵柳树下。柳树上拴着一只狗，狗的链子长2米。如果以柳树为中心，以2米为半径，画一个圆，那么这个圆就是这只狗的活动范围。林林的球恰巧滚到了那个圆里。方阿姨家的狗很凶，林林根本不敢靠近它，也没有办法拿出球来，急得在那里团团转。你能想一个办法不用什么防身的用具就能拿到球吗？

24. 巧寄回信

明明在给好朋友壮壮写信的时候，把收信人和寄信人的地址和姓名写反了。结果过了几天，他寄出的信又寄回到了自己的家中。但是，明明想了个好办法，没有花一分钱，就将信又寄给了壮壮，你知道他用的什么方法吗？

25. 小兔子分草莓

有两只小兔子一起去森林里采草莓，它们一起采了满满的一篮子。可是怎么分呢？两只小兔子犯了难。因为草莓的形状、大小都不一样，如果按数量平分的话，两人都觉得不公平。后来它们找到了森林里最见多识广的猫头鹰，猫头鹰给它们出了一个点子，然后两只小兔子高高兴兴地抱着草莓回家了。你能想到哪些点子帮小兔子们分草莓呢？

26. 巧称体重

龙龙、达达和壮壮一起到街上闲逛。走着走着，三个人看到一个称东西的磅秤。三个人都想称一称自己的体重，可是磅秤的主人告诉他们，这个磅秤只能称50公斤以上的东西。他们三人，每人的体重都在30~40公斤，没办法称体重，三个人都很失望。但是，龙龙灵机一动，想出了一个妙计，只用了三次，就把三个人的体重都称出来了，你知道他用的什么方法吗？

27. 机智反驳

从前，古罗马王国曾一度陷于战乱之中，有一位勇武的将军想要在乱世之中称雄，他的母亲怕他在战乱中出事，就劝说他："如果你正直的话，就会被民众背叛；如果你不正直的话就会被神遗弃。反正怎样都没有好结果，那干脆就不要强出头了。"这位将军说了一句话，机智地反驳了她的母亲，你知道他说了句什么话吗？

28. 奇怪的遗嘱

有一个奴隶主，一生积累了不少财产。他有一个儿子，远在他乡做生意，另外还有一个奴隶，帮他料理日常的事务。奴隶主后来得了重病，他知道自己不久于人世，于是立下了一份遗嘱。遗嘱的内容为："自己的全部财产都归奴隶所有，但儿子想要的话，只能选择其中的一件。"奴隶主死后，奴隶带着遗嘱找到了他的儿子。这个年轻人看了遗嘱觉得很吃惊，不明白为什么父亲要这么做。年轻人有个朋友看了遗嘱之后对年轻人说：“由这份遗嘱看出您父亲的英明，他把什么都给了你。”你能猜出奴隶主遗嘱的用意吗？

29. 究竟喝了几杯

芳芳来到卡卡家，卡卡为她倒了一杯茶水。喝到一半的时候，芳芳又把杯子里兑满了开水；又喝掉一半的时候，再次兑满开水；又经过同样的两次重复过程，最终喝完了。请问芳芳一共喝了几杯茶水呢？

30. 奇怪的洞穴

某个地区有一个又黑又深的洞穴，传说里面有很多的稀世珍宝。有一个非常好奇的人想前往洞穴一探究竟，到了洞口他发现，洞口留下了许多人进去过的足迹。看到这些足迹，他马上打消了进入洞穴的念头，急急忙忙地转身就走。你知道这是为什么吗？

31. 如何计算灯泡的体积

爱迪生是灯泡的发明者。灯泡的形状是不规则的，不像一般常见的圆柱体、正方体可以根据一定的公式计算出体积来。为了考验一下自己的同事，爱迪生将一个灯泡交给了和他一起工作的阿普顿，请他算一算灯泡的体积是多少。阿普顿拿起直尺上上下下、左左右右量了又量，还做出了计算草图，列出了一排排算式，企图计算出灯泡体积的精确值。等到爱迪生来看他的时候，发现他还在列着算式，离最终计算出结果还差得很远。爱迪生拿过灯泡，用了一个很简单的方法就得到了灯泡的体积，你知道他用了什么方法吗？

32. 巧挪硬币

把8枚硬币排放在桌子上，横的5枚，竖的4枚，如下图所示。如果只允许移动一枚，怎样才能使横着和竖着的都是5枚硬币。

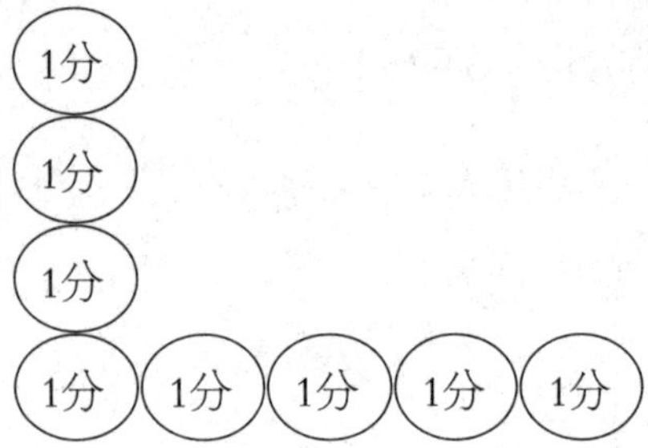

33. 笑脸归组

小强在玩一个笑脸归组的游戏，如下图所示，有10个笑脸。要求你用三个圆圈把它们一个一个地分开，只有通过了这关才能进入下一关，可小强抓破了头皮也没有想出办法来，你能完成这关的游戏吗？

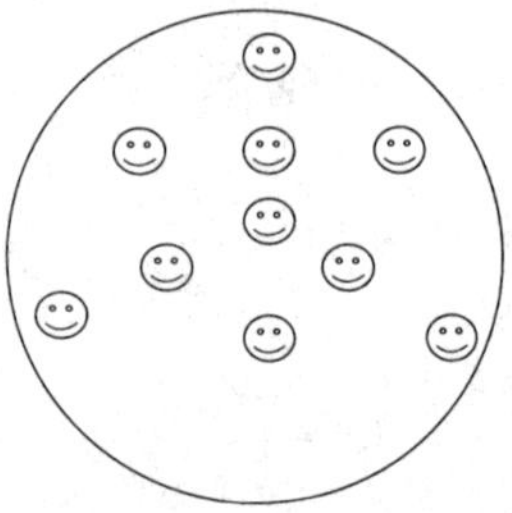

34. 杯子取水

有一个装满水的杯子，请你在不倾倒杯子也不打碎杯子的情况下，取出杯子中所有的水。

35. 超高的货车

有一辆载满货物的大货车，车高4.55米，在运输过程中，要经过一个高度为4.5米的限高杆，由于装卸货物很麻烦，又不能绕路，你能帮司机想一个通过的办法吗？

36. 找到糖水

有外表看起来一模一样的8杯水，其中有1杯是糖水，7杯是白开水，你能只品尝三次就找出那杯糖水吗？

37. 种玉米

从前有一个地主，他雇了两个短工给他种玉米。两人中一人擅长耕地，但不擅长种玉米，另一人恰恰相反。地主让他们种20亩地的玉米，让他俩各包一半，于是工人甲从北边开始耕地，工人乙从南边开始耕地。甲耕一亩地需要40分钟，乙却要用80分钟，但乙种玉米的速度比甲快3倍。最后地主按他们的工作量付给他们200元。问：两人如何分这200元才算公平？

38. 苹果不落地

把一个红苹果系在一根4米长的线的一端，另一端系在高处，把苹果悬挂起来，你能够从中间剪断这根线，并保证苹果不会落地吗？

39. 分装芒果

水果店的周师傅让阿明把100个芒果分装在6个篮子里，每个篮子里所装的芒果数都要含有数字“6”，阿明该怎么装呢？

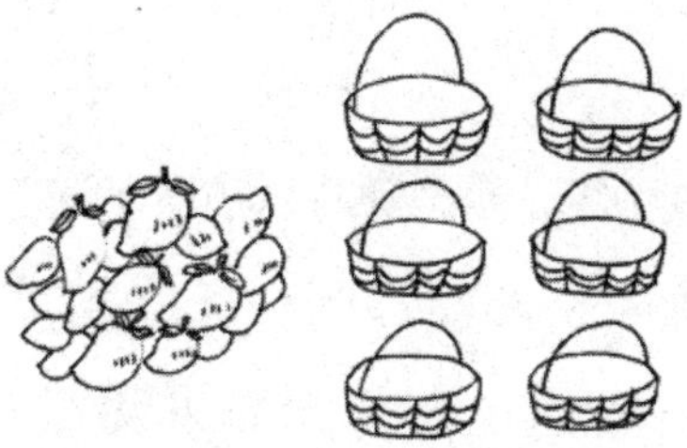

40. 相连的月份

想一想，哪两个相连的月份都是31天呢？

41. 不破的鸡蛋

你拿一个生鸡蛋，让它自由下落。在地上没有任何铺垫物的情况下，鸡蛋也没有其他的保护，你能够使鸡蛋下落1米而不破吗？

42. 买票

春节期间，某旅游景点的门票价格为：成人票130元/张，儿童票50元/张。小明一家进入景点共花费640元，请问，他们一共买了几张票？

43. 熊的颜色

某地有一口井深20米，一只熊从井口跌到井底，花了2秒。请问：这只熊是什么颜色的？

44. 奇特的房子

在地球的某地，有一所奇特的房子，房子的奇特不在造型，而是当你在房子周围走一圈，要确定4个方向时，会发现四周的方向都一样。那么这所房子到底在哪里？

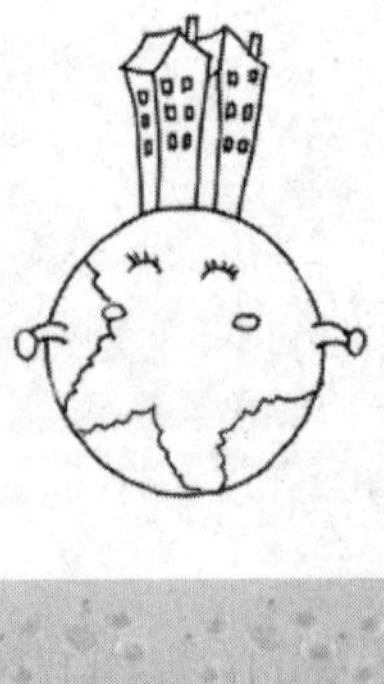

45. 上涨的湖水

每年雨季，当地的湖水就会有规律的上涨。雨季来临的时候，在湖边停着一只船，船上挂着一根打了结的绳子，结与结之间间隔25厘米，绳结末端正好与湖面接触。如果潮水每小时以20厘米的速度上涨。请问：要经过多少时间湖水可以把绳子的第四个绳结淹没（从下往上数）。

46. 管中取球

在一条粗细均匀的透明塑料软管中，放着六个白球和一个黑球，球可以在管中滚动。黑球放在正中间，六个白球平均分放在黑球的两边。你能不切断软管，不取出白球而取出黑球吗？

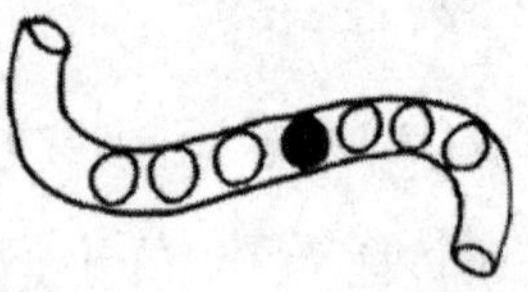

47. 吃瓜子

小玲和晓晓都喜欢吃瓜子，最近两个人都长了口疮，但是她们不能抵制瓜子的诱惑，所以决定每个人各拿100颗瓜子吃，其中小玲一秒可以吃1颗，而晓晓两秒可以吃3颗，那么当小玲吃到81颗的时候，晓晓吃了多少颗呢？

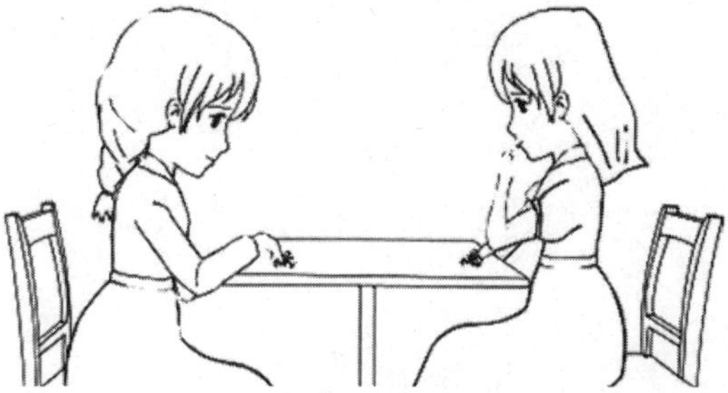

48. 找到最大的数

一个数字，使用一次，可以得到最大的数字是它本身。如1可以得到的最大的数就是1；两个数字，如1、2，可以得到的最大数字是21。但是3、4两个数字组合得到的最大的数字就不是43，而应该是3的4次方，那么你知道1、2、3三个数字可以组合得到的最大的数字是什么吗？

49. 顽强的蚯蚓

小李扬为了和爸爸去钓鱼，在田里挖了5条蚯蚓来当鱼饵，分鱼饵时把两条蚯蚓各切成两段，那么，现在李扬还有几条活蚯蚓？

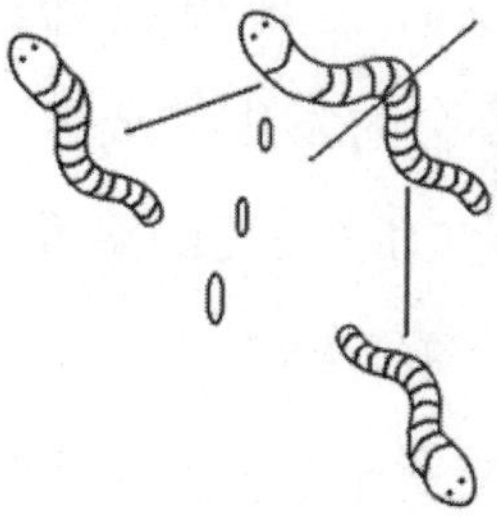

50. 剩余的蜡烛

桌上点燃了10支一样的蜡烛，先被风吹灭了2支，不一会儿又被风吹灭了2支。小光赶紧把窗子关上。之后，蜡烛再也没有被风吹灭。请问：桌子上还剩下几支蜡烛？

51. 全家福的位置

梦想家有一张全家福，上面有爸爸、妈妈、姐姐和梦想四个人。相片上，妈妈在爸爸的左边，梦想在妈妈的左边，爸爸在姐姐的左边。那么，请你说出在这张照片上，从左到右四个人的位置。

52. 夺取钻石的办法

这是女怪盗梅琳应印度国王之邀，参加宴会时发生的故事。

国王在20.5米长的豪华地毯正中央放置了一颗大钻石。

“各位女士、先生，谁能不踏上这地毯，取走钻石？除了手以外，不能使用其他工具。顺利取走钻石者，钻石就送他当礼物。”

国王言罢，众人都涌向前来，围在地毯四周，个个跃跃欲试，却又只能望着钻石兴叹。

这时候，梅琳笑着说：“那么，我先来试试看吧。”她顺利地取走了钻石。

请问梅琳用的到底是什么办法？

53. 奇妙的年份

喜羊羊问懒羊羊一个问题：“21世纪中有没有这样一年，把这一年的年份数写在纸上，再把纸倒过来，这时纸上的数仍是该年份数？”懒羊羊怎么也想不出，你知道吗？

54. 奇怪的数字

有一个奇怪的数字，去掉第一个数字，是13，去掉最后一个数字是40。请问：这个奇怪的数字是什么？

55. 牛羊一样多

有一次，瑶瑶问小君：“你们家里有多少只羊，多少头牛？”小君回答：“羊数乘牛数，把这个积数在镜子里一照，在镜子里看到的恰好是我们家养的羊和牛的总数。”瑶瑶一下子愣住了，这可该怎么算呢？

56. 错误结论

一个正方体有6个面，每个面的颜色都不相同，并且只能是红、黄、蓝、绿、黑、白6种颜色。如果满足：

1. 红的对面是黑色；

2. 蓝色和白色相邻；

3. 黄色和蓝色相邻。

那么，下面结论错误的是：

A. 红色与蓝色相邻

B. 蓝色的对面是绿色

C. 白色与黄色相邻

D. 黑色与绿色相邻

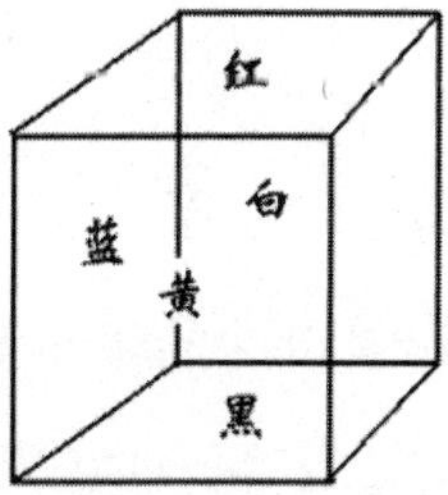

57. 钱少了吗

王妈由于下午要出差，就给儿子打电话，要求儿子买一些出差需要的东西。她告诉儿子，桌子上的信封里放的是钱。儿子找到了装钱的信封，上面写着98。于是儿子就拿着这些钱到超市买了90元钱的东西，当他准备付钱时发现，信封里不够90元，这是怎么回事呢？钱为什么会少？

58. 新手司机

有一位新手司机驾着小轿车去见朋友，半路上有个轮胎爆了。当他把轮胎上的四个螺丝拆下来，从后备厢里把备用轮胎拿出来时，不小心又把四个螺丝踢进了下水道。

请问：新手司机该怎么做才能使轿车安全地开到距离最近的修车厂？

59. 屋里的灯

屋里三盏灯，屋外三个开关，一个开关仅控制一盏灯，屋外看不到屋里，怎样只进屋一次，就知道哪个开关控制哪盏灯？四盏呢？

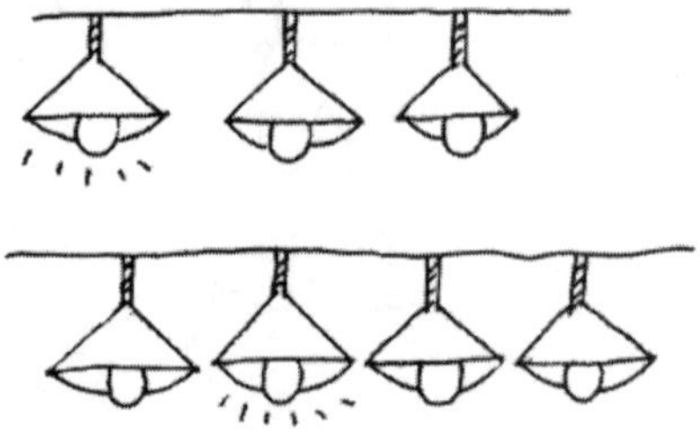

60. 火柴等式

2+7-2+7全部由火柴棍组成，移动其中任何一根，要求答案为30。

说明：因为书写问题作如下解释，2是由横折横三根组成，7是由横折两根组成。

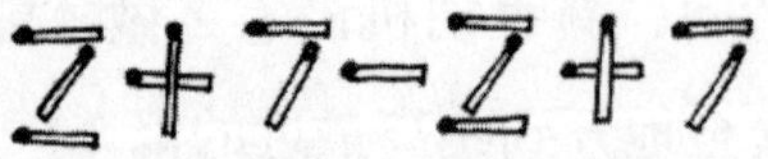

61. 聪明小公主

欧洲某个王国灭亡了。侵略者杀死了国王和王后、王子，只有小公主带领些武士逃到了非洲海岸。

公主拿出不多的金币拜访了岸上的酋长：“我们失去了祖国，请允许我们在您神圣的领土上买块土地生活吧。”

酋长见公主金币太少，轻蔑地说：“这么点金币还想买我的土地！那你只能买下用一张牛皮所圈出的土地。”

大家都很沮丧，可是公主却说：“我有办法用牛皮圈出一块面积很大的土地。”

公主真的做到了。你知道她是怎么做到的吗？

62. 海拔比高

飞往美国纽约的班机起飞不到20分钟，就接到这样一个匿名电话：

"我们在飞机内装了炸弹，现在炸弹匣内的定时装置已经开始启动，当飞机准备着陆，降到海拔2000米以下时，炸弹就会送全机人上西天，哈……"

目前飞机是在离地1万米上空飞行，假如降落到海拔2000米的低空时，飞机就会爆炸。而炸弹怎么也找不到，如何才能死里逃生？经验丰富的机长突然想到了一个妙法，"各位放心，我有办法！"于是，他改变了航向后继续飞行。

在接近某机场时，飞机由8000米、6000米、5000米、4000米、3000米……的高度逐渐降落，最后安全地着陆了。

事后检查飞机，专家在没有气密装置的尾翼找到了特殊的炸弹。为了证实这枚炸弹的可靠性，专家进行了试验，果然在海拔2000米处爆炸了。机长是怎么做到安全着陆的？

63. 洞洞的数量

如果把一张纸对折一下，然后用剪刀在折痕的中间剪一个洞，把纸片展开后，纸上就会出现一个洞。如果把纸对折一下，再成直角对折一下，按照此方法对折6次，然后在最后折的一边的中间剪一个洞，请在剪之前先动脑子想一想，当把纸片展开后会出现多少个洞？

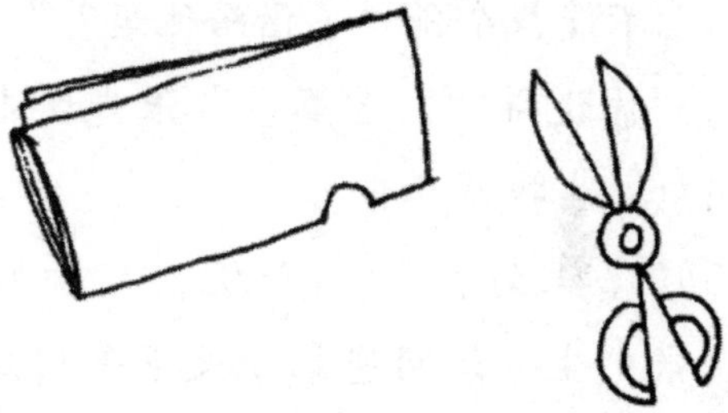

64. 隐含的规律

1、3、7、8

2、4、6

5、9

你能猜出这3组数字间有何种关系吗？

提示：每一组数字都有一个相同的规律。

小故事

巧借东西

张先生正在和妻子聊天，门外传来了敲门声。张先生对妻子说："我敢肯定，准是隔壁二牛向咱家来借东西了，我们家大部分的东西都被他借过。"

"我知道，老公。"妻子回答说，"可你为什么每次都要借给他呢，你不能找个借口不借给他吗？"

"你说得对，老婆。"张先生走到门口，去接待二牛。

"早上好！"二牛说，"打扰了，张先生，请问您家今天下午用修枝剪吗？"

"非常不好意思，"张先生答道，"整个下午，我都要和妻子一起修剪我家的果树。"

"那正好啊，先生，"二牛说，"那么您一定没时间打羽毛球了，把您的羽毛球拍借给我，您应该不会介意吧！"

第五章　答案

1. 聪明的阿山

阿山打开的是第三个金环的缺口，这样金环链就分成了三个部分：一个金环、两个金环、四个金环。第一天的时候，阿山拿走了一个独立的金环；第二天他把第一个金环拿回来，拿走了两个连在一起的金环；第三天他拿走了一个独立的金环；第四天他把三个金环拿回来，拿走了连在一起的四个金环；第五天他拿走一个独立的金环；第六天他拿回一个独立金环，拿走两个穿在一起的金环。第七天他把独立的一个金环拿走了。

2. 神笔阿苗

将两个加号中的任意一个左上方添上一笔，使它变成阿拉伯数字“4”，这样等式就成立了。

3. 货车过桥

可以将钢索展开，摊放在地上，让货车拖着钢索前进。因为钢索的所有重量是分布在全部长度上的，当钢索被展开平放在桥上时，分摊在桥上的重量就不会超过桥的载重量。等过完桥，再把钢索盘起来收在车里就行了。

4. 王子和公主

王子把手伸进袋子里随便拿了个球，就在他拿出球来的那一刻，他故意脚下一打滑，重重地摔在了地上，然后让手中的球滚落到了附近的一条河里，球被汹涌的河水带走了。然后王子站起身来说：“公主，真对不起，球掉在河里了，不过没关系，袋子里只有一个白球和一个黑球，只要看看剩下的球是什么颜色，就知道我刚才摸的球是什么颜色了。”袋子里面剩的肯定是白球，所以，王子就判定自己刚才摸到的肯定是黑球，这样，公主只好嫁给王子了。

5. 五边形地板砖

是可以做到的，不过不能用正五边形，而只能用经过巧妙设计的五边形才可以做到。下面提供两种方案：

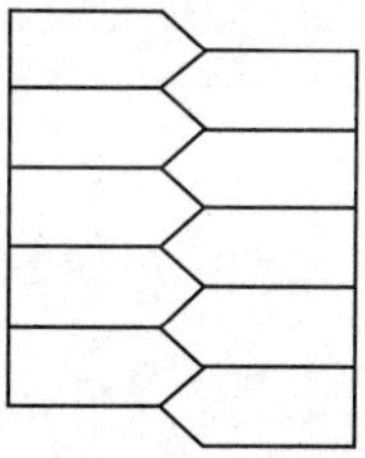

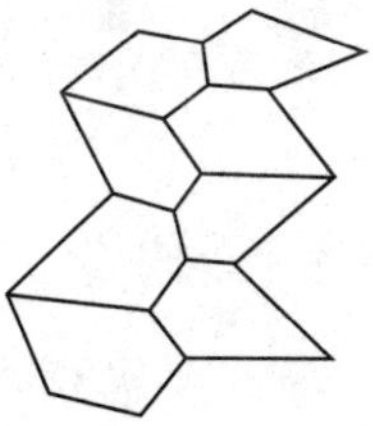

6. 灿烂的遗产

吉姆可以将一枚金币放在金币盒里，然后把99枚金币放在银币盒里。这样，如果他摸到金币盒子，那么他摸到金币的概率就是100%，如果他摸到银币盒子，摸到金币的概率就是$\frac{99}{199}$，那么他最终摸到金币的概率为$100\% \times \frac{1}{2}+\frac{99}{199}\times\frac{1}{2}=\frac{149}{199}$。

7. 阿生的位置

南极或北极。

8. 相亲相爱的数字

220的所有约数是：1、2、4、5、10、11、20、44、55、110，这些约数之和恰好是284。284的所有约数是：1、2、4、71、142，这些约数之和恰好是220。这就是“你中有我，我中有你”的含义。

9. 优秀的空降兵

他只是从飞机座椅上跳到了机舱里，当然安然无恙了。

10. 神奇的数字

25。

11. 苹果怎么分

按题意就是每个人分$\frac{5}{6}$个苹果，$\frac{5}{6}=\frac{1}{2}+\frac{1}{3}$。这样就是每个孩子$\frac{1}{2}$个苹果和$\frac{1}{3}$个苹果。所以把3个苹果各切成两半，给每个小伙伴一块；然后将剩下的两个苹果各切成3块，给每个小伙伴一块。这样，每个小伙伴都分到了一个半块的苹果和一个$\frac{1}{3}$块的苹果。

12. 蚂蚁过洞

蚂蚁甲将沙粒搬出，然后后退几步，让蚂蚁乙钻进凹槽；蚂蚁甲拖着沙粒向前走，让蚂蚁乙从凹槽出来，顺利过洞；蚂蚁甲再退回来将沙粒放在凹槽中，然后自己向前走顺利过洞。

13. 熊是什么颜色

熊是白色的。因为向南走1千米，又向西走1千米，又向北走1千米，然后回到起点，这种情况只有在北极才能发生。北极只有北极熊，北极熊的颜色都是白色的。

14. 捞瓶盖

往水杯里慢慢地加水，直到水平面几乎超出杯口。如果操作很小心的话，液体的表面张力会使水稍微凸起。这样，瓶塞就会漂到杯子的中央，并且停在那里。

15. 谁的容积大

把其中一个杯子A倒满水，然后再倒入另一杯子B中，如果水溢出来了，说明A杯的容积大，如果水不满说明B杯的容积大。

16. 消失的三角形

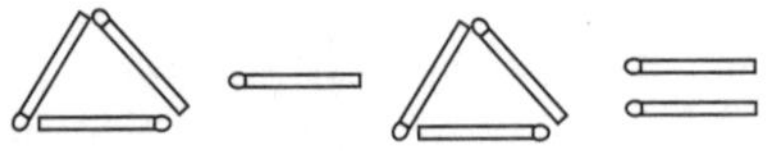

17. 谁能得到花围巾

加加把这根绳子的两头接在一起，然后将绳子中间剪开，这样还是一条绳子。

18. 如何选择

他可以把汽车交给医生，让医生送病人去医院，然后自己陪梦中情人等车。

19. 巧运钢管

工程师找了一个长宽高均为1米的货物箱子，然后将钢管斜放进去，因为1立方米的正方体对角线长恰好超过1.7米，所以，钢管可以放在箱子里。

20. 该要哪块银板

将两块银板放在天平上称一下，因为银板厚薄相同、质地均匀，所以重量大的那块面积就比较大。

21. 让球自己回来

小明将手中的球用力向垂直上方抛去，由于受到重力作用的影响，球会自己回到小明的手中。

22. 巧制道具

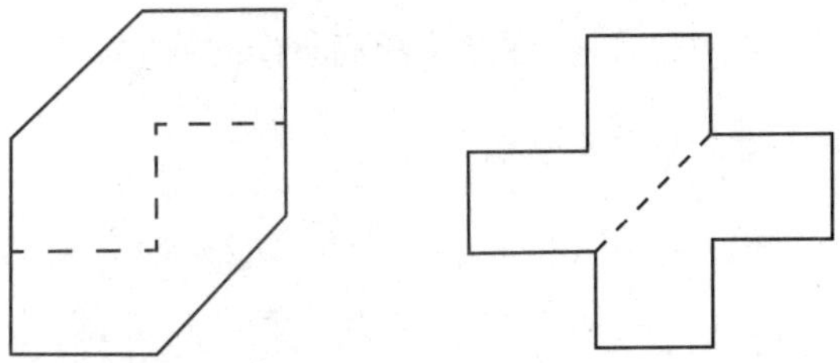

23. 巧取皮球

林林可以装出拿球的样子围着柳树跑，这样狗也会跟着林林跑，等狗的链子一圈圈缠在柳树上时，林林就可以拿到球了。拿到球后，林林可以再按反方向围着柳树跑，使狗的链子绕开。

24. 巧寄回信

明明在信件上写上“查无此人”，然后又将信投到了邮局里。

25. 小兔子分草莓

猫头鹰先让小兔子甲将草莓分成相同的两份，然后让兔子乙先挑了一份，剩下的一份归甲所有。甲将草莓分成两等份，在它看来，这两份必然是相等的，所以无论给它哪一份，它都是可以接受的。乙在选择草莓的时候，必然会选择它认为比较多的那份。这样两只兔子都感到很满意。

26. 巧称体重

第一步：称出三个人共同的体重；第二步，称出龙龙和壮壮共同的体重。用三个人的体重减去龙龙和壮壮的体重，剩下的就是达达的体重；第三步：称出龙龙和达达共同的体重。用两人共同的体重减去达达的体重，就是龙龙的体重。再用三人共同的体重减去达达和龙龙的体重，就是壮壮的体重。

27. 机智反驳

将军说：“如果我正直，就不会被神遗弃，如果我不正直就不会被民众背叛，无论怎样，我都不会走投无路的。”

28. 奇怪的遗嘱

奴隶主知道如果自己死了儿子不在身边，奴隶很可能带着钱财逃跑，他立这样一份遗嘱是为了让奴隶安心保管他的财物，并把他死的消息告知给他的儿子。因为奴隶也属于奴隶主的财产，并且奴隶的所有财产都要归主人所有，所以只要他的儿子选择了奴隶，那么他也就拥有了所有的财产。

29. 究竟喝了几杯

芳芳总共喝了一杯茶，中间兑满的都是开水。

30. 奇怪的洞穴

因为他只看到走进去的足迹，没有看到走出来的足迹。

31. 如何计算灯泡的体积

爱迪生把灯泡浸在一个盛满水的容器

里，这样容器里就会漫出一些水，把这些漫出的水放在量筒里一量，就得出了灯泡的体积。

32. 巧挪硬币

如图所示，即可满足要求。把横着的最后一枚叠在横着的第一枚上。

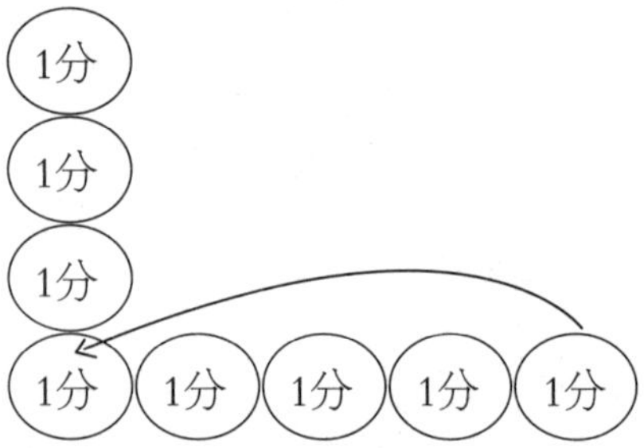

33. 笑脸归组

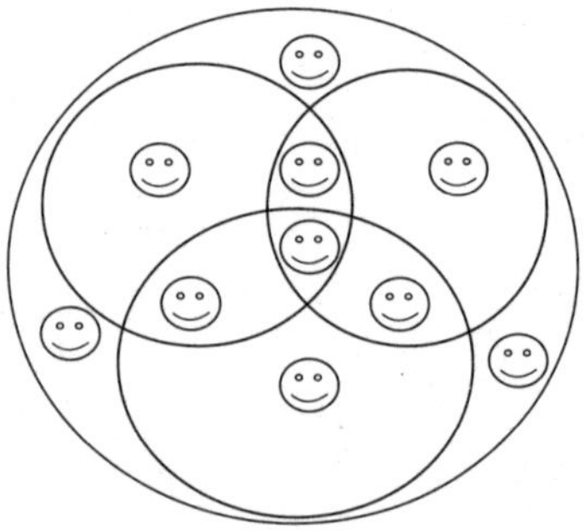

34. 杯子取水

用吸管。

35. 超高的货车

先给轮胎放点气，过去之后再充气就可以。

36. 找到糖水

把8杯水分成两份，随便取一份，每一个杯子倒出一点混在一起，尝一尝，如果有甜味，那么糖水杯在这份中，否则在另一份，然后取有糖水的那份，取其中2杯，按照上面的过程，可以确定糖水在哪一份，从而剩下两杯水，一份是糖水，一份是白开水，尝一尝就可以找出糖水了。

37. 种玉米

每个人得100元，因为他俩各包一半，所以两个人的耕种速度不影响分得的钱数。

38. 苹果不落地

在线的中间打一个活结，使结旁多出一股线来，从线套中间剪断，苹果不会落下来。

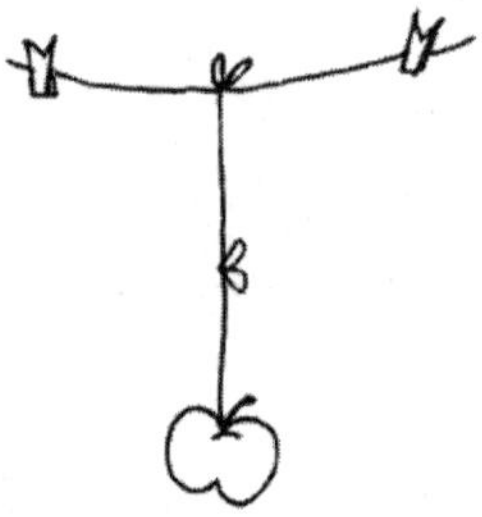

39. 分装芒果

分成60、6、6、6、6、16个分装就可以。因为5×6=30，其他都不能保证几个带6的数（数目小于等于6）相加个位是0，所以其中一个是60，那么剩下40个可以分成4个6和1个16。

40. 相连的月份

有两个答案，7月和8月，还有12月和1月。

41. 不破的鸡蛋

可以，把鸡蛋拿在超过1米的地方放手，那么鸡蛋就可以下落1米而不破。

42. 买票

8张。3张成人票，5张儿童票。

43. 熊的颜色

这只熊是白色的。其原因是：地球不是圆的，而是椭圆。根据万有引力，离地球地心越近，地球引力越大。再根据地理知识，只有在两极，熊才能在2秒钟的时间里下落20米，在其他的地方是不可能实现的。而南极没有熊，北极只有一种北极熊，当然是白色的。

44. 奇特的房子

在地球的南极或者北极。

45. 上涨的湖水

因为水涨船高绳也高的现象，所以湖水是永远都不会淹没第4个绳结的。

46. 管中取球

能。只要把塑料软管弯成圆形，两端的切口对接着，让三个白球滚进另一端的管子后，再把管口分开，这样便能取出黑球了。

47. 吃瓜子

晓晓吃瓜子的速度是小玲的1.5倍，当小玲吃到第81颗的时候，晓晓已经吃完了100颗，所以，晓晓吃了100颗。

48. 找到最大的数

是3的21次方。

49. 顽强的蚯蚓

7条，因为蚯蚓被切成两段之后不会死亡。

50. 剩余的蜡烛

这个问题需要分情况讨论，在蜡烛没有燃烧完的时候，结果是10支，如果那6支烧完之后，剩余4支蜡烛。

51. 全家福的位置

照片上从左至右：梦想、妈妈、爸爸、姐姐。

52. 夺取钻石的办法

梅琳用手抓着地毯，卷动地毯，就可以把钻石带过来。

53. 奇妙的年份

2002。

54. 奇怪的数字

是用汉字写出的“四十三”。

55. 牛羊一样多

牛羊各有9只。

56. 错误结论

C。红黑相对，蓝绿相对，黄白相对。

57. 钱少了吗

因为儿子把信封拿反了，应该是86元。

58. 新手司机

把其他三个轮胎上的螺丝各卸一个下来，装好备胎，慢慢开就可以坚持到最近的修理厂了。

59. 屋里的灯

三盏的情况：先开一盏，足够长时间后关了，开另一盏，进屋看，亮的为后来开的，摸起来热的为先开的，剩下的一盏也就确定了。

四盏的情况：设四个开关为ABCD，先开AB，足够长时间后关B开C，然后进屋，又热又亮为A，只热不亮为B，只亮不热为C，不亮不热为D。

60. 火柴等式

247−217=30。

61. 聪明小公主

把牛皮剪成细条，这样可以圈出很大的一块地。

62. 海拔比高

降落到海拔2000米以上的机场就可以了。

63. 洞洞的数量

32个。

64. 隐含的规律

每组数字的音调相同。

第六章

条分缕析——分析能力

1. 青蛙爬石头

一只青蛙从一块石头的底部向顶部爬。它每跳一次向上爬3米，但每次向上爬之前都会向下落2米，这块石头有10米高，问这个青蛙跳多少次才能爬上去？

2. 鸡蛋站队

玲玲的妈妈买了10个鸡蛋，要玲玲给这10个鸡蛋排排队。要求10个鸡蛋排成5排，每排要有4个鸡蛋，如果你是玲玲，你会怎么排呢？

3. 几何分割

下图是一个经典的图形分割题。你能不能将这个图形分割成四等份，且每一份的形状都与整个图形形状相同？

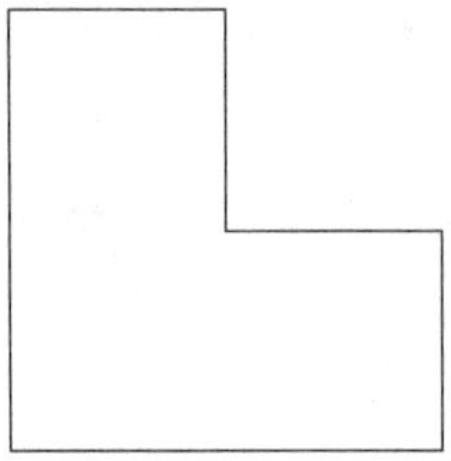

4. 经过多少次

从2点整到3点整，时钟上的秒针要经过12点多少次？

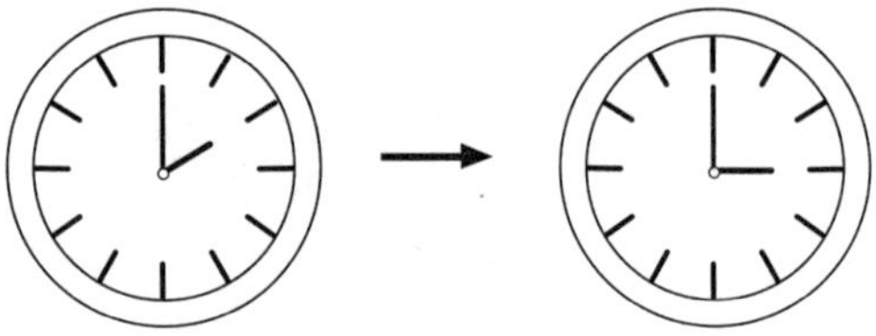

5. 杀不死的鱼

有一位神枪手和一位朋友一起去河边钓鱼。朋友钓了两个多小时，可是一条鱼也没有钓上来。神枪手很着急，他看见清澈的河水里有几条鱼儿正游来游去，于是掏出枪，对着河里的鱼"啪啪"地连开了好几枪。可是奇怪的是，他竟然连一条也没有打中，你知道是怎么回事吗？

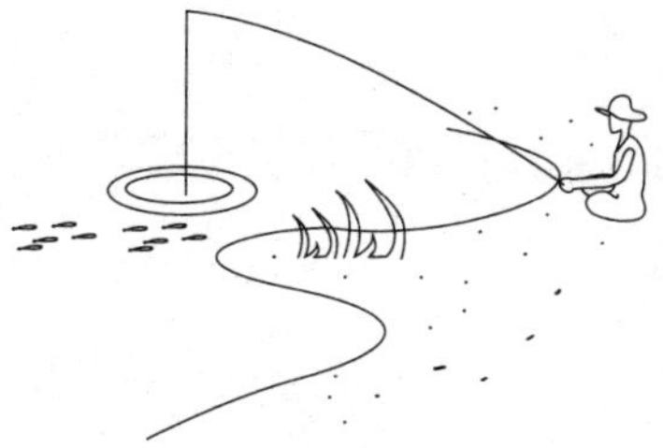

6. 多少人锄草

一个地主家里有两块草地，他想把这两块草地铲除，于是雇了一批工人来锄草。已知大的草地比小的草地大一倍，上午所有的人都在大草地上锄草，下午有一半的人留在大草地，另一半的人去了小草地。到傍晚的时候，大草地的草都锄完了，小草地还剩下一块，剩下的一块正好够一个人再除一天。问地主雇了多少人来锄草？

7. 少了一块的土地

一个地主拍卖一块长方形的土地，这块土地东西100米，南北也是100米。后来这块土地被另一个地主买走了，可是他一丈量才发现这块地只有5000平方米。为什么土地的面积会少了一半，你知道其中的原因吗？

8. 分珠宝

一个珠宝商人从贫穷的农村回来，他见到了自己的老朋友，于是跟他说："我刚刚带了50颗珍珠去农村，我遇到了10个农民，然后我把自己的珍珠全送给他们了，不过我不是平分给他们的，而是根据他们的贫穷程度，每个人给了不一样的珍珠数。"商人的好朋友听了这番话之后很生气："别骗人了，你根本没有这么做，你真虚伪。"

请你想一想，为什么珠宝商的朋友会这么回答呢？

9. 该分多少钱

有三位夫人共同租住了一套房子，这所房子的房间和院子都很脏，需要人打扫。本来应该是三个人共同打扫，但由于其中一位夫人怀了孕，只好由剩下的两位夫人打扫。其中，甲夫人打扫了5天，乙夫人打扫了4天，就将整所房子全部打扫干净了。丙夫人虽然没有打扫，因她也有义务维护房屋卫生，所以她出了90块钱顶了她的劳动。请问如果按照劳动量来分，这90块钱该怎样分给两位夫人呢？

10. 何时放满水

有一个浴缸，当打开凉水水龙头时，浴缸放满水需要6分40秒；如果打开热水水龙头，浴缸放满水需要8分钟；如果拔掉塞子，放完水需要13分20秒。现在问题是：如果拔掉塞子，同时打开热水和凉水的水龙头，那么浴缸里的水需要多长时间才能放满。

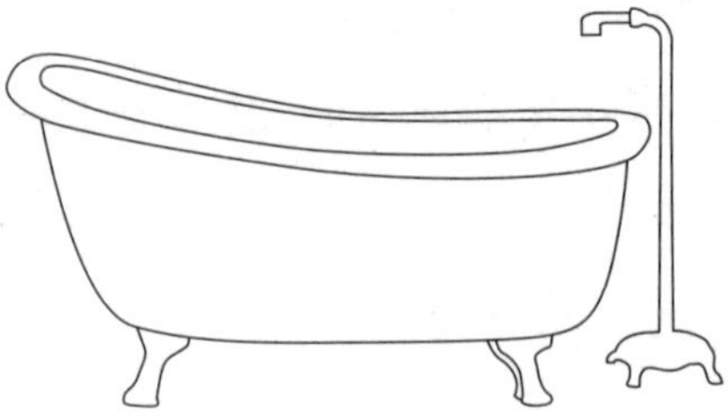

11. 分糖果

周周、萌萌和丹丹是同班同学。这天他们一起去丹丹家里做客，丹丹的妈妈拿出了一盘糖果来招待他们，并告诉他们三个人糖果要平分，谁也不许多吃。糖果端出来的时候，三个人正在院子里玩捉迷藏。周周先回到了屋里，发现了桌子上的糖，他吃了属于自己的那一份，然后又出去了；萌萌也回来了，看到桌子上的糖，他也吃了自认为属于自己的那一份，吃完之后就出去了；丹丹也回来了，她也吃了自认为属于自己的那一份，吃完后就出去了。丹丹的妈妈回来收盘子时发现，盘子里还有8颗糖。你知道桌子上原来有多少颗糖吗？

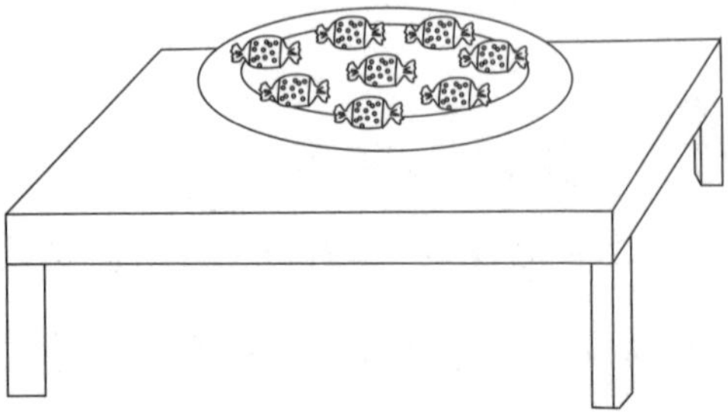

12. 现在多少岁

米兰娜的邻居问米兰娜：“夫人，您今年多大年龄了？”米兰娜回答：“噢，先生，您难道不知道问女士年龄是不礼貌的吗？不过作为邻居，我还是告诉你吧。五年前，我的年龄是我女儿露西的5倍，现在我的年龄只是她的3倍。”通过这些信息，你能判断出米兰娜夫人和她女儿露西的年龄吗？

13. 该去哪个公司

龙龙今年大学毕业，他同时接到了两个公司的职位邀请。A公司聘请他做公司的区域代理，薪资为年薪100万元，每年提薪一次加20万元；B公司聘请他做销售总监，半年薪为50万元，每半年提薪一次加5万元。龙龙想去一家薪资比较高的公司，你来帮他选择一下吧！

14. 一共有多少人

有个班的同学在玩游戏，大家围成一个圆圈，从小梦开始沿逆时针顺序报数，报到第7个时正好报到小朵。小朵和小梦正好坐对面。由此你能判断出这个班有多少人吗？

15. 如何安排

冬冬的妈妈邀请了一位客人来家里做客。妈妈安排冬冬给客人烧水沏茶。洗开水壶并冲水要两分钟，烧开水要用12分钟，洗茶壶要用2分钟，洗茶杯要用3分钟，拿茶叶要用2分钟。冬冬估算了一下，要完成所有的工作需要21分钟。为了让客人能够尽早喝到茶水，冬冬应该怎样合理地安排时间呢？

16. 乘号变加号

小松鼠的爸爸给小松鼠出了一道数学题。爸爸问："1+2+3+4+5+6+7+8+9等于多少呢？"小松鼠算了算说："等于45。"爸爸接着问："那现在要你把其中的一个加号变成乘号，让最后的结果等于100，该怎么变呢？"小松鼠挠了挠头，不知道该怎么变，你快来帮帮它吧！

1+2+3+4+5+6+7+8+9=100

17. 梦中的命案

有个富翁家里有两个孩子，一个女儿是姐姐，一个儿子是弟弟。弟弟在夜里突然死去了，他身上没有任何伤口，并且完全没有中毒的迹象。警察开始调查死者的家属，在调查到死者姐姐的时候，姐姐说道："弟弟胆子很小，一点也受不了惊吓，昨天夜里弟弟又做了个可怕的噩梦，梦见恶毒的歹徒冲入皇宫，将剑刺入他的心脏。弟弟受到这个惊吓，在梦中就死去了。”警察听了姐姐的话，立刻将她逮捕了，你知道这是为什么吗？

18. 怎样拿到钥匙

李东对张南讲，他昨天刚出差到广州，晚上给家里打电话时妻子问他是不是把家里信箱钥匙带走了，他一找，果然是的。今天他赶紧把钥匙放在信封里寄了回去。张南一听，骂李东是笨蛋。你说这是为什么呢？

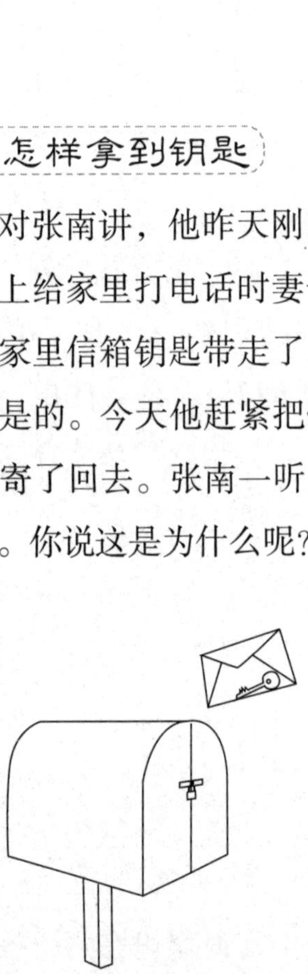

19. 小朋友分糖

一个幼儿园的老师拿出了一包糖，准备分给班里的小朋友们吃，如果一人分一块的话，便会多出一块，如果一人分两块，又会少两块，你知道这个班里究竟最少有几个小朋友，几块糖吗？

20. 征收过路税

某个地方有这样一个规定：商人带着商品每经过一个关口，就要被没收一半的钱币，再退还一个。有一个商人，在经过10个关口之后，只剩下2个钱币了，你知道这个商人最初共有多少个钱币吗？

21. 斜塔不斜

有一天，一位旅行者到了意大利，打算参观一下著名的比萨斜塔。可是他到了那里，却发现此塔一点都不斜，笔直地站在那里。当时，这位旅行者很震惊，他环顾四周，没有看到修复的痕迹，而他也确定自己看到的不是赝品。那你知道这究竟是怎么回事吗？

22. 哪枚炸弹先着地

一架飞机在天空中飞行，它分别向前、向后和垂直向下丢了一枚炸弹，那你知道哪一枚炸弹会先着地吗？

23. 真相大白

小张向小李借了一笔巨款买了一栋楼房，可是时间已经过去一年多了，小张还是没有要还小李钱的意思。小李很生气，他来到小张的新楼房前按响了门铃。小张和小李因为还款的事发生口角，没过多久就动手打了起来。小李用两只手狠狠掐住了小张的脖子，小张在慌乱之中摸到一个锤子砸向了小李的头，小李随即倒地身亡。

杀死小李后，小张将现场进行了仔细的清理，他把小李的尸体拖到后院掩埋了起来，然后把屋里的血迹清洗干净，沙发、地板、水杯，任何小李可能碰过的地方，小张都经过了仔细擦拭，不留下一个指纹。后来，小李的尸体还是被发现了，但是由于没有充足的线索，这宗案子就成了一件悬案。后来经过多方了解，警方将小张锁定为犯罪嫌疑人。经过一番仔细考察，最后警方在小张家里搜寻到小李唯一的一个指纹，从而确定小李是被小张杀死的。你知道警方是在哪里找到的指纹吗？

24. 结果会怎样

如果我们从地球的北极打一个洞一直通到南极，然后把一个很重的球放在洞口，让它自由下落，如果忽视摩擦力和空气阻力，这个球会出现什么样的现象？

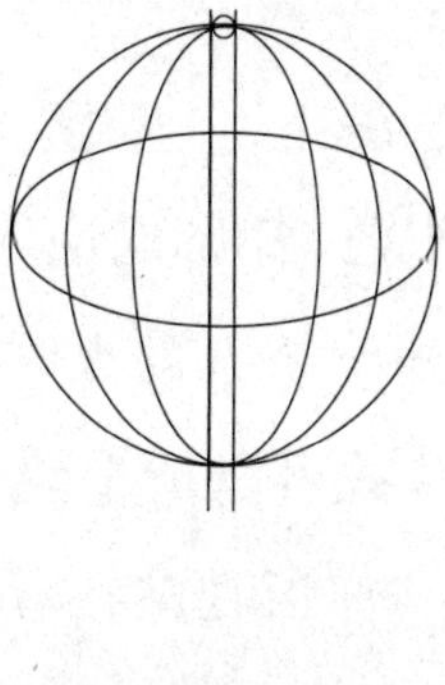

25. 小猫吃饼干

明明家的一只小猫特别喜欢吃饼干，只用了五天就吃掉了100块饼干。已知在这5天里，它每天比前一天多吃6块饼干，那么，你知道这只小猫第一天吃掉了多少块饼干吗？

26. 黄金的纯度

24k的黄金，指的是纯度为100%的纯金，12k的黄金指的是纯度为50%的黄金，18k的纯度为75%。当你在珠宝店买金质品的时候，你会发现上面的纯度记号为：375表示9k，583表示14k，750表示18k。由此推断，你知道946表示多少k吗？

27. 巧识伪证

一个法庭上，一位证人正在为一宗谋杀案作证。律师问证人："你确定被告就是开枪杀人的人吗？"证人回答："是的，我可以把手放在《圣经》上发誓。""你当时站在草堆后面，而被告站在大树下。也就是你所处的位置是在东面，而被告人是在西边，对吧？"律师继续追问道。"是的！"证人回答。"你确定不是从衣着或身材上确认凶手的吗？""我确定，我看到了他的脸，因为那时候月光正好照在他的脸上，他的脸上充满杀气，拿枪的手还在不停地颤抖。""那你能说出具体的时间吗？""当然可以，我回屋后，闹钟刚好响起，时间是10月18日深夜11点。"听到这里，律师对听众和法官说："各位法官和陪审员，我敢保证这位证人是个彻头彻尾的骗子。"你知道律师为什么要这么说吗？

28. 丢失的借据

李明借给张芳2000元钱，但是不幸的是，后来李明将借据丢失了，眼看还款的日期就快到了，他翻遍了家里所有的角落，还是没有发现借据的踪影。后来李明找到了自己的好朋友晓晓，问他有没有什么好方法。晓晓问："借钱的时候有第三人在场吗？"李明回答："没有。""借期为多长时间？"晓晓接着问。"借期一年。”晓晓沉思了片刻，说：“我有办法了。”李明按照晓晓的方法去做，果然得到了借款的新证据。你知道晓晓用了什么方法吗？

29. 到底多少钱

从前，有个外出做买卖的小商人，因为生意繁忙不能按时回家过年，就托朋友往家里捎了100两银子和一封家信。这位朋友不怀好意，他半路偷偷拆开了家信，见里面一个字也没有，只画着八只八哥和四只斑鸠。于是，这位朋友偷偷地拿出了50两银子，将剩下的50两给了小商人的妻子。商人的妻子看完信之后，疑惑地问这位朋友：“我的丈夫明明捎回来100两银子，为什么现在只有50两呢？”朋友不好意思地把剩下的银子交了出来。你知道商人的妻子是怎么知道商人给他捎了多少钱的？

30. 变小的窗框

小李跟着一位著名的老木匠学木工，经过三年的勤奋学习之后，小李的技术已经非常纯熟了。为了不让小李骄傲自大，老木匠给小李出了一道难题。他让小李做了一个长方形的木窗框，然后对他说：“这个窗框太大了，你要让它面积变小，同时又不能裁剪窗框，也不能把窗子遮住半边。”小李想了半天也没有想出办法来，最后，老木匠只简单地改造了几下，就把窗框变小了，你知道老木匠是怎么做到的吗？

31. 奇怪的雪花

在18世纪的圣彼得堡，曾经发生过一件很怪的事情。那是1773年的一个寒冬，室外的温度非常低。圣彼得堡的一个舞厅里正在举行一场盛大的宴会，舞厅里点燃了上千只蜡烛。由于屋里人多，空气也浑浊，有人居然晕倒了，大家赶快打开了窗子透透气。结果，窗子一打开，屋里竟然下起了纷纷扬扬的雪花，可是看看窗外，外面并没有下雪。你知道舞厅里的雪花是怎么来的吗？

32. 没有把手的短刀

一天早上，在一家公园里发生了一起离奇的案件。一位年轻的女子在公园里的一块空地上被刺身亡。她的左胸上插着一把没有刀把的短刀。由现场留下的印记来看，死者被刺后没走几步就气绝身亡了。

女子遇害时天刚刚下过雨，地面上仍然是湿漉漉的。可是，令人感到奇怪的是，以尸体为圆心的25米范围内，只有被害人留下的鞋印，却不见凶手的痕迹。并且，警察搜查了四周都未发现短刀的刀鞘。经过分析，警察排除了自杀的可能性。后来一位警长注意到短刀没有刀把时才恍然大悟，识破了凶手的作案手段。你能猜到凶手用的什么方法吗？

33. 玩具泰迪熊

下图中的3个人在最近的教堂节日期间共同投资经营一家泰迪玩具熊店。在开业的当天上午，他们先将相同数量的玩具以10元出售，下午的时候，他们更改了玩具熊的数量，但仍以10元出售。有趣的是，一天结束的时候，他们虽然卖了不同数量的玩具熊，但是赚的钱数却相同。那么，你能知道这是怎么回事吗？

34. 水果店

五个小孩躲雨进了一家水果店。根据所给的信息，你能否说出她们的名字、她们分别买了什么水果、买了几个，以及她们穿着什么颜色的雨衣？

（1）奥利穿着一件黑色雨衣，买了4个水果。

（2）穿蓝色雨衣的小孩（不是恩娜）买了12个水果。

（3）瑞莎比穿黄色雨衣的小孩多买两个水果。

（4）有一个小孩买了6个苹果。

（5）买梨的不是奥利，也不是穿黄色或者白色雨衣的小孩。

（6）穿紫色雨衣的小孩买的是香蕉。

（7）雅尼买了10个水果，但不是木瓜。

（8）有一个小孩买了8个荔枝。

（9）有个小孩叫格纳。

	木瓜	荔枝	苹果	梨	香蕉	12	10	8	6	4	黄色	白色	紫色	蓝色	黑色
雅尼															
恩娜															
瑞莎															
格纳															
奥利															
黑色															
蓝色															
紫色															
白色															
黄色															
4															
6															
8															
10															
12															

35. 潜泳高手

有一天汤军收到一封来自国外的E-mail，来信的是他的朋友朱瑾，信的内容是这样的：“今天是我来到以色列的第5天，我去了它和约旦接壤的国界附近，在那里的湖中痛快地游了一次泳。以前，你们一直嘲笑我是一个旱鸭子，可我这一次的表现实在是太棒了！我发现游泳真的是一种享受。我既能够游自由泳，也能够游仰泳。当我伸展四肢浮在水面上仰望蓝天、白云时，我简直像进了天堂。我甚至还吸了一口气潜入水下。事后我才知道我的下潜深度已经达到海平面下390米，而我竟然没有使用任何潜水工具。说了这么多，你一定认为我是在撒谎，但我说的是千真万确的，只不过游泳之后皮肤感到很粗糙……”看了上面的这封信，汤军一直觉得他的朋友是在吹牛。那么她是在吹牛吗？可信度到底有多少？

36. 找到化学溶液

两个杯里分别装有一种无色、无味、不能相互混合并且比重不同的液体，其中一种液体是水，另外一种是某种你需要的化学溶液。现在你把它们弄混了，请问：用什么方法才能把水辨别出来（不能亲自去尝，因为有化学试剂）？

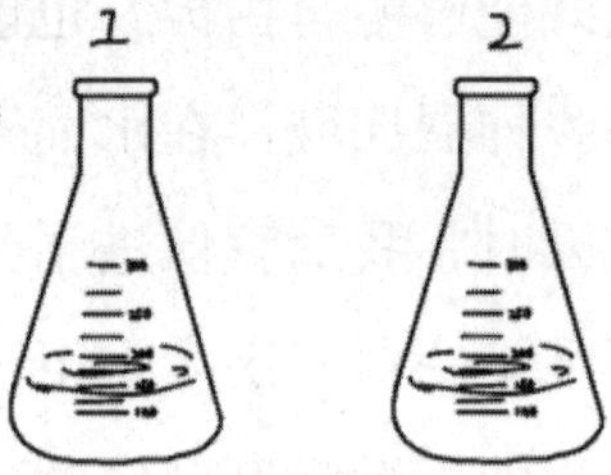

37. 珍贵的银币

大周是个银币收藏家，有一天经过古玩店，他看到一个刻着公元前12年的银币，价钱也很合理，但为何他没有买回家呢？

38. 应该听谁的

小兵在一件事情上拿不定主意，所以就求助自己的两个朋友小斌和小彬，小斌说：“我给你的建议，大概有60%的可能性是正确的。”而小彬说：“我给你的建议，应该只有20%的可能性是正确的。”如果你是小兵，你应该使用谁的建议呢？为什么？

39. 合租的家庭

有三户人家合租了一个复式楼。这三户人家都是三口之家，家庭成员是丈夫、妻子和孩子。他们的名字已经在下表中列出来了：

丈夫老李、老王、老张

妻子丁香、李平、韩丽

孩子娜娜、丹丹、小虎

现在只知道老李和李平家的孩子参加了学校的女子篮球队训练；老王的女儿不叫丹丹；老张和韩丽不是一家的。你能根据上面的条件说出这三家的家庭成员分别是哪些人吗？

40. 该谁牺牲

一家著名的报纸举办智力竞赛，题目是：三个同样重要的领导搭乘同一个热气球，突然，气球遇到风暴，要把其中一人推下去，才能确保另外两人的安全，应该牺牲哪一位？就像皇帝的新衣一样，最后得到头奖的却是一个回答最简单的12岁小孩。你知道应该牺牲谁吗？

41. 雪夜失窃案

雪夜，有一个小偷偷走了公司保险柜的现款。那天晚上下了冬天的第一场雪，雪的厚度达到了30厘米。第二天接到报案到来的警察开始调查这起失窃案，首先第一位值得怀疑的人是住在公司附近的单身男子，因此警察就到男子的家中询问：“昨天夜晚你在哪里？”

“我两天前就出门到外地去了，今天早上刚到家。”单身男子回答道。

但是警察只从外面看了看他的房子，就断然对这人说道：“你在撒谎！”那么警察为何这么认为呢？

42. 男孩还是女孩

有一个大家庭，父母共养有A、B、C、D、E、F、G七个子女，这七个孩子的情况是这样的：

A有三个妹妹；B有一个哥哥；C是老三，她有两个妹妹；D有两个弟弟；E管前面两个叫姐姐；F有个弟弟。

从以上情况，你知道这七个孩子中谁是女孩，谁是男孩吗？

43. 找到罪犯

一名警察在大街抓住A、B、C、D四名抢劫案的嫌疑人，下面是他们的答话：

A说：“是B干的。”

B说：“是D干的。”

C说：“不是我干的。”

D说：“B在说谎话。”

事实是，这四名犯人中只有一人说的是真话，你知道谁是罪犯吗？

44. 烤饼

用小平底锅烤饼(每次最多只能同时烤两个)，每个饼的正反面都要烤，而每烤一面需要半分钟。请问怎样在一分半钟内烤好三个饼？

45. 会计的谎话

这天晚上，一家商店的财会室突然起火。虽然值班会计奋力扑救，但仍有部分账册被大火烧毁。警官向浑身湿透的值班会计询问案情。

会计说：“之前我就发现室内的电线爆出火花。今天，我将全部账册翻出来，堆在外面，准备另换一个安全的地方。不料电线漏电失火，引燃账册，酿成火灾。幸亏我及时泼水扑灭，才未酿成大祸。”

“那么你确定是因为电线漏电失火的吗？”警官追问。

“当然确定，我们这里不允许抽烟的，又没有能引燃其他物品的电器。对了，我刚才救火的时候还闻到了电线漏电被烧后发出的臭味。”会计肯定地说。

“够了！你别再演戏了，赶快招供吧！”警官愤怒地说道。请问这到底是怎么回事？

46. 找到绑匪

某富翁的儿子被绑架。绑匪开口要20万赎金，地址是邻市的，收件人姓名也有，要求第二天上午在家附近的邮局邮寄。富翁报警后，便衣警察马上前往邻市调查，发现地址是真的，但收件人却是假的。难道绑匪不要赎金了吗？忽然，便衣警察想到了绑匪是谁。

第二天，警察抓到了绑架犯，成功地解救了富翁的儿子。你知道绑匪是谁吗？

47. 失窃的硬币

已经很晚了，突然，五星级大酒店的大厅里传来了打碎玻璃的声音，接着警报声响了。

大厅的展橱里面陈列着一些珍贵的硬币、邮票、照片等，还有第一位尊贵客人的签名。夜班经理和员工很快赶到，发现展柜附近只有三个客人。经理坚决而有礼貌地请求这三个客人在此等候，直到警察来到。

经理对警察说：“坐在扶手椅上看书的是爱娜女士，我们要求她待在这里时，她很合作，坐下后就从包里面拿出一本书来看；海波先生说他刚从外面回来，留住他后，他在旁边投币给妻子打了个电话，我在旁边听到他说让妻子等一会儿，让她不要着急。”

经理又指着一个穿着很休闲的男人说："李可先生刚从宾馆酒吧出来，在这里游逛。"

警察说："我已经知道是谁干的了，有一个嫌疑人行为反常，我们可以把他带走。"

48. 夹在书里的证据

在一次行贿案件的审理中，当证人出庭作证时说，当时自己把一张很重要的收据夹在了书里，而且他清楚地记得，自己将其夹在了127页与128页之间，法官当场就说："你完全是在撒谎！"请问，法官为什么这么肯定？

49. 作案的保管员

一天仓库被盗，经过侦查，最后发现是仓库保管员甲、乙、丙、丁四人中的两个人作的案（只有到过仓库的人才是罪犯）。在案发时间段里，找到的真实线索有：

(1) 乙和丁不会同时去仓库。

(2) 丙若去仓库，丁必一同去。

(3) 甲乙两个人中有且只有一个人去过仓库。

(4) 丁若没有去仓库，则甲也没有去。

请你判断是哪两个人作的案？

50. a的嫌疑能否洗除

宋警官将一份案件的卷宗放在上司的桌上，"警长，昨夜12时，奥德大商厦被窃去大量贵重物品，罪犯携赃驾车离去。现已捕获了a、b、c三名嫌疑犯，请指示！”

警长翻开了案卷，只见纸上写着：

事实1：除a、b、c三人外，已确证本案与其他任何人都没有牵连。

事实2：c假如没有a做帮凶，就不会作案。

事实3：b不会开车。

请证实a是否犯了盗窃罪？

警长看后哈哈大笑，三言两语就把助手的疑问给解决了。请问警长是怎样判案的呢？

51. 聪明的侦探

半夜2点多了，侦探高力煮了一杯咖啡，刚要喝，电话响了。他问道：“哪里？”

“我是佳辰公寓。侦探先生，我们这里发生了一起抢劫案！”

“我马上到！”高力挂了电话赶往出事地点。公寓门口，打电话的人正在等候，“我是这里的夜间值班人。一刻钟前，这里突然断电，我刚要去察看原因，一伙人冲了进来，我忙躲到室内。他们直奔外出不在家的卡玛先生的房间，撬开保险柜，偷走了100万元和‘金狮’牌金表……”

“这些罪犯有何特征？”

“一共5个人，为首的是一个高个子，左脸上有道痕。”

“你真的看清楚了？”

“是的，因为他手里拿了一个手电筒，手电光从门缝射进时，我借着光一眼就注意到了。”高力冷冷一笑，“你说谎的本领并不高明！收起你这贼喊捉贼的鬼把戏吧！”

侦探为何这样说呢？

52. 聪明的女警

某个夏天，户外温度高达37度。火车站台上，一列空调快车刚刚到达，人群拥挤，月台上显得有些混乱。女侦探佳琪站在人群中，突然身后有人叫她："佳琪小姐，你要去旅行吗？"

佳琪回头一看，喊自己的正是自己正在调查的嫌疑人梅莎。"不，我是来接人的。"佳琪回答。

"这么巧，我也是来接人。"梅莎说着随手从包里掏出一块巧克力，一分两半，把其中的一半递给佳琪，"饿了吧！吃点巧克力吧！"佳琪很爱吃巧克力，就不客气地接过来放到嘴里。吃了很久，突然想到了什么，厉声对梅莎说："你为何要骗我？你明明刚下火车，为什么要说你是来接人的？"

梅莎被她这么一问，脸色也变了，但她仍想抵赖，反问："你怎么知道我刚下火车，你看见的？"

"不，我没看见，但我知道你在说谎！"佳琪神色坚定地说。佳琪为什么这么说？你能猜出来吗？

53. 巧妙的谈话

稽查长李建和小何来到一座公寓门前。开门的正是安安。

她将两人让进屋说："两位先生有何贵干？"

"您认识大牛吗？"

"大牛？我从未听过。"

"大牛在拘留所里，他说认识您。"

安安很镇定地说道："我不认识他。"

李建指着她说："大牛从银行抢走了19万。警察在抢劫案发生24小时之后，已将他抓获，他说将钱给了一个人。"

"我对抢劫案也不感兴趣！"

"那为什么大牛说将钱给你了呢？"小何说。

安安跳了起来，"我要控告你们！"

“大牛究竟什么时候把钱给了你，你将钱藏在什么地方了？”

安安气得大叫道：“我要说多少遍，我根本就不认识什么王大牛！”

“你真不认识？”

“对，不认识！”

李建生气地从口袋里抽出一张逮捕令，说道：“你被逮捕了。很遗憾，太太，你刚才犯了个错误。”

请问，安安犯了什么错误？

54. 空白的遗嘱

科学家威廉和画家伯爵是一对盲友。威廉病危时曾请伯爵来做公证人立下一份遗嘱，把他一生积蓄里的一半财产捐给残疾人福利机构。威廉让他的妻子拿来笔和纸，以及个人签章。他在床头摸索着写好遗嘱，装进信封里亲手密封好，郑重地交给伯爵。伯爵接过遗嘱，立即专程送到银行保险箱里保存起来。

一星期后，威廉死于癌症。在威廉的葬礼上，伯爵拿出这份遗嘱交给残疾人福利机构的代表手中。但当代表从信封中拿出遗嘱时，发现里面竟然是一张白纸。

伯爵根本无法相信，威廉亲手密封、自己亲手接过并且由银行保管的遗嘱会变成一张白纸！这时来参加葬礼的尼克探长却坚持认定遗嘱有效。众人都疑惑不解地看着尼克探长期待着他的解释。你认为探长会怎么解释？

55. 高明的反制

小偷小曾和往常一样，很顺利地将电车里三名乘客的钱包偷走了。他先偷了一位穿迷你裙的小姐的钱包，接着他偷了一位身着西装的中年男子的钱包，最后他掏了一位中年妇女的口袋。

小曾下了车，连忙跑进旁边的厕所高兴地检查起自己的“战利品”。那位小姐的包里有100元左右，中年男子的包里有200元左右，中年妇女的包里只有可怜的50元左右。

“都是穷光蛋。”正当小曾感到不悦而皱眉头时，他发现和这三个偷来的钱包放在一起的自己的钱包不见了，那里装着2000多元呢。

不仅如此，他的口袋里还有一张纸条，上面写着：“在偷别人东西之前，最好先注意自己的口袋。”“天哪！还有比我手段高明的贼。”小曾愤恨地说。

这三个人中，到底谁偷了小曾的钱包呢？

56. 天使、魔鬼和常人

有三位大美女，其实是“天使”“魔鬼”和“常人”三姐妹。天使总是说真话，魔鬼总是说假话，常人有时说真话，有时说假话。

黑发美女说：“我不是天使。”

茶发美女说：“我不是常人。”

金发美女说：“我不是魔鬼。”

三位美女的身份是怎样的呢？

57. 料事如神

每一次当冬冬假装睡着，哥哥便说：“喂！你又在装睡了。我的第六感多发达！我可料事如神呢！”由于正确率达百分之一百，使得冬冬大吃一惊，他的哥哥难道具有某种神奇能力吗？

58. 奇特的赛果

A、B、C、D四个孩子在操场上赛跑，一共赛了四次。其中A比B快的有三次，B比C快的也有三次，C比D快的也是三次。或许大家会想到D一定是最慢。可事实上，在这四次中，D也比A快三次。这是怎样一种情况呢？

59. 划拳

在印度尼西亚流行划拳游戏。不过他们是用大拇指、食指、小拇指来分别表示人、蚂蚁、大象的（相当于石头、剪刀、布的关系）。当两人伸出相同的手指就算平局，因此经常决定不了胜负。

有一天A对B说："让我们只伸出'人'和'蚂蚁'吧，如果咱俩同时伸出'人'，就算我胜；如果同时伸出的是'蚂蚁'，就算你胜。这样很公平，而且很痛快，一次就定局了。"

如果B同意这样赛法，那么比赛5次的话，A能胜几次？

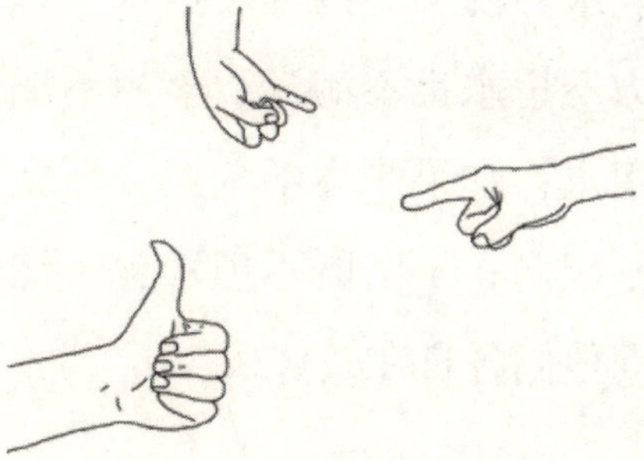

60. 到底星期几

最近公司加班，大家忙昏了，竟在争论今天是星期几。

A：今天是星期三

B：后天是星期三。

C：不对，明天是星期三。

D：都不对，今天不是星期一，也不是星期二，更不是星期三。

E：我想昨天是星期四。

F：你弄错了，明天是星期四。

G：不管怎么说，反正昨天不是星期六。

实际上，这七个人当中只有一个人讲对了。

请问：今天究竟是星期几？

61. 野炊任务

四位好朋友相约去野炊，四位分别烧水、洗菜、淘米、担水。现知：张力不担水也不淘米；李静不洗菜也不担水；如果张力不洗菜，那么刘涛就不担水；王浩既不担水也不淘米。请问他们各自在做什么？

62. 古怪的顾客

一位游客到一个小镇旅游，某一天他想去理发，可发现镇上只有两位理发师，每人各有自己的理发店。于是他去了一家理发店，一眼就看出这家店非常脏，理发师本人衣着不整，头发凌乱。顾客犹豫了一下，再到另一家理发店，这家店店面崭新，理发师的胡子刚刮过，头发修剪得也非常好。探长稍作思考，便返回了第一家理发店。你猜这是为什么呢？

63. 孙教授的时间难题

下个星期孙教授的活动安排是：参观博物馆；去税务所；去医院看外科；还要去餐馆午餐。餐馆是在星期三停止营业；税务所是星期六休息；博物馆周一、三、五开放；外科大夫每逢周二、五、六坐诊。那么，孙教授在星期几才能一天之内完成所有事情呢？

64. 怎么脱身

杰克是特工部门的超级间谍，为了搜集一份特别重要的情报，他带着照相机和闪光灯伪装成一名记者混入了某国举行的一个外交集会。就在杰克不停拍照的时候，一名某国特工走到他的面前，“这位记者先生，我能看看你的证件吗？”

“可以，你请过目。”杰克把记者证递了过去。

特工仔细看过之后突然大声说道：“你的记者身份是假的，赶快亮出你的真实身份吧。”那位特工一边说，一边把手伸进衣袋里取枪。杰克意识到必须马上逃走，但他又想到，如果此刻逃跑，对方一旦拿出手枪，自己就会被击中毙命。杰克急中生智，想出了一个争取时间的巧妙办法，终于脱险，逃之夭夭。那么你猜是什么方法呢？

65. 如何赢得比赛

一次篮球比赛中，一组的甲队与乙队正在进行一场关键性的比赛。对甲队来讲，需要赢乙队6分，才可以在小组出线。可是目前离终场只有6秒钟了，但甲队只赢了2分。要在6秒钟内再赢乙队4分，根本就是不可能的了。这时，假如你是教练，你肯定不甘心失败，假如给你一次叫停的机会，你会给场上的队员想什么办法，才可能赢得乙队6分呢？

66. 谁是聪明的人

王明政、允杰和李汀三人，每个人都恰有三个非常好的特点，这些特点符合下面的要求：

（1）两个人非常理智，两个人非常英俊，两个人非常幽默，两个人非常乐观，一个人非常聪明。

（2）王明政：如果他非常乐观，那么他也非常英俊；如果他非常英俊，那么他不是非常理智。

（3）允杰：如果他非常乐观，那么他也非常理智；如果他非常理智，那么他也非常英俊。

（4）李汀：如果他非常英俊，那么他也非常幽默；如果他非常幽默，那么他不是非常乐观。

请问，他们三人中到底谁是聪明人？

67. 谁会中选

某个国家准备修建一座宏伟的建筑，并打算请一位主持设计的建筑师。于是，国王召集了全国所有有名气的建筑师，叫建筑师们自报条件候选，并推荐第二候选人做自己的助手。国王细心地倾听每个建筑师的自我介绍后，立即宣布了中选者。你觉得，中选的建筑师会是谁呢？

小故事

电话投毒

早上，露西家的电话铃响起，此时，她家里只有她一个人。

“喂，你好，请问找谁？”露西问。

“请问是露西小姐吗？”电话里传出一个中年男子的声音。

“是啊，请问什么事儿？”露西问道。

“哈哈，再过半小时你就要死了。”露西听到这里，开始不知所措起来，这时，中年男子的声音又响起来了：“千万不要报警，因为我在你家里安装了窃听器，如果你报警的话，你会死得更惨。”说完便挂了电话。

露西定了定神，赶紧跑到楼下的公用电话亭拨打了911报警。不一会儿警察赶到了，可是露西却已经中毒身亡。

这真是一件奇怪的事情，露西到底怎么中的毒呢？后来，一个警察终于将谜底揭开。原来凶手是在公用电话的键盘上下了毒，凶手故意恐吓露西不要报警，还说在她家里安了窃听器，目的就是为了让她出来用公用电话报警。

第六章　答案

1. 青蛙爬石头

（10－3）÷（3－2）=7（次），剩下的3米跳1次，即7+1=8（次）。青蛙跳8次才能爬上去。

2. 鸡蛋站队

排成五角星的形状，五个顶点和五个交叉点各排一个鸡蛋。

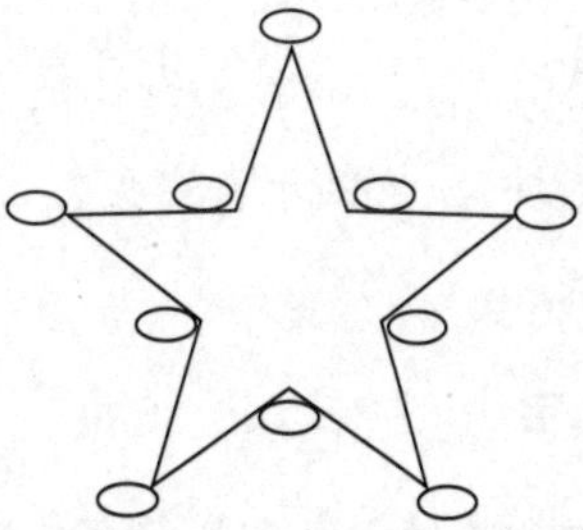

3. 几何分割

如图所示：

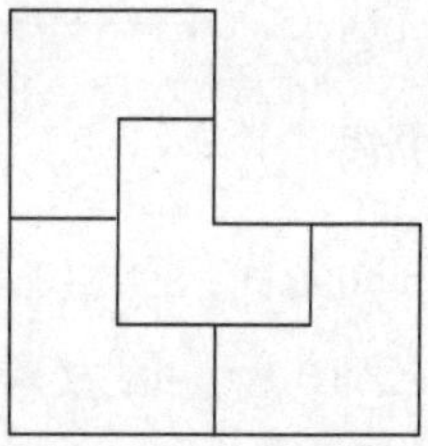

4. 经过多少次

要经过61次。

5. 杀不死的鱼

这是因为水中的光线发生折射的原因。因为光线通过空气进入水中时，在水面会发生折射，使物体偏离原方向，所以神枪手射击好多次都没有射中。

6. 多少人锄草

一共雇了8个人。根据题意，大草地上午的工作量是下午工作量的2倍。半组人的日工作效率是大草地的$\frac{2}{3}$，是小草地的$\frac{4}{3}$，那么，半组人在小草地工作半天可以完成小草地的$\frac{4}{3}\times\frac{1}{2}=\frac{2}{3}$，所以剩余的一小块小草地是小草地的$\frac{1}{3}$，恰好是一个人的日工作效率。由此推算，地主一共雇了8个人来锄草。

7. 少了一块的土地

这块地并不是正南正北朝向的正方形。东西100米和南北100米说的都是它的对角线，所以这块正方形土地的实际面积就为5000平方米。

8. 分珠宝

如果10个农民，每个人拿不同数量的珍珠，那么最少也需要55颗珍珠，而珠宝商说他只拿了50颗珍珠，由此推断他在说谎。计算方法是1+2+3+4+5+6+7+8+9+10=55。

9. 该分多少钱

并不是甲分50元钱，乙分40元钱，而应该是甲分60元，乙分30元。因为劳动时间一共为9天，按劳动量来说，应该每位夫人劳动3天。实际上，甲夫人多劳动了两天，乙夫人多劳动了一天，所以甲夫人承担了丙夫人工作的$\frac{2}{3}$，而乙夫人承担了丙夫人工作的$\frac{1}{3}$，所以按照劳动量来说，甲夫人应该得到劳动报酬的$\frac{2}{3}$，乙夫人得到报酬的$\frac{1}{3}$。

10. 何时放满水

需要五分钟的时间。解决这个问题的关键是把所用的时间都换成秒来计算。

打开凉水的水龙头，浴缸放满水需要400秒，即每秒放$\frac{1}{400}$的凉水。

打开热水水龙头，需要480秒将浴缸放满，即每秒放$\frac{1}{480}$的热水。

浴缸放完水需要800秒时间，即每秒排$\frac{1}{800}$的水。

根据以上信息，将塞子拔掉，将两个水龙头都打开，浴缸每秒的进水量为$\frac{1}{400}+\frac{1}{480}-\frac{1}{800}=\frac{1}{300}$。因此，浴缸放满水需要300秒，也就是5分钟的时间。

11. 分糖果

盘里原来有27块糖。我们可以用反向思维从剩下的8块糖算起。因为桌上剩下的8块糖是丹丹进屋时的$\frac{2}{3}$，所以说，丹丹进屋时，盘里还有12块；同理可以算出，萌萌进屋时，盘里有18块糖；而周周在进屋时，盘里的糖数应为27块。所以，桌子上原来有27块糖。

12. 现在多少岁

米兰娜夫人现在30岁，她的女儿露西今年10岁，5年前，米兰娜25岁，她的女儿5岁。

13. 该去哪个公司

龙龙应该选择B公司。

第一年薪资：A公司：100万；B公司：50+55=105万。

第二年薪资：A公司：100+20=120万；B公

司：55+5+55+10=125万。

第三年薪资：A公司：120+20=140万；B公司：65+5+65+10=145万。

通过上面的计算，可以发现，B公司每年的薪资都比A公司要高，所以，龙龙可以去B公司工作。

14. 一共有多少人

12人。因为她们左右两边各隔着5个人。

15. 如何安排

冬冬可以只用14分钟就让客人喝到茶水。他先洗开水壶并冲水，用2分钟；然后开始烧开水。在烧开水的12分钟内，冬冬可以同时去洗茶壶、茶杯、拿茶叶，等到水开了，直接将开水冲入杯中就行了。这样算下来，他只要14分钟就可以将所有的事情做完。

16. 乘号变加号

1+2+3+4+5+6+7+8×9=100。

17. 梦中的命案

因为弟弟已经死了，不可能再将自己做的梦告诉她了。

18. 怎样拿到钥匙

因为钥匙被投到信箱里了，还是拿不到。

19. 小朋友分糖

三个小朋友四块糖。

20. 征收过路税

商人最初就只有2个钱币。

21. 斜塔不斜

这与旅行者观看的角度有关，他正好站在与倾斜方向相对的地方看。

22. 哪枚炸弹先着地

一起着地，因为重力加速度与水平速度无关。

23. 真相大白

在门铃上。小李在去小张家时按过门铃，但小张清洗了地板、沙发却没有清洗门铃上的指纹。

24. 结果会怎样

假设没有摩擦力和空气阻力，这个球将不断增加速度一直下落直到地心。从地心开始减速下落到另一面，然后停止，再无休止地重新下落。

25. 小猫吃饼干

设这只小猫第一天吃掉x块饼干，则x+（x+6）+（x+6+6）+（x+6+6+6）+（x+6+6+6+6）=100，x=8（块），小猫第一天吃掉了8块饼干。

26. 黄金的纯度

22k。计算方法为：24k是纯金，9k黄金的纯度为$\frac{9}{24}$=37.5%=0.375。因此，0.946×24=22.704，即946表示22k黄金。

27. 巧识伪证

10月18日，天上是上弦月，到了晚上11点，月亮就不见了，这个时候是不会有月光的。证人说他通过月光看到了被告者的脸，显然是在说谎。所以，律师才会断定证人是在作伪证。

28. 丢失的借据

方法是李明给张芳写了封信，信中让张芳把从自己这里借去的2500元钱尽快还给自己。而张芳则给李明回信说自己只借了2000元。如此一来，张明手上就有了新证据。

29. 到底多少钱

家书上画着八只八哥，四只斑鸠，8×8+4×9恰好等于100，商人通过这个方法达到向妻子传达钱数的目的。

30. 变小的窗框

老木匠把长方形窗框改成了平行四边形窗框，这样，面积就减小了。

31. 奇怪的雪花

舞厅里充满了人和事物散发出的水蒸气。圣彼得堡地处寒带，而且此时的温度又低。打开窗户后，室内的空气突然遇冷，水蒸气就凝结成了雪花，而蜡烛燃烧后形成的灰尘正好成为水蒸气凝结时所需要的凝结核。

32. 没有把手的短刀

凶手是用弓箭射杀年轻女子的。凶手是把短刀当作弓箭，在25米以外拉弓射杀的。

33. 玩具泰迪熊

他们开始以10元出售3个玩具熊。第一个人卖了30只玩具熊，赚了100元；第二个人卖了24只玩具熊，赚了80元；第3个人卖了21只玩具熊，赚了70元。下午的时候，他们开始以10元出售1只玩具熊。这样，第一个人卖了他最后的3只玩具熊，赚了30元；第二个人卖了剩下的5只玩具熊，赚了50元；第三个人卖了剩下的6只玩具熊，赚了60元。所以，他们每个人都赚了130元。

34. 水果店

雅尼买了10根香蕉，她穿着紫色的雨衣；恩娜买了6个苹果，她穿着黄色的雨衣；瑞莎买了8个荔枝，她穿着白色的雨衣；格纳买了12个梨，她穿着蓝色的雨衣；奥利买了4个木瓜，她穿着黑色的雨衣。

35. 潜泳高手

她没有吹牛。因为她游的是死海，死海中所含的盐分很高，几乎是一般海水的7倍，所以浮力很大，人在水中根本就不会下沉。死海比海平面低390米，所以只要下潜一点点，就到了海平面以下390多米了。

36. 找到化学溶液

往杯里面加几滴水，看水滴是否和上层的液体混合在一起，能混合的即为水。

37. 珍贵的银币

那是伪造的钱币，公元前的人根本不知道自己活于公元前。

38. 应该听谁的

使用小彬的建议，因为如果你按照小彬的建议反着做，就有了80%正确的可能性了。

39. 合租的家庭

老李、李平、丹丹；老张、丁香、小虎；老王、韩丽、娜娜。老李和李平是一对夫妻，通过老王的女儿不叫丹丹，那么由于老李家的女儿参加的是女子篮球训练队，可以知道老李的女儿叫丹丹，老张的妻子不是韩丽，那么就是丁香，他们的儿子就是小虎，从而，老王、韩丽和娜娜是一家人。

40. 该谁牺牲

要牺牲体重最大的那一个。

41. 雪夜失窃案

因为雪地上没有他回家的足迹。

42. 男孩还是女孩

首先第三位是C，这是题目指明的；E叫前面两个是姐姐，那么E放最后第七位，前面放F、G，因为F有个弟弟，所以E是男的；而E叫前面两个姐姐，所以F、G都是女的，F第六位，G第五位；第四位还缺，因为B前面有一个哥哥，第四位就放B；而C有两个妹妹，F、G已经是女的了，所以B就是男的；第二位放A，因为A有三个妹妹，现只有F、G是女的，还差一个，所以C是女的；第一位放D，因为B有一个哥哥，而B前面还没有男的，所以D是男的。

这个题A、D的顺序可以对换不影响，只不过性别不能变。而题目不管顺序只说男女，所以D、B、E三个是男的，A、C、G、F四个是女的。

43. 找到罪犯

C。假设是A，那么AB说的就是假话，而CD说的是真话；如果是B，那么ACD说的都是真话；如果是C，那么ABC说的都是假话；如果是D，那么AD说的是假话，所以是C。

44. 烤饼

先烤两个饼的一面，烤好之后，拿出来一块，放进第三块，烤第二块的另一面，这样再烤一面之后，第二块已经烤好了，把第一块放进去，和第三块一起烤另一面就可以了。

45. 会计的谎话

如果会计救火，那么他不会浑身湿透的。

46. 找到绑匪

是派送的邮递员。

47. 失窃的硬币

海波先生，因为五星级酒店的电话是免费的，而他投币给妻子打电话，不正常。

48. 夹在书里的证据

127页和128页在一张纸上。

49. 作案的保管员

甲和丁。假设甲作案，那么乙就没有，那么如果丙也去，就有丁也去，所以不是丙，那么就是甲和丁。

50. a的嫌疑能否洗除

a参与了犯罪，因为b不能单独作案，那么就有a或c帮助b作案，而如果c参与，那么a必然参与。所以a参与了犯罪。

51. 聪明的侦探

因为别人拿手电晃一下，别人是看不清楚拿手电人的长相的。

52. 聪明的女警

嫌疑人给的巧克力是硬的，因为巧克力在热得天气会有一部分变软。

53. 巧妙的谈话

安安说出了大牛的姓氏。

54. 空白的遗嘱

伯爵夫人把真的遗嘱调包了，但是空白的遗嘱上面也有遗嘱中所写字的印痕。

55. 高明的反制

是穿迷你裙的小姐，因为如果是别人，那么他就不会剩下三个钱包了。

56. 天使、魔鬼和常人

黑发美女是常人，茶发美女是天使，金发美女是魔鬼。黑发美女不是天使，那么如果黑发美女是魔鬼，那么这句话就是真的，与魔鬼说假话不符，所以黑发美女是常人；从而，剩下的两句话一句是真的，一句是假的，从而金发美女是魔鬼，茶发美女是天使。

57. 料事如神

不是的，因为哥哥错误的时候，冬冬都睡觉了，不知道。

58. 奇特的赛果

四次比赛的结果分别是：ABCD；DABC；

CDAB；BCDA，这样就满足条件了。

59. 划拳

A可以全部取胜，因为A只要出“人”就能胜利了。

60. 到底星期几

A:星期三，B:星期一，C:星期二，D:星期四、五、六、日，E:星期五，F:星期三，G:星期一、二、三、四、五、六，从而排除星期一到星期六，今天是星期日。

61. 野炊任务

张力洗菜，刘涛担水，李静淘米，王浩烧水。

62. 古怪的顾客

第一家理发店生意好，那理发师忙得没空打理自己。而且第二家理发师的头发也是第一家的理发师理的。

63. 孙教授的时间难题

周五。

64. 怎么脱身

给那个人照相，利用闪光灯，给自己争取时间。

65. 如何赢得比赛

他们需要往自己的篮筐里投进两分，打平之后进行加时赛，才有希望赢6分。

66. 谁是聪明的人

李汀非常聪明。可以假设王明政非常乐观，那么他非常英俊，而且不理智，那么另外两人非常理智，所以允杰非常英俊，如果王明政非常聪明，那么，王明政的特征完毕，那么李汀需要有幽默与乐观的特征，矛盾，所以王明政不是非常聪明，那么他非常幽默。从而如果允杰非常聪明，李汀一样有以前的矛盾，所以李汀非常聪明。

67. 谁会中选

中选的建筑师是被选作第二候选人最多的那一个。

第七章

能言善辩——表达能力

1. 你能拼出多少汉字

下面有8根火柴，这些火柴只能当作汉字里的横或竖来用，如果将这些火柴都用上，你能拼出多少个汉字呢？

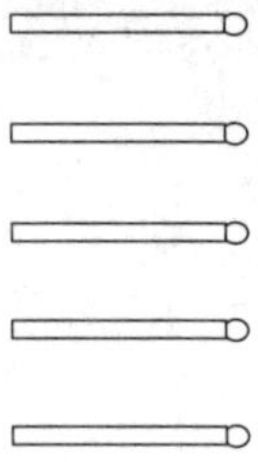

2. 填字游戏

根据以下的提示，在方格中填入相应字。

横向：

一、美国电影产业核心和世界电影制片重镇。

二、法拉利车队的芬兰车手，绰号“冰人”。

三、圆周长度与圆的直径长度的比。

四、债权人。

竖向：

1. 成语，比喻美好圆满。

2. 印度最大的电影生产基地。

3. 金庸武侠小说《鹿鼎记》中韦小宝的其中一个老婆，皇帝的妹妹。

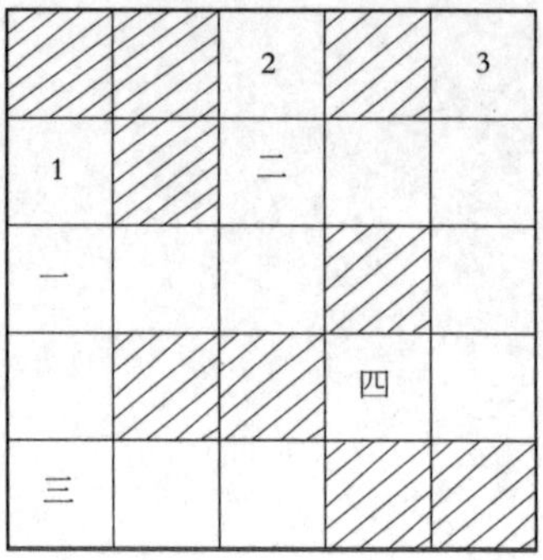

3. 究竟需要什么

一天，萌萌家里来了一位朋友，萌萌和她一起坐在客厅里看电视。一会儿，萌萌的弟弟过来了，萌萌对他说：“弟弟，你帮我去拿样东西好不好？”弟弟回答：“可以啊，你要什么？”萌萌随口说了个谜语：“有面无口，有脚无手，又好吃肉，又好喝酒。”弟弟听完之后，愣在了那里，不知道姐姐到底需要什么，你快来帮帮弟弟吧？

4. 旧字变新字

汉字的结构非常奇特，有时候相差一笔就有不同的含义。你能将下面的字填上一笔，让它变成新的字吗？

灭（　）　刁（　）　凡（　）

立（　）　舌（　）　去（　）

玉（　）　头（　）　利（　）

尤（　）　车（　）　史（　）

西（　）　烂（　）　勿（　）

叶（　）　亚（　）　开（　）

5. 汉字变形

“一，二，三，五，七，千”这几个汉字，各添上同一个字，能够成为另外六个新的字。你能猜出要填哪个字吗？

6. “口”字字根

请你说出1~10个口各能组成哪10个字，比如1个口是“口”，3个口是“品”。

7. 趣味成语

在下图的空格中填上适当的字，使其横竖读起来都是成语。

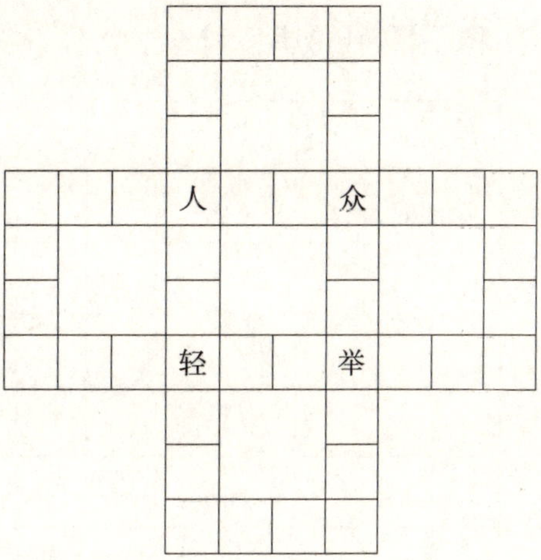

8. 李秀才拜师

李秀才是一个特别好学的人，他听说镇上有一位老夫子书法写得好，就想拜他为师。这天，李秀才带了一份礼物来拜访老先生，刚走到大门口，看见门上贴着一个大字“心”。秀才很惊奇，一般人都在门上贴“福”字，为什么老先生要贴“心”呢？秀才仔细想了一会儿，突然恍然大悟，他没有进门而是带着礼物回了家。过了几天，秀才又去拜访老先生，这次老先生的门上贴了一个“木”字，秀才高兴极了，马上敲了门，拜见了老先生。你知道这是为什么吗？

9. 趣味唐诗

将下图中的唐诗补全。

春						
	春					
		春				
			春			
				春		
					春	
						春

山						
	山					
		山				
			山			
				山		
					山	
						山

10. 巧妙的回答

钢琴家莫扎特在一个聚会上狭路相逢地碰到了一位绅士，绅士说：“我可没办法给狗让路。”周围的人都急着看莫扎特的反应，只见莫扎特笑了笑，说：“？！”请在问号处填上他说的话，他说了什么呢？

11. 彩电谜题

三年级二班的张老师带领本班的学生一起看电视，只见他静静地走上讲台，将彩色电视机打开，屏幕上出现了画面，有了声音，过了几秒钟，他又把电视机关了。同学们都疑惑不解，不知道张老师为什么这样做。张老师走下讲台对同学们说：“我刚才以彩色电视机为道具做了两个简单的动作，刚才彩色电视机的两种反应代表了两个成语，你知道这两个成语是什么吗？”

12. 有趣的成语接龙

地久天（　）命富（　）人多忘（　）在人（　）富不（　）义道（　）高望（　）义轻（　）大气（　）制滥（　）化弄（　）心向（　）水一（　）战兢（　）兢业（　）精于（　）能补（　）嘴笨

（　）战群（　）雅风（　）光溢
（　）霞满（　）壤之（　）开生
（　）不改（　）彩鲜（　）如桃
（　）代桃（　）而不（　）里逃
（　）生不（　）事宁人

13. 动物诗歌

中国古代的诗歌有很多都与动物有关，请你任选一动物名称填入下面各句唐诗的空格中。备选动物名称：蜻蜓、骆驼、鸳鸯、凤凰、蝙蝠、蝴蝶、鹦鹉。

①合昏尚知时，□□不独宿，

②八月□□黄，双风西园草。

③山石荦确行径微，黄昏到寺□□飞。

④毡包席裹可立致，十鼓祇载数□□。

⑤晴川历历汉阳树，芳草萋萋□□洲。

⑥行到中庭数花朵，□□飞上玉搔头。

⑦长安城连东掖垣，□□池对青琐门。

14. 玩巧妙的反驳

阿凡提在一个酒会上和一位夫人聊天，阿凡提说："夫人，您看上去真优雅！"谁知道夫人傲慢地回答："可惜我没法同样地称赞你。"阿凡提笑了笑，回答了一句话，委婉地否定了自己刚才所说的话。如果你是阿凡提，你会怎样说呢？

15. 有趣的课程表

下面是某个小学的课程表，请你将空格填完整，使其成为成语，同时又不重复。

1				生	物			
2				化	学			
3				美	不			
4				外	语			
5				科	学			
6				哲	学			
7				数	学			
8				物	理			
9				心	理			
10				天	文			
11				音	乐			
12				地	理			

16. 欢乐想象

通过下面的几个提示，找出有关的概念或事物：

（1）五行　　（2）朝代

（3）撤兵　　（4）姓氏

17. 树木谜题

林林的妈妈要带林林去公园玩，在半路上的时候，妈妈给林林出了一个谜语，是和树木有关的。妈妈这样说：“打一个字：去掉左边是树，去掉右边也是树，去掉中间还是树，只有不去不是树。”你知道这道题的谜底是什么吗？

18. 到底姓什么

年轻的记者小张有一次在火车上遇到了一位漂亮的女士，他很想认识这位女士，于是便问她：“女士，请问您贵姓啊？”那位漂亮的小姐回答：“没心思。”小张愣了一下，觉得可能是女士没有听清楚他的问题，于是，又问了一遍：“请问您贵姓？”女士回答：“刚才已经告诉你了啊，没心思。”小张有些疑惑不解，正在皱眉之际，旁边一位大姐提醒他：“那位小姐已经告诉你她姓什么了，你再好好想想。”听了大姐的提醒，小张才恍然大悟，你猜到那位女士姓什么了吗？

19. “5”字成语

黑板上画着一个“5”字形的方格。请你将“开、百、花、然、争、理、齐、道、当、岸、家、锣、所、放、貌、鸣”等16个字，填在空格里，使它们横竖读起来都是成语。

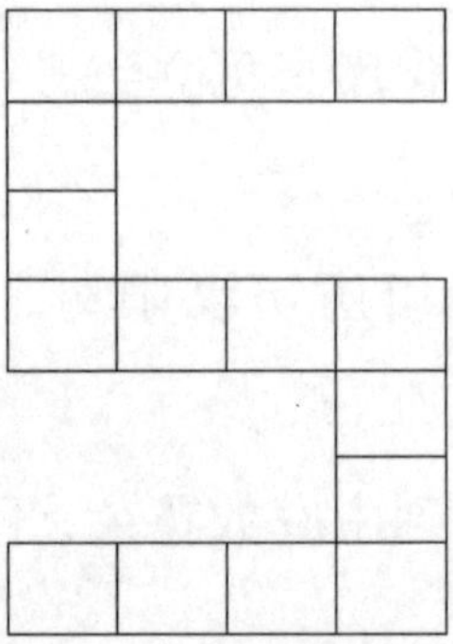

20. 三谜同底

一次，苏轼到妹妹、妹夫家里做客。苏小妹看到饭桌上有鲤鱼，就出了一个字谜："我有一物生得巧，半边鳞甲半边毛，半边离水难活命，半边入水命难逃。"秦少游说："我也出个字谜：我有一物分两旁，一边好吃一边香，一旁眉山去吃草，一旁岷江把身藏。"苏东坡笑着说："那我也出个谜吧：我有一物长得奇，半身生双翅，半身长四蹄，长蹄的跑不快，有翅的飞不起。"说完，3人哈哈大笑起来。他们3人的答案是同一个字。你能猜出是哪个字吗？

21. 诗句重排

唐代诗人赵嘏曾写过一首《登楼》诗："独上江楼思悄然，月光如水水如天。同来玩月人何在？风景依旧似去年。"有人说这首诗的结尾过于平淡，意境不够深邃。只要把几句诗调换一下位置，结果情调、韵味就会发生很大的变化，那种怀念友人的苍凉心境也能更好地渲染出来。你知道该如何调整这首诗来达到这种效果吗？

22. 猜猜城市

根据前面的提示，猜猜它代表了中国的什么城市。

1. 空中码头——（　　）
2. 快乐夕地——（　　）
3. 风平浪静——（　　）
4. 日近黄昏——（　　）
5. 河湖解冻——（　　）
6. 千里戈壁——（　　）
7. 金银铜铁——（　　）
8. 带枪的人——（　　）
9. 珍珠港——（　　）
10. 烽火哨——（　　）
11. 共产主义——（　　）
12. 银河渡口——（　　）
13. 久雨初晴——（　　）
14. 秦朝的耕地——（　　）
15. 春城无处不飞花——（　　）

23. 雪中送炭

有个县官，和郑板桥是好朋友，这天，他俩相约一起去乡间散步，访贫问苦。走着走着，他们看到一户人家的门上贴着一副奇怪的对联，上联是"二三四五"，下联是"六七八九"。

县官感到很纳闷，怎么会有人贴这样的对联，等县官回过神来的时候，郑板桥已经不知去了哪里。过了一会儿，郑板桥背着一些米和布回来了。他敲开了门，原来里面住着一位穷书生，正又冷又饿地发着愁。郑板桥把东西送给书生，书生非常感激。县官不解地问：“你怎么知道他需要这些呢？”郑板桥答道：“是他的对联告诉我的。”你知道书生的对联是什么意思吗？

24. 藏头成语

下图是一个由成语构成的表格，填上适当的字就是一道谜语，打一个地名，你能猜到答案吗？

经	衣	碑	落	衣	积	月	感	言	源
地	无	立	归	使	月	如	交	巧	节
义	缝	传	根	者	累	梭	集	语	流

25. 幸运玩具

有一个玩具店，在一座微型的山水盆景上，放了一只玩具虎。售货员告诉大家，谁能以假山和玩具虎为道具，做两个动作猜出两条谜语，就能得到这只玩具虎。有一个小朋友冬冬特别喜欢这只玩具虎，但是他猜了半天也没有猜出谜语，最后他好奇地拿下玩具虎在手里把玩了一会儿，然后依依不舍地放回原处。没想到，他刚刚放下玩具，玩具店的老板就走过来把玩具虎递给了冬冬，并说：“孩子，你猜对了，这奖品归你了。”你知道冬冬的两个动作代表哪两个成语吗？

26. 被误解的信

一个常年在外谋生的书生，在过年的时候往家里寄了一封家书，遥寄平安。父母看了家书之后，老泪纵横，立刻派了个家丁到千里之外去寻儿。书生感觉很奇怪，自己明明在信中报了平安，父母为什么还这么不放心呢？家丁把书生写的书信从怀中拿出，书生接过家书。原来书生写信没有用标点的习惯，而父亲在看家书的时候在上面加了标点：“父母大人拜上：新年好晦气，全无人丁兴旺。读书少，不得五谷丰登。”书生读罢，恍然大悟，他立刻在这封家书上重新加了标点，让家丁带回，这回书生的父母终于放心了。你知道书生是怎样加的标点吗？

父母大人拜上新年好晦气全无人丁兴旺读书少不得五谷丰登

27. 汉字重组

下列图表中有两组汉字，一组是从一到十的10个数字。第二组是其他一些汉字，请你将第一组和第二组中的汉字相互拼凑起来，使它们组成30个新的汉字。

一	二	三	四	五	六	七	八	九	十
日	刀	白	艾	个	又	马	口	车	小

28. 数字藏成语

下面是一组数字以及与数字相关的等式或组合，每组数字或式子都暗含了一个成语，你知道这些成语是什么吗？

3.6；333和555；1256789；12345609；2+3；9寸+1寸=1尺

29. 谁能猜出谜底

上课时，老师出了一个谜语：“坐也坐，卧也坐，立也坐，走也坐。打一动物。”老师说完之后，同学们你看看我，我看看你，谁都猜不出答案。这时候，班里最聪明的学生李楠站起来说：“老师，我知道答案，我也给同学们出个谜语，我的谜语的谜底，能把您的谜语的谜底吃掉。”老师回答：“好啊，你说。”李楠慢悠悠地说道：“坐也卧，卧也卧，走也卧，立也卧。打一动物。”李楠说到这里，已经有不少同学猜出这两个谜语的答案了，你也来猜一猜吧！

30. 看图猜字

仔细观察下面这幅图，根据图中的内容猜一个字。

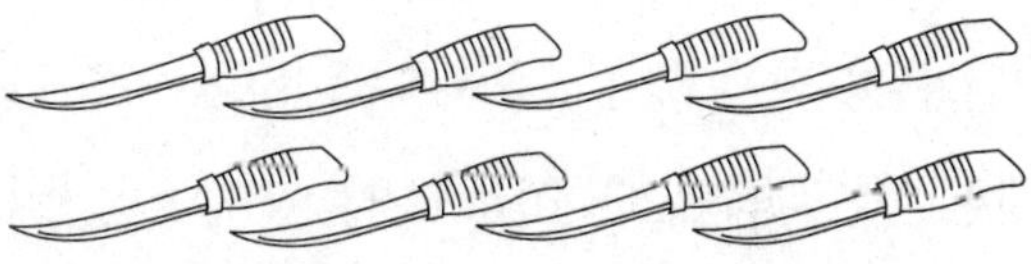

31. 到底什么意思

一位目不识丁的老太太，给自己远在他乡的儿子捎去家书。她的儿子拆开一看，信纸上画着排列整齐的乌龟，最后却是一只竖着的大乌龟。儿子看完信后立刻明白了母亲的意思，他迅速地收拾了一下行装，就匆匆赶回家去了。回到家里一看，原来是自己的父亲病重，不久于人世，母亲这才给他写了家书。你能从信中看出母亲传达了什么样的信息吗？

32. 不吉利的树

一个院子里长着一棵非常古老的树，这棵树枝繁叶茂，正好给院子里的人遮风挡雨。这天，院子里的男主人不知道为什么想把这棵树砍掉，他正挥动斧子的时候，隔壁邻居的一个小男孩过来了，小男孩儿问：“叔叔，您为什么要砍掉这棵树呢？这棵树看着挺好的啊？”男主人回答：“这棵树不吉利，你看，我的院子方方正正像个口字，里边有个木，不就是困字了吗，这多不吉利啊！”小男孩儿觉得很好笑，为了保住这棵树，他对男主人说了一句话，男主人听完之后放弃了砍树，你知道小男孩儿对男主人说了什么话吗？

33. 名贵的书法

中国现代有一位著名的书法家名叫于右任，他的字写得苍劲有力，很有特色，很多书法爱好者对他都很倾慕。有一天，于先生从外面回来，途中正好看到有个人在墙角处小便，于是他回家取出纸笔，写了“不可随处小便”几个大字，贴在了墙上。到了第二天，于先生一出门发现墙上的字条不见了。又过了几天，当他走过一家字画铺子的时候，发现许多人在争抢购买一幅书画作品。他走近一看，原来人们争相购买的正是他曾贴在墙上的那张字条，只是字的顺序变动了，并进行了装裱，变成了一幅很好的座右铭。你知道字条是如何变动的吗？

34. 趣味环形诗

下面的文字组成的环形是一首有趣的环形诗，请你发挥你的想象力，说说这首诗有多少种读法。

35. 神秘电文

T市警方截获了一份神秘电文："朝：货已办妥，火车站交接。"经过警方分析，认定这是一伙犯罪分子在进行秘密交易。警方立即召开会议，决定抓获这批犯罪分子。

可是这份电文只有接货地址，没有接货的具体时间，这使破案无从着手。

警方只好下令从现在起严密监视候车室，直到抓获罪犯。这时机灵鬼小赵沉思片刻后对大家说出了罪犯接货的时间。警方果然在小赵说的时间内抓获了这个大走私团伙。你能译出这份电文吗？

36. 他们各姓什么

大道上驶来一辆两匹马拉的大车，车上坐着一个钓鱼的，一个挎着弓的。驾车的问："您二位贵姓？"钓鱼的抓起一条大鱼，对着夕阳高高举起，说："我就姓这个！"另一人把肩上的大弓使劲儿拉开说："我姓这个！"他俩又问驾车的怎么称呼，驾车人笑嘻嘻地指着前面两匹马说："喏，那就是！"请你猜猜，他们三个人各姓什么？

37. 请客吃饭的绝招

丁俊对漂亮的艾拉动了心。可艾拉生性羞怯，若直接请她吃饭，可能会遭到谢绝。好友帮他想了一个对策，丁俊顿时喜上眉梢，立即找到艾拉。

"艾拉同学，有两个问题要请教您，只能回答'是'或'不'。而且听好之后再回答，两个问题的答案必须在逻辑上完全合理，不能自相矛盾。"他对艾拉说。

艾拉紧蹙了一下眉，感到非常有趣，于是，她爽朗地答应了。丁俊该怎样提问，才能达到他想请艾拉吃饭的目的？

38. 考试结果

甲乙丙丁四人参加某校的招聘考试，此次只录用一人。且只有该四人报名。四人已准备好在考试中发挥出最高水平。考试结束后，四人的讨论如下：

甲：只要考试不难，我定能考上。

乙：即使考试不难，我也考不上。

丙：如果考试不难，我就能考上。

丁：如果考试很难，那么，我肯定考不上。

结果出来后证明四人预测均正确，有一人成功考取，则可推出考试：

A. 难

B. 不难

C. 有的难，有的不难

39. 谁只能玩第五圈

最近，甲乙丙丁和戊五人聚在一起玩一种叫“三人玩”的游戏。游戏的每一圈只能由三人玩。下列是游戏的所有规则，它将影响到每圈游戏参加者的顺序和玩的圈数：

第一，没有人可以连续玩三圈；

第二，没有人可以连续两圈不玩；

第三，每个人都必须玩三圈。

如果甲、乙、丁玩第一圈，而乙、丁、戊玩第三圈，下面哪一位不能玩第四圈，而只能玩第五圈？

A. 甲　B. 乙　C. 丙　D. 戊

40. 一窍不通

一年春天，一位土财主望子成龙，慕名请蒲松龄教家馆。不到三个月，蒲松龄拱手告辞说：“令郎学有成就，老夫要另谋去处。”财主一听十分高兴，忙设宴为先生饯行。酒过三巡，财主笑问：“吾儿的文章如何？”蒲松龄回答：“高山响鼓，闻声百里。”财主大悦，捋须又问：“吾儿在易、礼、诗诸方面必通了吧？”蒲松龄诙谐一笑，接应：“八窍已通七窍，八窍已通七窍。”说罢说声“多谢”。便挑起书箱启程了。蒲松龄前脚刚走，财主后脚赶到衙门，将这喜讯告诉当师爷的胞弟，要其为侄儿报名参加科举考试，先捞个“秀才”当当。那师爷听罢叙述，哭笑不得，说：“大哥，你让那教书匠戏弄了。”接着解释了一番。财主一听，气得直骂儿子：“蠢猪！”你知道蒲松龄话是何含义？

41. 凯文明白了什么

凯文是一位精明的警员，有一天下午开车去探望好友，但是好友家有点远，没过多久天就黑了，凯文下车找了家餐馆用餐。这时，一位漂亮的女人请求搭车回家，凯文就答应了。但开车不到一公里，后面就有一辆小汽车追了上来，那位女人回头看去，突然大叫起来：“追来的肯定是我丈夫，他会杀死我们的！”凯文觉得有点奇怪，加上天黑路不熟，他决定不和追车赛跑，干脆把车停到了路边，很快追车也停了下来，从车里跳出一个凶恶的男人，大喊大叫。凯文完全明白了，他平静地指出这个闹剧的破绽，这对男女垂头丧气地溜走了。那么，凯文到底明白了什么？

42. 发明家受挫

某镇有位非常著名的伪发明家，一天，当他再次对镇上的居民吹嘘自己的发明时，这样说道：“我最近有了一项最伟大的发明，它是一种液体，可以溶解任何物品！”虽然很多人都知道发明家有爱吹牛的习惯，但仍旧对他赞叹不已。这时，正蹲在地上做游戏的一个小孩突然问了一句话，结果让发明家立即哑口无言，红着脸走了。请问，小孩问的是什么话？

43. 能言善辩的孩子

春秋时，齐国有个田大人举行祭祖典礼。客人纷纷献送各种礼物。其中有一位客人献上一条罕见的大鱼和一只珍奇的大雁。田大人看了十分高兴，感慨道：“苍天对于人类太优待了！不但命令土地生长出五谷供我们食用，还命令大海出产这些大鱼、天空出产这些鸟类供我们尝鲜。苍天是多么的仁慈和伟大啊！”

客人们听了，异口同声地奉承道：“田大人妙言妙语，真是不同凡响！”

这时，有个鲍姓食客的儿子站起来说道：“田大人，您的说法我不敢苟同。依我看，世界各种物类同我们是一起产生的，人也是其中一种物类。凡是物类，相互都是平等的，并没有什么高低贵贱，而是相互制约的。这是大自然的日常现象，并不是苍天的有意安排。”

田大人听了这番话并没有生气，说道：“你说得有点道理，可是我要请教一下：如果这大鱼和大雁不是苍天有意为人类制造的，那么它们的味道这么鲜美，究竟是什么原因呢?”

鲍家小孩从容地答道：“田大人，____________________如果按照您的逻辑推理，我们人类原来都是给___和___做美食的啊？”

客人们不禁哄然大笑，都暗暗被小孩的口才折服。

田大人满面笑容，毕恭毕敬地向鲍家小孩敬了一杯酒，欣慰地说：“想不到我家食客门下竟有如此聪明过人、能言善辩的孩子啊！”

44. 巧断案

在明朝万历年间，海盐县有个女子还没有出嫁，有个少年想要娶她，她的父亲不同意，少年诬告说他已娶了这个女子为妻，而她的父亲逼她再嫁人。县令把女子叫到跟前，跟她谈话，而后突然问少年："你既然是这个女子的丈夫，那么你说说，____________？"少年目瞪口呆答不上来。

45. 进门还是出门

云南白族流传着这么一个民间故事：有一个年轻美丽的聪明姑娘，名字叫美貌女，有一次，皇帝脚踩马蹬，挺身悬空，问美貌女说："你说我是上马还是下马？"美貌女没有立即回答，而是不慌不忙地一只脚踩在门外面，一只脚踩在门槛上，反问皇帝说："____________？"皇帝无法回答。

46. 您是什么

毛拉去集市买毛驴，卖驴的地方挤满了乡下来的农民。有个衣冠楚楚的人经过那里，说道："这个地方不是农民，就是毛驴。"

毛拉听了，上去问道："____？"

"不，我不是农民。""那你是什么呢？""……"

47. 驴子和骗子

一个法官和一个商人在路上碰见朱哈，他俩想羞辱朱哈，便说："你是一头驴子还是一个骗子？"朱哈听后，便站到法官和商人中间，说："我既不是驴子，也不是骗子，而是______。"法官和商人听后，只好怏怏而去。

48. 巧对诬陷

清朝时，有一天，两个差役对庞振坤说："你家养着的贼，偷了这一带财主的东西，现在在县衙候审。"

庞振坤一听，就知道是他得罪的财主要陷害他，而且估计贼不会认识他，于是就跟着走。在街上他向熟人要了一个纸盒，戴在头上，把脸盖住，只留着两只眼睛。来到大堂上，他对县官说："因为家里养了贼，没脸见人，所以才用纸盒盖住。"县官问那贼："这就是你的主人？"贼说："是的，我在他家已经3年了。"这时，庞振坤问那贼道："我庞振坤不出名，我这个庞大麻子可是远近闻名的，你在我家里3年了，____________？"

那贼愣了一会儿，心想，好厉害的角色，我说个活络话来对付你，于是说："你这个麻子嘛，不大不小，不黑不白。"

这时，庞振坤取下纸盒来："县太爷，你看我脸上哪有麻子？"原来，这贼是财主们买通的一个二流子，这人被治了诬陷罪。

49. 几杯水

古时候，一位国王问身边的大臣：“王宫前面的水池里共有几杯水？”大臣回禀：“这种问题只要问一个小学生就能得到正确的答复。”于是一个小学生被召来了。“王宫前面的水池里面共有几杯水？”国王问他。“要看是怎样的杯子，”小学生不假思索地应声而答，“如果杯子和水池一般大，那就是一杯；如果______。”“你说得完全对！”国王说着，奖赏了小学生。

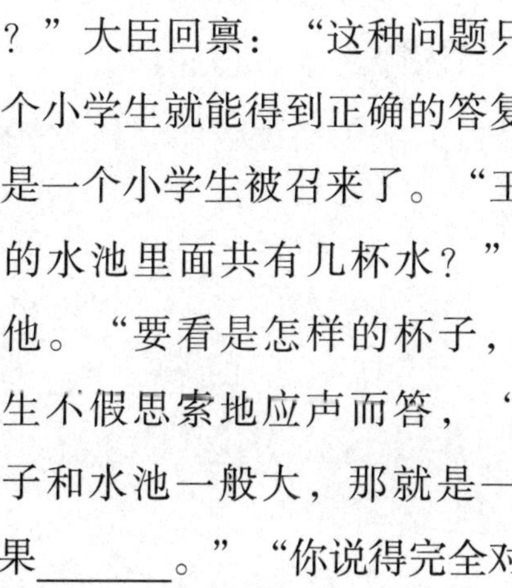

50. “忠”与“孝”

清朝时，有一天，乾隆皇帝问纪晓岚：“纪卿，‘忠孝’二字作何解释？”

纪晓岚答道：“君要臣死，臣不得不死，为‘忠’；父要子亡，子不得不亡，为‘孝’。”

乾隆皇帝立刻说：“那好，朕要你现在就去死！”

“臣领旨！”

“那你打算怎么死法？”乾隆皇帝问。“跳河。”

乾隆皇帝当然知道纪晓岚不会去死，于是就静观其应变办法，不一会儿，纪晓岚回到乾隆跟前，乾隆笑道：“纪聊何故未死？”

纪晓岚答道：“我走到河边，正要跳下时，屈原从水里向我走来，他说：晓岚，你此举大错矣！__________”

乾隆听后放声大笑，连连称赞道：“好一个如簧之舌，真不愧是雄辩之才，这下朕算是服了！”

51. 皮箱与金表

30年代中期，香港茂隆皮箱行由于货真价实，生意兴隆，因而引起英国商人威尔斯的嫉妒。威尔斯蓄意敲诈，到茂隆皮箱行订购3000只皮箱，价值港币20万元，合同写明1个月交货，逾期不交或不按质按量交货，由卖方赔偿损失费50%。茂隆皮箱行经理冯灿如期交货，威尔斯却说："皮箱中有木料，就不是皮箱，合同上写明是皮箱。"因此向法庭提出控诉，要求按合同赔偿损失。

正当威尔斯在法庭上信口雌黄、气焰嚣张的时候，冯灿的辩护律师罗文锦从律师席上站起来，取出口袋里的金表，高声地问法官："请问，这是什么表？"

法官答道："这是英国伦敦出品的金表，可是这与本案有什么关系呢？"罗文锦高举金表，面对法庭上所有的人说："有关系，这是金表，但是请问，__________？"

旁听者同声议论："当然不是。"

罗文锦便说："那么人们又为什么叫它金表呢？由此可见，茂隆皮箱行的案件，不过是原告无理取闹，存心敲诈而也！"

由于罗文锦律师的出色雄辩，被告在众目睽睽之下，理屈词穷。法庭最后只得以威尔斯诬告罪，罚款5000元结案。

52. 独来独往的

著名的杂文家马铁丁，曾经批评过一个骄傲自满的人，这个人脱离群众，可是他却辩解道："只有羊呀，猪呀，才是成群结队的。狮子老虎都是独往独来的。"

马铁丁同志反问道："狮子老虎固然是独往独来的，__________？"

53. 长寿的乌龟

有一个小伙子在热闹的夜市上叫卖乌龟。

"卖乌龟！卖乌龟！谁买乌龟？鹤命千年，龟寿万年。活1万年的乌龟，便宜啦！"

有个中年人听说龟能活1万年，就买了1只。可第二天一看，乌龟已经死了。到了晚上，他气呼呼地跑到夜市上，找到那个卖乌龟的人，气愤地说："喂！你这个骗子！你说乌龟能活1万年，可它只活1个晚上就死了！"

卖乌龟的小伙子笑哈哈地答道："先生，______________。"

54. 死后状况

古代有个叫叶衡的人，病得很重。他向人打听说："我很快就要死了，不知道一个人死后状况好不好？"

有个人答道："非常好。"叶衡感到奇怪："你怎么知道呢？"

那个人回答说："假如人死后状况不好，那么________。现在________，由此可见人死以后肯定是很好的。"

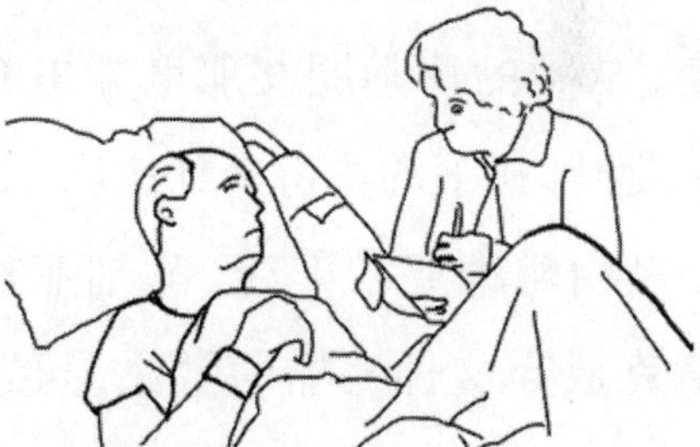

55. 欠钱还肉

安东尼奥有个朋友叫巴萨尼奥，因为结婚没有钱，便向安东尼奥借，可是安东尼奥的钱购货都用掉了，船只在海上还没把货运回来，身边没钱，安东尼奥只好向夏洛克借3000金币。

夏洛克一见报复的机会来了，就假惺惺地说："你以前骂我不该收人家的利息，好，现在我借3000金币给你，并且不要你一点利息。但我们要到律师那儿开玩笑似的签个条约，到期如果不还就由夏洛克在安东尼奥身上靠近心口所在处割一刀取1磅肉。"

可是到了还钱这天，安东尼奥接到消息，他的船只在海上遇到风暴全部沉入海底。没钱还债，狠毒的夏洛克告到法院，坚持要按条约办事，从安东尼奥靠近心口处割一刀取1磅肉。法庭上，公爵劝说夏洛克放弃这种方法，丝毫无效。

这时巴萨尼奥的妻子鲍细亚女扮男装，从她的律师朋友那里弄来介绍信，以律师秘书的身份来到法庭。这个案子就由鲍细亚来审理。鲍细亚劝说夏洛克放弃这种残酷的做法，可还是无济于事。

这时，鲍细亚说："根据条约，安东尼奥的这磅肉就判给你了，你准备好刀子去割肉。"夏洛克高兴得不得了。

鲍细亚又说："夏洛克，请一个外科医生来替他把伤口堵住，费用由你负担，免得他流血而死。"夏洛克说："条约上没有这一条，我做不到！"

正当夏洛克要去割肉时，鲍细亚说："且慢，这条约上也并没有允许你取他一滴血，只是写要1磅肉，所以你割肉的时候要是流下1滴血，你的土地财产就要全部充公！同时你也____________________，就要拿你抵命，你的财产全部充公！"

显然这是不可能办到的。鲍细亚由于词语精确地明确了"1磅肉"的含义，终于挽救了一个善良青年人的生命，而给了凶残狠毒的夏洛克应有的惩罚。

56. 美丽的姑娘

从前有一个中国驻法国使馆的随员，在宴会中与一位巴黎小姐跳舞。巴黎小姐突然发问道："法国小姐和中国小姐两者当中，你喜欢哪一国的多一点呢？”

这话突如其来，实难作答。如果说喜欢中国的多一点，不免有失外交礼貌；若说喜欢法国小姐多一点，则自己是中国人，更为不妥。随员略思片刻，不慌不忙地答道：“____________。”

57. 书法第一

南齐王僧虔，官至先待中，是晋代王羲之的四世族孙。他的行书、楷书继承祖法，造诣很深，是当时著名书法家。南齐太祖萧道成也擅长书法，而且不乐意自己的书法低于臣下。一天，齐太祖提出，一定要与王僧虔比试书法。君臣两人都认真地各写完一幅楷书后，齐太祖得意地问王僧虔：“你说说，谁第一，谁第二？”王僧虔眉头一皱，计上心来，于是，从容答道：

“臣的书法，人臣中第一；___。”齐太祖听了，只好一笑了之。

58. 不成材的儿子

明代有位姓靳的内阁大学士，他的父亲不太出名，他的儿子很不成材，可他的孙子却考中了进士。这位内阁大学士经常责骂他的儿子，骂儿子是不孝之子。后来，这个儿子实在忍受不了责骂，就和内阁大学士顶了起来：“你的父亲不如我的父亲，______________，我有什么不成材的呢？”

这位内阁大学士听了之后，放声大笑，不再责备儿子了。

59. 长工打酒

有一天，有个地主在家里喝酒。正喝得高兴的时候，酒壶里没有酒了，他连忙喊来长工去给他打酒。

长工接过酒壶问：“酒钱呢？”地主很不高兴地瞟了长工一眼说：“有钱能打酒算什么本事？”

长工没有再说什么，拿着酒壶就走了。过了一会儿，长工端着酒壶回来了，地主暗自高兴，接过来就往酒杯里斟酒，可倒了半天也没倒出半滴酒。原来酒壶还是空的。

地主冲着长工喊叫：“怎么没有酒？”这时长工不慌不忙地回答道：“壶里有酒____________？”

60. 法官

有两位法官为一位犯人审判，其中一位法官想帮助犯人，对他判轻些，于是说：“这个人罪不可恕，但是情有可原！”

而另一位法官想严惩犯人要对他重判，于是说：“________，但是__________！”

61. 屡败屡战

清代曾国藩，在镇压太平天国义军时，几遭挫折，连连失败。

他打算请求皇上增援军队，于是就草拟了奏章，作为面奏时的“腹稿”，其中讲到战绩时，不得不承认“屡战屡败”。

一位师爷看了这个提法后，马上联想到不久前发生的“一幕”：一员大将面奏时，也曾讲到“屡战屡败”，结果触怒龙颜而遭贬谪。他不禁为主子捏了一把冷汗。但是，对皇上又不容谎报军情，他在“屡战屡败”前苦思良久，突然灵机一动，将________。

这样“屡战屡败”变成“____”，从而使这句话的意思起了质的变化。前者表示为无能，后者却表现为英勇。

次日，皇上听了曾国藩的面奏后，果然龙颜大悦，认为他在失败面前斗志不失、百折不挠。

从此，曾国藩福星高照，连连受皇上恩泽。

62. 随便的主人

苏联著名儿童文学家盖达乐旅行时，一位小学生认出了他，便替他提皮箱。小学生见他的皮箱很破旧，便问道：

“你是大名鼎鼎的作家，为什么皮箱却是这样随随便便的？”

盖达乐笑道：“如果皮箱是大名鼎鼎的，而________，不是糟透了吗？”

63. 诉苦的青年

一个画家去拜访德国著名画家阿道夫-门采尔，向他诉苦：“我真不明白，为什么我画一幅画用了一天工夫，可是卖出去却要一年时间？”

门采尔认真地说：“请倒过来试试吧，亲爱的！如果__________。”

64. 不低头的诗人

一天，沙皇下令召见乌兰克诗人谢甫琴科。到了召见的时候，宫殿上的文武百官都向沙皇弯腰鞠躬，只有谢甫琴科一个人凛然站立一旁，冷眼打量着沙皇。

沙皇大怒，问道："你是什么人？"诗人回答："我是谢甫琴科。"

"我是皇帝，你怎么不鞠躬？举国上下，谁敢见我不低头？"

谢甫琴科沉着说："不是我要见你，而是你要见我。如果我也像周围这些人一样____________，请问，你________"

65. 四位工匠的主张

四位能言善辩的工匠，正振振有词地讨论着一个建筑物围墙的门该怎么修！

瘦工匠说：门务必要窄，才有利于把守。

胖工匠说：____________。

高而瘦的工匠说：________。

矮而胖的工匠说：________。

66. 机智的转述

甲乙丙三位好友一起旅游，照相。丙长得漂亮，就是脖子短了点。一次，甲给丙照相的时候想采用俯角拍摄，乙小声提醒说："她脖子短，俯拍就更显得缩脖子，不如平拍好。"丙听到乙的嘀咕很敏感，找了个机会悄悄问甲："她刚才说我什么……"

如果你是甲，你会怎样回答呢？要求：既要符合乙的意思，又不挫伤丙的自尊心，不超过20字。

67. 秦少游的字谜

秦少游是北宋的著名诗人。有一天，他惊闻母亲病逝，悲痛欲绝，立即乘船返乡。船行于江心，水急浪涌，一群海鸥绕船盘旋，声声哀鸣。秦少游触景生情，随口吟到：“一条大船两根桅，九只海鸥绕船飞，六只停在桅杆上，两只落到船头尾，剩下一只孤零零，落在甲板淌眼泪。”这首诗不仅描绘出了船行江上的情景，表达了秦少游此时的心情，而且恰好是一个字谜，你们能猜出谜底吗？

68. 苏轼大寿

传说，苏轼与庙里的和尚关系很好。一天，他让书童戴上草帽，穿着木鞋，到了寺庙里取一样东西。书童问取什么东西，苏轼说：“和尚一见到你就知道了。”果然，和尚一见书童的打扮，立即就明白了苏轼要取什么。于是，便将苏轼所要的东西交给了书童。请问：苏轼要的东西是什么？

69. 浪子回头

从前有位花花公子名叫金志鹏，从小好吃懒做，嫖赌逍遥。父亲死后，恶性不改，很快就把遗产花了个一干二净，成了个穷少爷。一年除夕，这穷少年过年连夜米也没有。

于是他自嘲地写了副对子：“行

节俭事，过淡泊年”，贴于门口。是夜，舅父买了两斤肉，背了十斤米过来，见门前春联，感慨成端，便对外甥说：“你这对联的头上，还应各加一个字！”说完挥笔写了一副门联。穷少年一看，羞愧不已，从此改邪归正，自力谋生，成了个回头浪子。你知道那好心舅父在对联头上各加了一个什么字吗？

70. 提示答题

一天，小明在书上看到一个题：

a. 用中文表达是5个字

b. 地理名词

c. 900万平方公里

d. 三毛

e. 干草原、沙丘、矿质荒漠

你知道它是什么吗？

71. 衣着规定

学校男生宿舍的“衣着规定”一共有五条：

（1）16岁以上的男生才能穿燕尾服。

（2）15岁以下的男生不准戴大礼帽。

（3）星期六下午观看棒球比赛的男生必须戴大礼帽，或穿燕尾服，或两者俱全。

（4）带伴的，或16岁以上的男生，或两条都具备者，不准穿毛衣。

（5）男生们一定不可以不看球赛和不穿毛衣，或者既不看球赛也不穿毛衣。

请问，星期六下午观看棒球赛男生的穿戴情况如何？

小故事

白白得驴

诸葛亮的哥哥诸葛瑾，在孙权手下当差，由于脸长得很长，经常被人戏称为“驴脸”。诸葛瑾有个儿子叫诸葛恪，勤奋好学，聪明过人。

一次，孙权宴请群臣，叫人牵来一头驴，在驴脸上贴了张纸条，并写上“诸葛瑾”三个字，意思是说，这就是驴脸的诸葛瑾。诸葛瑾觉得非常难堪，却无可奈何，诸葛恪灵机一动，想了一个给父亲解围的办法。他跪在孙权面前说：“小臣请笔，在纸上填两个字。”孙权回答：“好吧。”

诸葛恪在“诸葛瑾”三个字后面添了两个字：“之驴”，这样，这张纸条就变成了“诸葛瑾之驴”。孙权没办法，只好让诸葛瑾白白把驴拉走了。

第七章　答案

1. 你能拼出多少汉字

4个。它们是“旱”“旨”“匡”“呈”。

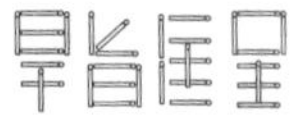

2. 填字游戏

		宝		建
花		莱	科	宁
好	莱	坞		公
月			债	主
圆	周	率		

3. 究竟需要什么

酒桌。

4. 旧字变新字

灭（灰）　刁（习）　凡（风）
立（产）　舌（乱）　去（丢）
玉（压）　头（买）　利（刹）
尤（龙）　车（轧）　史（吏）
西（酉）　烂（烊）　勿（匆）
叶（吐）　亚（严）　开（卉）

5. 汉字变形

各添一个“口”字，成为“日”“旦”“亘”“吾”“电”“舌”六个字。

6. “口”字字根

分别是“口”“日”“目”“田”“或”“唱”“吾”“晶”“叱”“只”“曹”“叶”。

7. 趣味成语

			自	高	高	大			
			欺			庭			
			欺			广			
先	声	夺	人	多	势	众	口	铄	金
发			微			擎			刚
制			言			易			怒
人	微	权	轻	而	易	举	世	瞩	目
			重			国			
			缓			上			
			急	转	直	下			

8. 李秀才拜师

门上贴个“心”，是“闷”的意思，老先生此时心情不好；门上贴个“木”是“闲”的意思，老先生这时候的心情很好。

9. 趣味唐诗

春	风	不	度	玉	门	关
青	春	做	伴	好	还	乡
长	恨	春	归	无	觅	处
草	树	知	春	不	久	归
寂	寞	空	庭	春	欲	晚
桃	花	依	旧	笑	春	风
万	紫	千	红	总	是	春

山	光	物	态	弄	春	辉
荆	山	已	去	华	山	来
峨	眉	山	下	水	如	油
两	岸	青	山	相	对	出
若	非	群	玉	山	头	见
姑	苏	城	外	寒	山	寺
轻	舟	已	过	万	重	山

10. 巧妙的回答

“我却可以让的。”

11. 彩电谜题

有声有色、不露声色。

12. 有趣的成语接龙

地久天（长）命富（贵）人多忘（事）在人（为）富不（仁）义道（德）高望（重）义轻（财）大气（粗）制滥（造）化弄（人）心向（背）水一（战）战兢（兢）兢业（业）精于（勤）能补（拙）嘴笨（舌）战群（儒）雅风（流）光溢（彩）霞满（天）壤之（别）开生（面）不改（色）彩鲜（艳）如桃（李）代桃（僵）而不（死）里逃（生）生不（息）事宁人。

13. 动物诗歌

①鸳鸯，②蝴蝶，③蝙蝠，④骆驼，⑤鹦鹉，⑥蜻蜓，⑦凤凰。

14. 巧妙的反驳

“没关系，夫人，只要您像我一样说假话就行了。”

15. 有趣的课程表

1. 痛不欲生、物尽其用
2. 出神入化、学而不厌
3. 十全十美、不学无术
4. 九霄云外、语无伦次
5. 照本宣科、学以致用
6. 既明且哲、学富五车
7. 胸中有数、学贯中西
8. 风云人物、理屈词穷
9. 万众一心、理直气壮
10. 烽火连天、文章盖世
11. 弦外之音、乐不思蜀
12. 顶天立地、理所当然

16. 欢乐想象

金。五行指的是金、木、水、火、土。金朝：女真族在中国北部建立的政权。金在古代是一种打击乐器，鸣金是撤兵的信号。金也是中国人的一个姓氏。

17. 树木谜题

彬。

18. 到底姓什么

那位女士姓“田”，“没心思”意思就是将“思”字去掉“心”，答案正好是“田”。

19. “5”字成语

由上至下成语为：百花齐放、百家争鸣、鸣锣开道、道貌岸然、理所当然。

20. 三谜同底

鲜。

21. 诗句重排

调整为：独上江楼思悄然，风景依旧似去年。同来玩月人何在？月光如水水如天。

22. 猜猜城市

连云港、福州、宁波、洛阳、开封、长沙、无锡、武汉、蚌埠、烟台、大同、天津、贵阳、古田、锦州。

23. 雪中送炭

书生的对联意思是“缺一（衣）少十（食）”。

24. 藏头成语

天天树叶绿，日日百花开。谜底：长春。

25. 幸运玩具

调虎离山和放虎归山。

26. 被误解的信

父母大人拜上：新年好，晦气全无，人丁兴旺，读书少不得，五谷丰登。

27. 汉字重组

日、亘、旭、旮、旯、旦、早、示、全、驷、耒、目、吾、叱、叭、叶、由、甲、申、田、古、萋、百、自、皂、查、切、分、轨、支。

28. 数字藏成语

3.6（不三不四）； 333和555（三五成群）； 1256789（丢三落四）； 12345609（七零八落）； 2+3（接二连三）； 9寸+1寸=1尺（得寸进尺）。

29. 谁能猜出谜底

老师出的谜语谜底为青蛙，李楠出的谜语谜底为蛇。

30. 看图猜字

分。

31. 到底什么意思

因为龟与“归”谐音，所以，老太太写的信意思是“归、归、归……速归（竖龟）”。

32. 不吉利的树

小孩儿说：“那您把树砍掉之后就更不吉利了，没有了树，院子里就剩下人了，那不就成了‘囚’了吗！”

33. 名贵的书法

调整为“小处不可随便”。

34. 趣味环形诗

（1）秋月曲如钩，如钩上画楼。画楼帘半卷，半卷一痕秋。

（2）曲如钩，上画楼。上画楼，帘半卷。帘半卷，一痕秋。

（3）月曲如钩，钩上画楼。楼帘半卷，卷一痕秋。

（4）秋，月曲如钩上画楼。帘半卷，一痕秋。

（5）秋痕一卷半帘楼，卷半帘楼画上钩。楼画上钩如曲月——秋。

35. 神秘电文

是10月10日，因为朝不是人名，而是字谜，分开就是十月十日。

36. 他们各姓什么

鲁、张、冯。

37. 请客吃饭的绝招

他的第一个问题是：今天晚上您愿意同我一起上馆子吗？

第二个问题是：对这个问题的回答，与对第一个问题的回答是一样的吗？

可怜的姑娘一下子陷入了窘境。她对第一个问题的回答不能再说“不”了，因为如果她说了“不”，那么对第二个问题来说，无论回答“是”或“不”，在逻辑上都是错误的。因此，她只好对两个问题都回答“是”。

38. 考试结果

如果考试不难，则甲一定考上，丁不一定，乙考不上，不能确定。而有一人成功录取。如果考试难，则甲乙丁都考不上。丙一定能考上。所以选A。

39. 谁只能玩第五圈

D。由“没有人可以连续玩三圈”和“每个人都必须玩三圈”可得戌不可能玩第四圈，因此第二圈肯定有戌，由题意知戌也在第三圈，而每个人都必须玩三圈，所以戌只能玩第五圈。

40. 一窍不通

“高山响鼓，闻声百里。乃‘不通！不通！’八窍已通七窍则为一窍不通！”

41. 凯文明白了什么

女子搭车回家，但是丈夫却从后面追来，所以不对。

42. 发明家受挫

你用什么东西装它呢?

43. 能言善辩的孩子

蚊子叮人吸血，吃得津津有味。虎狼撕咬人肉，也吃得津津有味。蚊子 虎狼

44. 巧断案

你妻子手上的疤痕是在左手还是在右手?该县令列举了两种可能情况要少年选择：“这个女子左手有疤痕，或者右手有疤痕。”如果真是他的妻子，那么他就应知道妻子手上疤痕的情况。现在这一恶少年不知道这一情况，自然就可证明这个女子不是他的妻子。这就一针见血地揭穿了这一恶少年企图强占他人女子为妻的阴谋。

45. 进门还是出门

你说我是进门还是出门?皇帝要美貌女在“上马”与“下马”之间作出选择，如果美貌女说“上马”，皇帝会下马，如果说“下马”，皇帝又会上马，企图以此使美貌女陷入困境。美貌女看透了这一点，将计就计反问一句，要求皇帝在“进门”与“出门”之间作出选择。说“进门”她会出门；说“出门”她会进门。所以皇帝也只好哑口无言。

46. 您是什么

先生，您准是农民了。

47. 驴子和骗子

介于两者之间。

48. 巧对诬陷

你说我是大麻子还是小麻子?是黑麻子还是白麻子?

49. 几杯水

杯子只有水池的一半大，那就是两杯；如果杯子只有水池的三分之一大，那就是三杯。

50. “忠”与“孝”

想当年楚王昏庸，我才不得不死，你在跳河之前应该先回去问问皇帝是不是昏君，如果不是昏君，你就不该投河而死；如果说皇上跟当年楚王一样的昏庸，你再死也不迟啊！

51. 皮箱与金表

这块金表除表面是镀金的以外，内部的机器都是金制的吗?

52. 独来独往的

刺猬、癞蛤蟆、蜘蛛又何尝不是独往独来的呢?

53. 长寿的乌龟

这样看来，昨天晚上它刚好满1万年。

54.死后状况

这些死者就会返回来。
不见一个死者返回来。

55. 欠钱还肉

不准超过或不足1磅的重量，要是你割下来的肉比1磅稍微轻一点或重一点，即使相差只有一丝一毫。

56. 美丽的姑娘

凡是喜欢我的小姐，我都喜欢她。

57. 书法第一

陛下的书法，皇帝中第一。

58. 不成材的儿子

你的儿子不如我的儿子。

59. 长工打酒

能倒出酒来算什么本事。

60. 法官

这个人情有可原，但是罪不可恕！

61. 屡败屡战

“战”与“败”字调换一下位置，屡败屡战。

62. 随便的主人

主人却是随随便便的。

63. 诉苦的青年

你花一年工夫去画它，那么只要一天工夫就准能卖掉。

64. 不低头的诗人

立在你面前深弯腰，
怎么能看得见我呢？

65. 四位工匠的主张

门一定要宽，才能体现“开放”。
门要高而窄，既美观又节约。
门要矮而宽，实用而有气派。

66. 机智的转述

她说，换个角度更能拍出你的美。

67. 秦少游的字谜

悲。

68. 苏轼大寿

苏轼要取的东西是“茶”。因为草字头和木字底中间加一个人，就是“茶”。

69. 浪子回头

早行节俭事，免过淡泊年。

70. 提示答题

撒哈拉沙漠。

71. 衣着规定

（1）由1和3可以得出16岁以上的学生能去看棒球赛。

（2）由2和3可以得出15岁以下的学生不能去看棒球赛。

（3）5这句先需要解释清楚，“不可以不看球赛和不穿毛衣，或者既不看球赛也不穿毛衣”，也就是说，必须要看球赛且穿毛衣。由此再结合第4句话得出，16岁以上的男生不能去看球赛。由此可以得出，看球赛的男生年龄在15-16岁，穿毛衣，戴大礼帽，而且没有带伴。

第八章

随机应变——反应能力

1. 车是谁的

如果有一辆车，司机是小明，乘客是小强，请问这辆车是谁的呢？

2. 奇妙的问题

蓝蓝和齐齐是同桌，这天上午，蓝蓝问了齐齐五个相同的问题，可是齐齐每次的回答都不一样，但是齐齐的回答每次都是正确的，你知道蓝蓝问了齐齐什么问题吗？

3. 两人不能一起做的事

明明和玲玲是同班同学，这天，明明到玲玲家做客，玲玲的妈妈问："有件事情，是玲玲可以做，明明也能做，大家都能做的事情，但是它却不能两个人一起做，你们能猜到这是什么事情吗，猜到的有奖励。"明明很聪明，她一下子就猜出了答案，玲玲的妈妈就给她们做了美味的红烧肉吃，你知道答案是什么吗？

4. 红螃蟹和黑螃蟹

有一只80厘米长的红螃蟹和一只30厘米长的黑螃蟹在比赛跑步，终点是对面的海岸，你知道最后谁会获胜吗？

5. 游泳冠军

森林动物园举行了一场别开生面的游泳比赛，参赛选手有两个，一个是一条狗，另一个是一只青蛙。平时都是青蛙游的很快，可这次却是狗拿了游泳冠军，你知道这是什么原因吗？

6. 帽子的颜色

有三个人，竖着站成了一排。他们一共有五个帽子，三个蓝色的，两个红色的，每人各戴一个，每个人都只能看到前面的帽子，而不能看到后面的帽子和自己的帽子。然后，问第一个人戴的是什么颜色的帽子，这个人说不知道，又问第二个人，他同样说不知道，又问第三个人，这个人说我知道。那么你能猜出第三个人戴的是什么颜色的帽子吗？

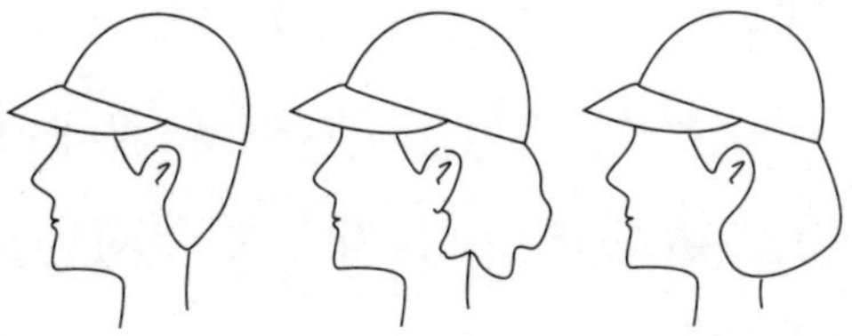

7. 车祸奇案

在某个偏僻的荒野里，发生了一件奇怪的车祸。一辆汽车从盘山公路上翻入旁边的山谷里。警察赶到现场发现，汽车的司机完好无损，翻覆的汽车内外有大量的血液渗出，却没有见到死者和伤者。并且出车祸的地区是荒郊野外，四周都没有人烟，你知道这是怎么回事吗？

8. 自讨没趣

某个镇子上有个特别喜欢捉弄人的人叫阿杰。有一天，阿杰遇到一个来镇子上做生意的商人董先生，他看到董先生很有钱，想趁机骗他一笔钱。阿杰找到董先生，对他说：“我是镇子上的老大，你要想在这里做生意要先和我打赌才行。”董先生问：“打什么赌？”阿杰回答说：“我可以咬到自己的眼睛，我要是做到了，你要给我1000块钱，我要是做不到，以后绝不打扰你做生意。”董先生想这怎么可能呢，于是答应和阿杰打赌。只见阿杰把假的左眼摘下来，放在嘴里咬了几下，然后又说：“我还可以咬到自己的右眼。”之后他真的做到了，董先生只好给了他1000块钱，你知道阿杰是怎么咬到自己右眼的吗？

9. 好人与坏蛋

有一艘驶往伦敦的航船在海上遭遇到剧烈的风暴，船翻了，十几个好人全都沉入了海底，可是一群坏蛋却很快浮上了水面，你知道这是为什么吗？

10. 谁会赢

蝎子和螃蟹一起去参加动物协会举办的爬行大赛，到了报名点一看，参加比赛的选手已经很多很多了，由于比赛规模的限制，目前只能再招一名选手。蝎子和螃蟹都想参加比赛，它们两个决定用猜拳的方法决定，谁赢了谁就参加比赛。可是到最后，它们两个谁也没有参加比赛，你知道这是为什么吗？

11. 奇怪的疾病

一个病人去医院看病，医生让他离自己远一点，然后给他做了全方位的检查，之后对他说："没有什么大碍，只要看开一点就行了。"你能猜出病人得的是什么病吗？

12. 奇怪的商品

有一种商品，买它的人知道它，卖它的人也知道它，只有用它的人不知道它，你知道这究竟是一种什么商品吗？

13. 吝啬的主人

古时一位姓李的秀才去镇上一个亲戚家做客。亲戚嫌李秀才穷，不想好好招待他，就煮了一个鸡蛋端了上来，还说道："真不好意思，你来得真不巧，要是晚来三个月，这个鸡蛋就是一盘鸡肉了。"秀才笑了笑："啊，真是难为你了。"后来，秀才中了进士，做了官员，秀才的亲戚登门拜访，秀才端上来一盘竹片，然后说了一句话，狠狠讽刺了亲戚的吝啬。你知道秀才对他的亲戚说的什么话吗？

14. 最长的手指

当我们伸出手掌时，我们会看到五根长短不同的手指。除拇指外，其他四根手指最短的就是小指，最长的是食指，不过也有人说最长的指头是无名指，这种说法对不对呢？

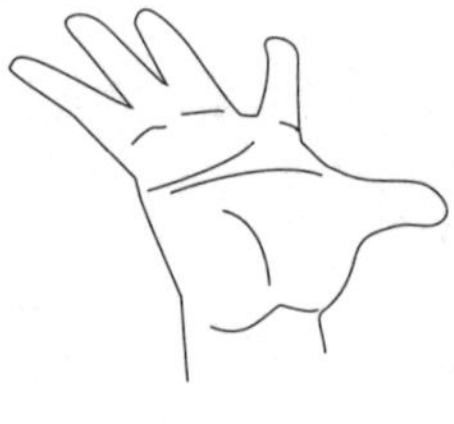

15. 好听的字母

有这样一种字母，很多人都喜欢听它，并且听好多遍都不会厌烦，这样的字母是什么？

16. 猜谜语

（1）黑脸包丞相，独坐中军帐，布下天罗网，单捉飞天将。（打一动物）

（2）一个小姑娘，住在清水塘，穿件粉衣裳，坐在绿船上。（打一植物）

（3）盘绕玉柱一条龙，冰天雪地不怕风，冬天最得人人爱，立春以后无影踪。（打一生活用品）

（4）凸眼睛，阔嘴巴，尾巴还比身子大，一钻钻进草底下，开出一朵火红花。（打一动物）

（5）大姐树上叫，二姐吓一跳，三姐拿砍刀，四姐点灯照。（打四种昆虫）

17. 称职的士兵

小李是一位称职的士兵，一天他在站岗的时候，看到了一些敌人悄悄溜进了自己的阵地，但是他却睁一只眼，闭一只眼，这是为什么呢？

18. 卖伞商人

一个商人在路边卖伞，他的伞都是带颜色的。他的摊位旁边挂着一个横幅，上面写着“保不褪色”。第二天，有一位顾客拿着一把褪色的伞怒气冲冲地找到商人说：“你不是说保不褪色吗，这伞的颜色为什么掉了呢？”狡猾的商人只说了一句话，就把顾客打发走了。你知道他说的什么话吗？

19. 尾巴朝向哪里

草地上有一只头朝北的牛，它在原地向右转三圈，然后在原地又向左转三圈，接着再往右转三圈，这时候它的尾巴朝向哪个方向呢？

20. 为什么要哭

有个青年男子因为酒驾出了车祸，他的家人把他送进了医院里进行急救。经过两个小时的艰苦抢救之后，一位医生从急救室里走了出来。男子的家人急忙问医生情况如何，医生没有说话，只是伸出了五个手指头。青年的家人开始失声痛哭，你知道她们为什么要哭吗？

21. 谁先拾到橡胶艇

有两艘轮船同时离开码头，开往两个不同的方向。甲船顺水航行，乙船逆水航行，两艘船的速度相等。在起航时，甲船上不慎落下一个橡胶艇，随水漂移。在离开码头1小时的时候，两艘船同时收到了无线电命令，要求它们立刻改变航向，去打捞起航时落下的橡胶艇。改变航向后，甲船变为逆水航行，乙船变为顺水航行，你知道哪艘船会先捞到橡胶艇吗？

22. 巧过大桥

有一条大河上架着一座桥，东西向跨过江面，人通过这座桥需要5分钟的时间。桥的中间有个小屋子，屋里住着一个看守。看守每隔3分钟就会出来看一下，如果看到有人通过，无论从哪个方向过来，都要行人退回去。有一个从东向西过桥的商人想出了一个办法，终于通过了大桥，你知道他是用的什么方法吗？

23. 不可能完成的任务

一个姓刘的地主对待自己的下人非常刻薄。这天，刘地主召集了所有的下人，说："今天，你们当中必须有一个人带我的30只羊到集市上卖，到晚上，要把卖的钱和30只羊全部带回来，做不到的话，你们今年的工资就都没有了。"下人们都很气愤，但是没有办法。下人之中有个聪明的小伙子叫哈桑，哈桑站出来对地主说："我可以做到。"后来哈桑真的做到了，你知道他用的什么方法吗？

24. 最难的任务

在一个聚会上，一位作家提出了一个非常古怪的问题，难住了很多人。作家说："把一只5斤重的鸡装进一个只能盛1斤水的瓶子里，你能用什么方法把它拿出来吗？"大家听了这个问题，都觉得这是个没办法完成的任务，但是有一位年轻的诗人，回答了一句话，就轻而易举地解决了这个问题，你知道这个诗人是怎样回答的吗？

25. 拼凑图形

下面是两个不同的图形，请你只剪一刀，使它们重新拼成一个正方形。

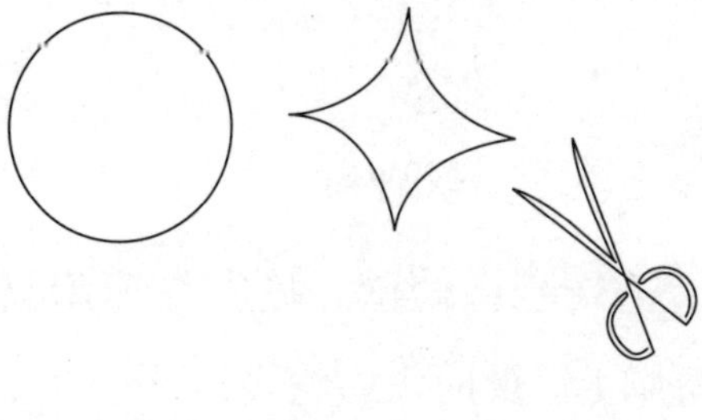

26. 美丽的鱼

仔细观察下列一组图形，找出鱼鳞片变化的规律，据此推断最后的一个图形应该是什么样的？

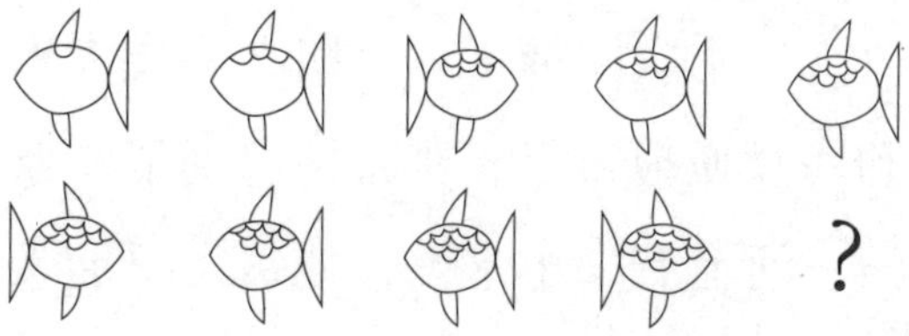

27. 看不见的苹果

如果在一个没有放置任何家具的空房子里，站着10个人，每个人都可以对整个屋子一目了然。现在如果让你把一个苹果放在屋内，让除一人之外的其他人都能看见，应该放在哪儿呢？

28. 还钱方案

有四个人彼此之间互相借钱：甲借了乙10元，乙借了丙20元，丙借了丁30元，丁又借了甲40元。某天，四个人在一个路口相遇了，大家商议着要趁此机会把钱互相还清。可是，他们可以动用的资金很少，你能想个办法让他们动用最少的钱，就能把彼此的债务还清吗?

29. 农民过河

一个农民带了一只鹅、一袋大米和一只狐狸回家。在途中遇到了一条河，河上有个小木筏，他每次只能带一样东西过河，但是不能单独留下狐狸和鹅，或者是鹅和米，那么有什么办法能让他顺利将所有东西都平安地运过去呢?

30. 奇特的赛马

某个地区举行了一场独特的赛马，他们不是赛谁跑得快，而是赛谁跑得慢。于是，两位参赛的选手骑着自己的马慢悠悠地向前进。经过两个小时之后，两匹马依然慢得几乎“停滞不前”，照这样下去，比赛什么时候才能结束呢。观众们变得越来越不耐烦，连两位选手也变得焦虑起来。这时候，一位老人想出了一个办法，之后，比赛很快就结束了，你知道老人想出了一个什么办法吗?

31. 对面的楼房

某条街道的两旁排列着整齐的楼房。街道左边的楼房，从1开始按顺序编号，直到街尾，然后从对面街上的楼房开始往回继续编号，到编号为1的楼房对面结束。每栋楼房都与对面的楼房恰好相对。已知，编号为121的楼房与编号为294的楼房正好相对，那么这条街共有多少栋楼房呢?

32. 紧急时刻

有一个聋子看到一个男孩在一座危墙下玩耍，墙就快要倒下来了，过去抱开那个男孩已经来不及了，他该怎么告诉那个男孩并让他跑开呢?

33. 雪后脚印

一处悬崖峭壁，屹立在惊涛骇浪的海岸上。此时大雪纷飞，不一会儿，山顶上就积满了白茫茫的一层雪。大雪过后，在积雪中清清楚楚地留下了一串男人的脚印，由远处的村庄走到了绝壁跟前……再也找不到别的脚印了，是不是村里有人跳海自杀了？经过调查了解，得知并没有人跳海自杀。请想想，这可能是怎么回事呢？

34. 镜子联想

小华有一天在照镜子梳头时突然想到一个有趣的问题：一个人站在两块相对摆放的镜子之间，可以照出无数影像。如果有一间屋子前后、左右、上下都是镜子，没有缝隙，那人站在这间屋子中能看见什么呢？

35. 5＝？

如果1＝5，2＝15，3＝45，4＝55，则5＝？

36. 如图

请问这辆汽车是停在了几号车位？为什么？

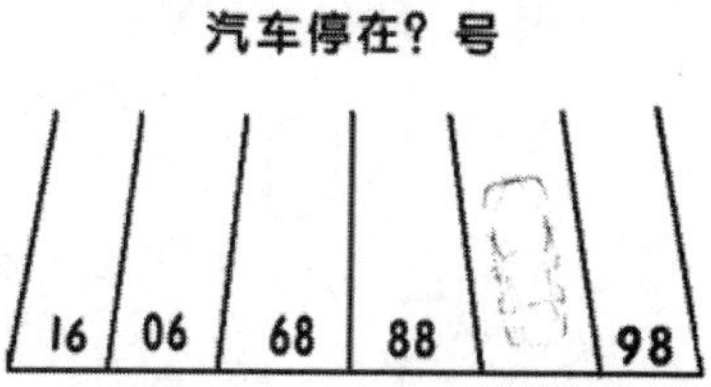

37. 数字题目

（1）在下列分数中，不同类的一项是（　）。

A. $\frac{3}{5}$　B. $\frac{3}{7}$　C. $\frac{3}{9}$

（2）2，8，14，20，（　　）。找规律，写出（　）处的数字。

（3）1，8，27，（　　）。找规律，写出（　）处的数字。

（4）65，37，17，（　　）。找规律，写出（　）处的数字。

（5）1, 3, 2, 4, 6, 5, 7,（　　）。请写出（　）处的数字。

38. 填空

填入空缺的数字或字母：

（1）16（96）12　10（　）15。

（2）CFI　DHL　EJ（　）。

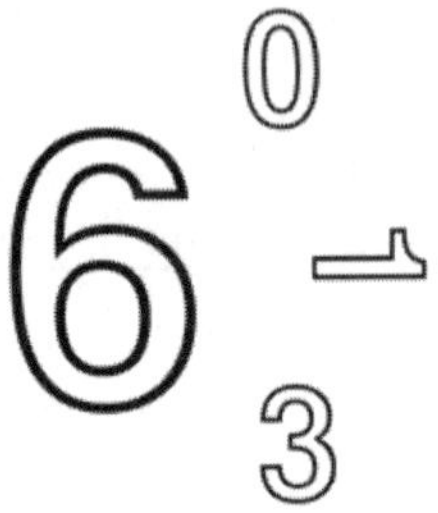

39. 找出不同的项

（1）下面选项中，与其他不同的是（　）。

A. 眼镜蛇　B. 大树　C. 猫

（2）下面选项中，与其他不同的是（　）。

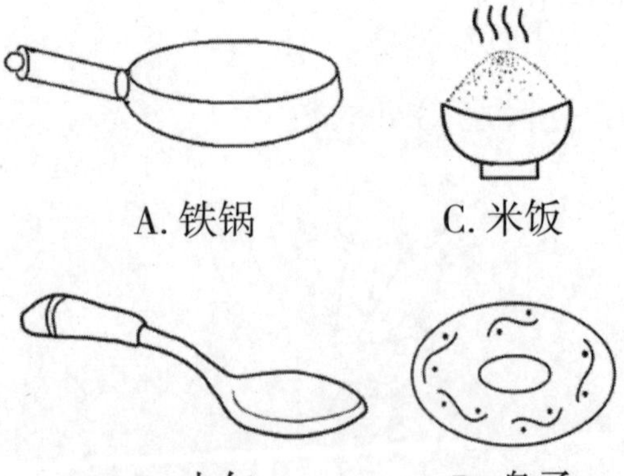

A. 铁锅　C. 米饭

B. 小勺　D. 盘子

40. 对应关系（1）

（1）如果笔相对于写字，那么书相对于＿＿＿＿＿＿。

A. 娱乐　B. 阅读

C. 学文化　D. 解除疲劳

（2）马之于马厩，正如人之于＿＿＿＿＿＿。

A. 牛棚　B. 马车　C. 房屋

D. 农场　E. 楼房

41. 对应关系（2）

小华有一天在照镜子梳头时突然想到一个有趣的问题：

（1）动物学家与社会学家相对应，正如动物与（　）相对。

A. 人类　B. 问题

C. 社会　　　　D. 社会学

（2）南之于西北，正如西之于：

A. 西北　　　　B. 东北

C. 西南　　　　D. 东南

42. 妇女的大衣

如果所有的妇女都有大衣，那么漂亮的妇女会有（　　）。

A. 更多的大衣

B. 时髦的大衣

C. 大衣

D. 昂贵的大衣

43. 汉字判断

（1）望子成龙的家长往往（　）苗助长。

A. 揠　　B. 堰　　C. 偃

（2）在括号内填上一个字，使之既有前一个词的意思，又可以与后一个词组成词组：头部（　）震荡。

44. 一字两用

在括号内填上一个字，使其与括号前的字组成一个词，同时又与括号后的字也能组成一个词：

（1）款（ ）样　（2）祭（ ）定

（3）俗（ ）文　（4）空（ ）野

（5）任（ ）借　（6）凶（ ）烈

（6）寄（ ）付　（8）孤（ ）自

（9）考（ ）据（10）暂（ ）止

45. 照例，填词

（1）金黄的头发（黄山）刀山火海

赞美人生（　　）卫国战争

雪中送炭（　　）忧国忧民

落英缤纷（　　）治国安邦

（2）罄竹难书（书法）无法无天

作奸犯科（　　）教学相长

出神入化（　　）品学兼优

弦外之音（　　）鼓乐齐鸣

46. 寿命短短的产品

制造日期与有效日期是同一天的产品是什么？

47. 不给人看病的医院

有一家医院，从开业到现在，一直没有给人看过病，为什么呢？

48. 不出汗的狗

两只狗赛跑，甲狗跑得快，乙狗跑得慢，跑到终点时，哪只狗出汗多？

49. 平均分马

请你把九匹马平均放到十个马圈里，并让每个马圈里的马的数目都相同，怎么分？

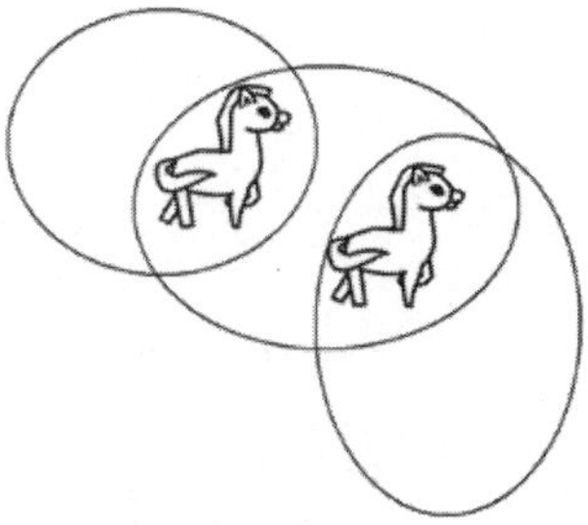

50. 睁一只眼闭一只眼

小王是一名优秀士兵，一天他在站岗值勤时，明明看到有敌人悄悄向他摸过来，为什么他却睁一只眼闭一只眼？

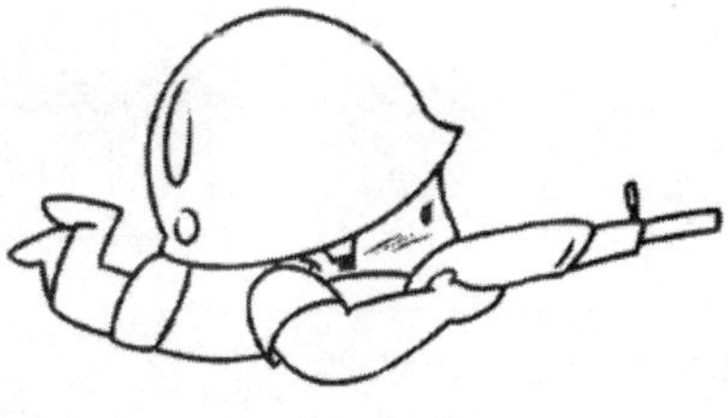

51. 流血了

小明打死了一只动物，可是为什么流的是小明自己的血呢？

52. 作弊

在一次监察严密的考试中，有两个学生交了一模一样的考卷。主考官发现后，却并没有认为他们作弊，这是什么原因？

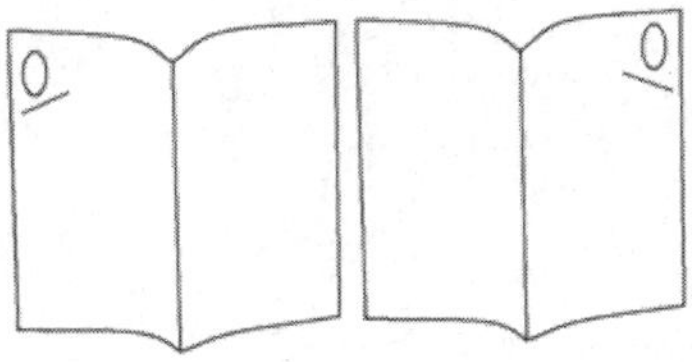

53. 没有伤者

一架飞机坐满了人，从万米高空落下坠毁，为什么却一个伤者也没有？

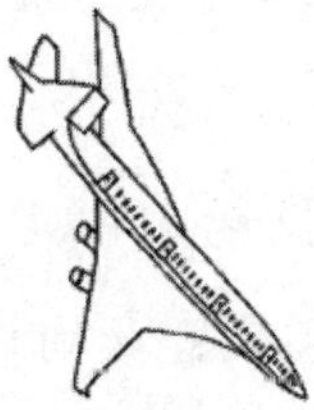

54. 不眨眼

小刘是个很普通的人，为什么能一连十几小时不眨眼？

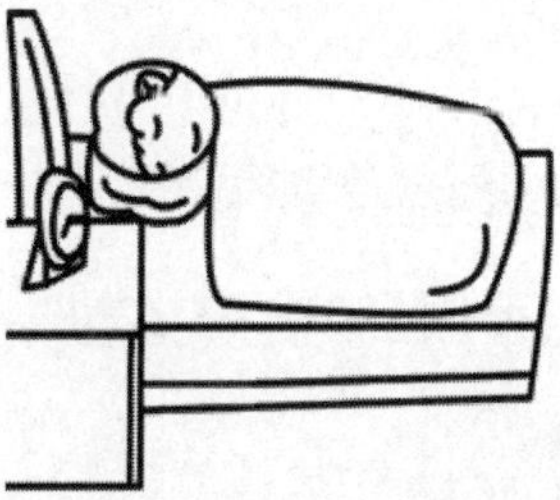

55. 兄弟

一个警察有个弟弟，但弟弟却否认有个哥哥，为什么？

56. 爸爸吵架

有个公安局长在公园和人下棋，这时，跑来一个孩子，着急地说："你爸爸和我爸爸吵起来了。"这时，旁人问这个公安局长："这是你的什么人？"公安局长回答说："这是我的儿子。"请问吵架的两个人与这个公安局长分别是什么关系？

57. 奇怪的数字

你能否用3跟筷子搭起一个比3大比4小的数？

58. 说话的碰撞

什么东西说"父亲"是不会相碰，叫"爸爸"时却会碰到两次？

59. 回头

一个人在沙滩上行走，回头为什么看不见自己的脚印？

60. 向左走，向右走

小红和小丽是同学，也住在同一条街，她们总是一起上学，可是每天一出家门就一个向左走，一个向右走，这是怎么回事呢？

61. 刑期长短

一间牢房中关了两名犯人，其中一个因偷窃，要关一年，另一个是强盗杀人犯，却只关两个星期，为什么？

62. 蚊子的性别

阿明被蚊子咬了一大一小的包，请问较大的包，是雄蚊子咬的，还是雌蚊子咬的？

63. 先点燃哪个

在一间房子里，有油灯、暖炉及壁炉。现在，想要将三个器具点燃，可是你只有一根火柴，请问首先应该点哪一样？

64. 小勇会说什么

老师给同学们布置了一些作业，希望同学们回家去测量一些东西，凡是家里的东西都可以测量，第二天，老师发现小勇的作业本上有这样几道题：9+6=3，5+8=1，6+10=4，7+11+6=0。于是，老师就狠狠地批评了小勇，可是，小勇说了一句话，老师也觉得有道理。仔细观察这几道题，你觉得小勇会说什么呢？

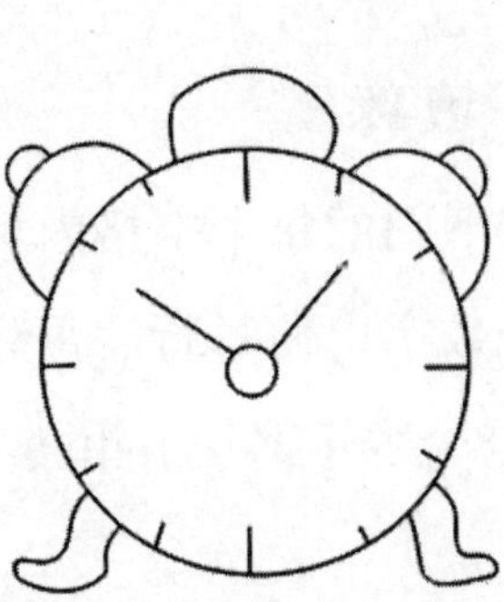

65. 密码游戏

有两个小伙伴一起玩游戏，甲让乙看了一下卡片，卡片上写着“橘子橙子香蕉梨”，意思是“星期六游乐场碰面”，而另一张卡片上写着“橙子李子猕猴桃”，意思是“我们游乐场玩耍”，然后又让他看了一下最后一张卡片，上面写着“李子橘子火龙果”，意思是“星期六游乐场玩耍”，那么“香蕉梨”的意思是什么？

66. 填数字

请在下图的每个空格内填入1至8中的一个数字，使每行、每列、每条对角线上8个数字都互不相同。

1			6				
			4			2	
4					3	1	
	5				6		
		4	8				3
				5			
	6		3	1			
				8	5		2

67. 裂纹与密码

有位富豪遭人绑架，被打晕过去，醒来发现自己竟在一密室里，经过一番仔细搜寻后，富豪发现了如图所示的一个开关（覆盖着玻璃，但是玻璃被子弹打碎了），但是这个开关有什么玄机呢，这密码到底是什么呢？

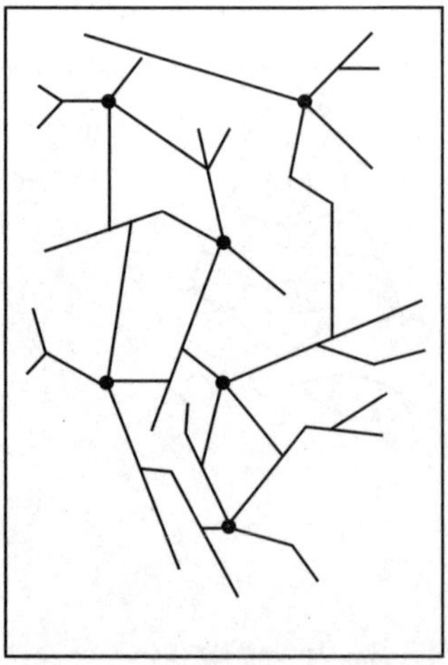

小故事

赔了夫人又折兵

在清朝康熙年间，曾经发生过一件有趣的案件。

一个米店老板家的一只小鸡被一位农夫不小心踩死了。米店老板拉着农夫到了于成龙的府衙里来告状。

米店老板说："大人，您要替我做主啊！我家一只小鸡被这个农民给踩死了。我家的鸡可是良种鸡，只要喂几个月就能长到九斤重。按现在的价钱算，一斤鸡是100钱，九斤刚好是900钱，请大人判他赔我900钱。"

于成龙笑着说："你说的有道理，好，我现在判农夫赔你900钱。"

米店老板一听，忙给于成龙磕头。"不过……"于成龙顿了顿说，"农夫踩死你的鸡，你就省下了买米的钱。俗话说：'斗米斤鸡'，农夫为你省下了9斗米。按照现在的米价来算，每斗米300钱，9斗米正好是2700钱，现在我判你给这位农夫2700钱。"

最后米店老板只好无奈地给了农夫2700钱。

第八章 答案

1. 细胞的分裂

这辆车是“如果”的。

2. 奇妙的问题

蓝蓝问的是时间。

3. 两人不能一起做的事

做梦。

4. 红螃蟹和黑螃蟹

黑螃蟹会获胜。因为螃蟹只有煮熟之后才会变成红色。

5. 游泳冠军

因为比赛有规定，游泳只允许用狗刨式，而不能用蛙泳的方式。

6. 帽子的颜色

是蓝色。因为第三个人站在队伍的最后，他可以看见前两个人帽子的颜色。前两个人戴的帽子都是红色。因为一共只有两顶红色帽子，只有前两个人都戴红色帽子的时候，第三个人才能判定自己所戴的是蓝帽子，如果前面的帽子是一红一蓝或是两个蓝色，第三个人还是没办法判断出自己帽子的颜色。

7. 车祸奇案

出车祸的这辆车是献血车，所以车内外有很多血液渗出。

8. 自讨没趣

阿杰摘下了自己的义齿，在右眼上咬了咬。

9. 好人与坏蛋

浮上来的是一批坏掉的“蛋”，因为蛋坏了才能浮上海面。

10. 谁会赢

因为它们都只会出剪子，所以一直没有决出谁胜谁负。

11. 奇怪的疾病

斗鸡眼。

12. 奇怪的商品

棺材。

13. 吝啬的主人

秀才说：“不好意思，您来得真不凑巧，您要是早来三个月，这盘竹片就是一盘美味的竹笋了。”

14. 最长的手指

这种说法有道理，因为“中指”“小指”和“食指”都是两个字，只有“无名指”是三个字。

15. 好听的字母

CD。

16. 猜谜语

（1）蜘蛛；（2）荷花；（3）围巾；（4）金鱼；（5）蝉、蚂蚱、螳螂、萤火虫。

17. 称职的士兵

因为他正在用枪瞄准敌人。

18. 卖伞商人

商人指着横幅说："横幅上不是写着吗，色褪不保。"

19. 尾巴朝向哪里

朝向地面。

20. 为什么要哭

因为五个手指代表"三长两短"。

21. 谁先拾到橡胶艇

两艘船到达橡胶艇的位置都需要1小时的时间，所以它们同时捞到橡胶艇。

22. 巧过大桥

商人从东往西过桥，走了两分多钟后即转身往东走。当看守出来见到他时，就命令他退回来。这样他就可以调转头来向西走，顺利通过大桥。

23. 不可能完成的任务

哈桑把羊赶到集市上，然后把羊毛全都剪下来，把羊毛卖掉，最后带着钱赶着羊回去了。

24. 最难的任务

"您怎么放进去的，我就怎么拿出来，您是凭嘴一说就把它放进去了，那么，我也凭嘴一说就把它拿出来。"

25. 拼凑图形

把两个图形重叠在一起（图1），再从中间剪一刀（图2），将剪开的部分拼起来，就是正方形了（图3）。

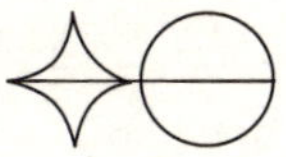

图1

图2

图3

26. 美丽的鱼

鱼鳞片变化的规律是加2、加3、减1，鱼鳞片的数目为奇数时，鱼头冲左，鱼鳞片的数目为偶数时，鱼头冲右。

27. 看不见的苹果

放在其中一个人的头顶上。

28. 还钱方案

乙、丙、丁每人各给甲10块钱。如果用数学上的负号（-）和正号（+）来分别表示借出和借入的钱，那么就很容易得出三个人的实际钱数：

甲：(-40)+(+10)=-30（元）

乙：(-10)+(+20)=+10（元）

丙：(-20)+(+30)=+10（元）

丁：(-30)+(+40)=+10（元）

由这个算式看出，只要乙、丙、丁各给甲10块，他们之间的债务就还清了，这样清理债务只动用了30块钱。

29. 农民过河

先带鹅过河；回来把狐狸带过去，同时把鹅再带回来；把米带过河；最后把鹅带过河。

30. 奇特的赛马

老人让两位选手交换马匹，这样为了让自己的马跑得慢，选手会拼命让对方的马跑得快些，这样，比赛很快就结束了。

31. 对面的楼房

共有414栋楼房。计算方法：1号到121号之间一共有120栋楼房，相应的，294号楼房到最后一个编号之间也有120栋楼房。所以，楼房数共计294+120=414（栋）。

32. 紧急时刻

他是个聋子，但是可以说话，喊那个男孩注意就可以了。

33. 雪后脚印

是一个人由于某种原因而伪造了一个自杀现场的恶作剧。没有想到吧。他的伪造过程是怎样的呢？他制造了一副高跷，但这副高跷是脚尖朝后的。当快要下雪的时候，他拿着这幅高跷走到了峭壁上；当雪将停时，他就踩着自制的高跷，小心翼翼地一步步走回村了。谁都会知道，我们的脚一般是用来移动身体使之前进的，这是人们的常识。也就是说，脚印当中的脚趾总是与人前进的方向一致，能够指出那时人是朝着什么方向走的，是人行进方向的证据。作此恶作剧的人，就是利用了这一点，做了反常的现场。而解决这个问题的关键，也在于识破这一点。

34. 镜子联想

什么也看不见，因为没有光线。

35. 5=？

5=1。

36. 如图

87，倒着看可以看到规律。

37. 数字题目

（1）C。提示：C不是最简分数。

（2）26。提示：后一个数是前一个数加6。

（3）64。提示：从1的三次方开始，到4的三次方。

（4）5。提示65=8×8+1，37=6×6+1，17=4×4+1，后一个数为2×2+1=5。

（5）9。从1开始顺序数，可以找到数字排列的规律。

38. 填空

（1）60。中间数字是左右两个数字的第二个公倍数。

（2）O。把字母对应成数字，可以找到排列的规律。

39. 找出不同的项

（1）B。提示：其他是动物。

（2）C。其他是餐具。

40. 对应关系（1）

（1）B。　（2）C。

41. 对应关系（2）

（1）A。　（2）B。

42. 妇女的大衣

C。

43. 汉字判断

（1）A。

（2）脑。

44. 一字两用

(1)式;(2)奠;(3)语;(4)旷;(5)凭;(6)猛;(7)托;(8)独;(9)证;(10)停。

45. 照例，填词

(1)美国　中国　英国;(2)科学　化学　音乐。

46. 寿命短短的产品

新闻类报纸。

47. 不给人看病的医院

这是一家给动物看病的医院。

48. 不出汗的狗

狗不会出汗。

49. 平均分马

将十个圆圈以梅花状互相叠加，将每两个圈叠加的地方，各放一匹马，这样一来每个圈中就有两匹马。

50. 睁一只眼闭一只眼

他在瞄准。

51. 流血了

因为小明打死了一只正在吸自己血的蚊子。

52. 作弊

两个空白卷。

53. 没有伤者

因为都死亡了。

54. 不眨眼

他睡觉了。

55. 兄弟

那个警察是女的。

56. 爸爸吵架

警察局局长是女的。一个是她的父亲，一个是她的丈夫。

57.奇怪的数字

π。

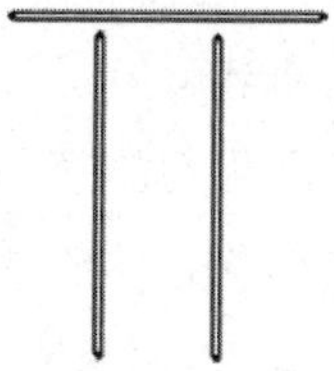

58. 说话的碰撞

嘴唇。

59. 回头

他是在倒着走。

60. 向左走，向右走

她们是一条街上住对门的邻居。

61. 刑期长短

强盗杀人犯被判处死刑了。

62. 蚊子的性别

只有雌蚊子叮人。

63. 先点燃哪个

先点燃火柴。

64. 小勇会说什么

小勇说，它是按照时间做的加法。

65. 密码游戏

碰面。因为第一句和第二句的原意都有“橙子”，而解释两句的意思里都有“游乐场”，第一句和第三句里都有“橘子”，解释的意思里都有“星期六”，所以“香蕉梨”的意思就是“碰面”。

66. 填数字

解此类数独题的关键在于观察那些位置较特殊的方格(对角线上的或者所在行、列空格比较少的)，选作突破口。本题可以选择两条对角线上的方格为突破口，因为它们同时涉及三条线，所受的限制最严，所能填的数空间也就最小。

副对角线上面已经填了2，3，8，6四个数，剩下1，4，5和7，这是突破口。观察这四个格，发现左下角的格所在的行已经有5，所在的列已经有1和4，所以只能填7。然后，第六行第三列的格所在的行已经有5，所在的列已经有4，所以只能填1。第四行第五列的格所在的行和列都已经有5，所以只能填4，剩下右上角填5。

再看主对角线，已经填了1和2，依次观察剩余的6个方格，发现第四行第四列的方格只能填7，因为第四行和第四列已经有了5，4，6，8，3。再看第五行第五列，已经有了4，8，3，5，所以只能填6。

此时似乎无法继续填主对角线的格子，但是，可观察空格较少的行列，例如第四列已经填了5个数，只剩下1，2，5，则很明显第六格填2，第八格填1，第三格填5。此时可以填主对角线的格子了，第三行第三列填8，第二行第二列填3，第六行第六列填4，第七行第七列填5。

继续依次分析空格较少的行和列(例如依次第五列、第三行、第八行、第二列……)，可得出结果如下图：

1	2	7	6	3	8	4	5
6	3	5	4	7	1	2	8
4	7	8	5	2	3	1	6
2	5	3	7	4	6	8	1
5	1	4	8	6	2	7	3
3	8	1	2	5	4	6	7
8	6	2	3	1	7	5	4
7	4	6	1	8	5	3	2

67. 裂纹与密码

显然开关上的弹孔对应密码，因此密码应为013578这几个数。

而密码的顺序可通过弹纹来判断。

新的裂纹将在旧的裂纹处终止，由此可以判断出密码顺序为570831。

第九章
博闻广识——记忆能力

1. 记忆图形

下面有两组图形，请你先仔细观察第一组图形，观察两分钟后将第一组图形盖住，然后在第二组图形中找出你在第一组中看到的图形。

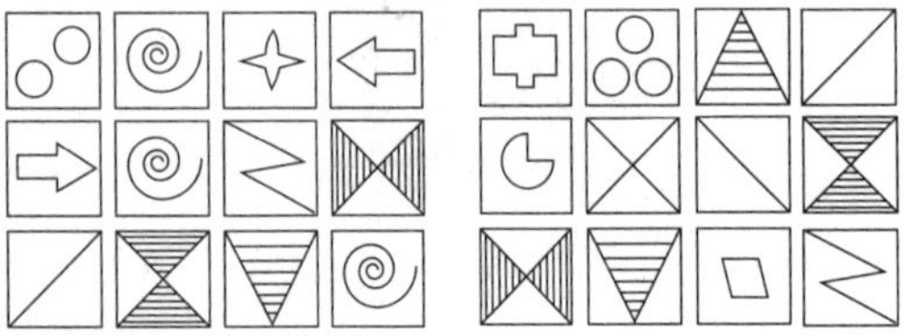

2. 手势回忆

这个游戏可以和自己的同学或朋友一起来做。一个人先认真地做5个手势，要求这5个手势不能相同，一个人做的时候，另一个人不能做。等到5个手势做完之后，另一个人要重复再做一遍。然后，第一个人将5个手势的顺序倒着做一遍。看谁的记忆力更好，做得又快又准。

3. 记忆填图

下面表格中少了一个图形，你能用最快的速度把它补出来吗？

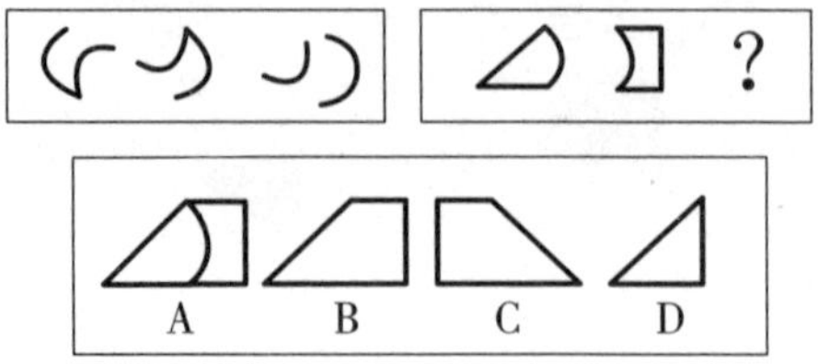

4. 记忆单词

准备好笔，看一遍下面的词，设法记住全部。看完后盖上它们，按照它们出现的次序写出来，然后对照书进行核对。

（1）枪	（8）鸡蛋	（15）游泳池
（2）大门	（9）熊猫	（16）戒指
（3）手套	（10）猫	（17）香烟
（4）手机	（11）糖果	（18）花
（5）汽车	（12）杂志	（19）电脑
（6）拖鞋	（13）篮球	（20）书
（7）桌子	（14）电灯开关	

5. 对号入座

图1是8幅已经排好号码的图形，请你仔细观察几分钟，然后把图1盖上，凭记忆把图2中的图形按图1再次对号入座。

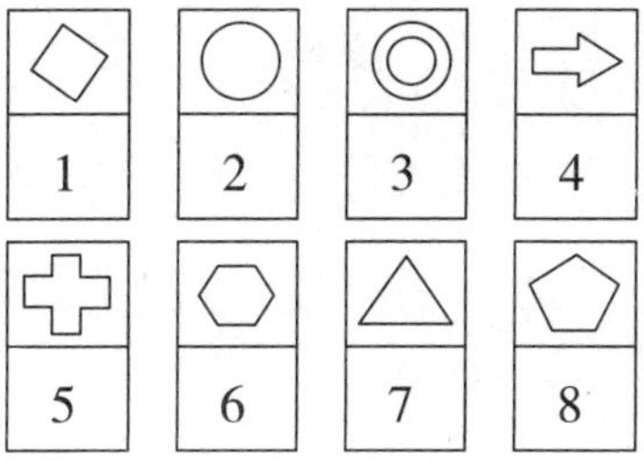

图1

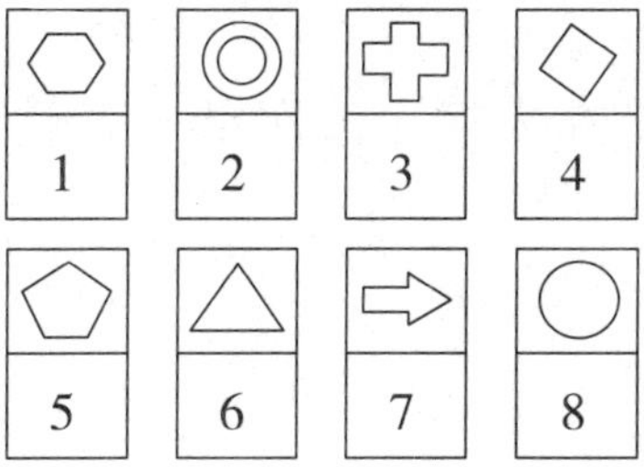

图2

6. 汽车停站

一辆载着16名乘客的公共汽车驶进车站，这时有4人下车，上来5人；在下一站上来10人，下去4人；在下一站下去11人，上来8人；在下一站，下去4人，只上来4人；在下站又下去8人，上来15人。请你接着计算：公共汽车继续往前开，到了下一站下去6人，上来7人；在下一站下去5人，没有人上来；在下一站只下去1人，又上来8人。好了，现在不要回头看上面，请回答：这辆车共停了几站？

7. 圆周率记忆大比拼

找到一个伙伴，和你同时记忆下面圆周率小数点后60位，看谁最先在最短的时间内默写出来？

3.141592653589793238462643383279502884197169399375105820974944

8. 箭头记忆

下面所示的图形中缺了两个箭头，请你仔细观察后，用最快的速度补出来。

↑	→	→	↓
←		↑	←
←	↑	↓	
↓	→	→	↑

9. 分列记忆

两人一组，A依次念下列每组的数字汉字，每隔一秒钟念一个。A每念完一组，要求B只能把数字按顺序回忆出来，而不能回忆汉字。例如，

A念：“幼—5—蓝—7—苗”，B念：“5—7”。

第一组：幼—5—蓝—7—苗。

第二组：快—跑—6—亲。

第三组：开—9—寸—4—电—6。

第四组：表—2—多—5—饮—3。

第五组：好—3—坏—9—东—6—手—2。

第六组：嘴—2—书—1—笔—4—飞—9。

10. 物品记忆

这个游戏可以和好朋友一起做。将一系列日常的生活物品陈列在书桌上，包括铅笔、橡皮、小刀、水杯、钥匙、积木、课本、报纸、剪刀等。让你的同伴仔细观察这些物品，记住它们的名称。1分钟之后，将同伴的眼睛遮住，让它说出自己刚才看到的物品名称，然后拿走几样物品，让他睁开眼睛来看，说出少了哪些物品。

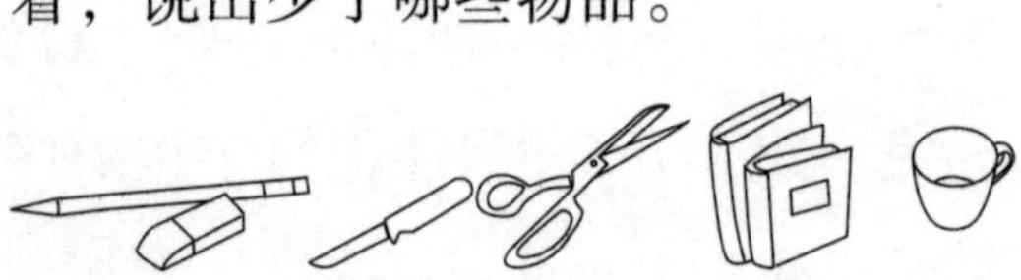

11. 记忆事件

汉代较有规模的农民起义共有3次：一次是发生于公元17年的绿林起义；一次是发生在公元18年的赤眉起义；还有一次是发生在公元184年的黄巾起义。前两次发生在西汉，后一次发生在东汉。请你想办法记住这些内容。

12. 图形选择

观察第一组图形，找出其中的规律，然后根据记忆中的规律找出第二组图形中缺少的图形。

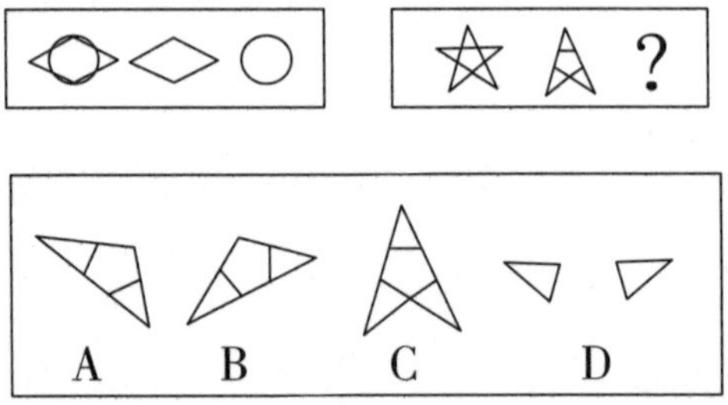

13. 动物公交车

有一辆公交车从一个动物园驶往另一个动物园。车刚出站时车上有一只狐狸、两只斑马和一只小松鼠。

第一站：下了一只狐狸，上了一只老虎。

第二站：下了一只松鼠，上了一只骆驼。

第三站：下了两只斑马和一只老虎，上了两只孔雀。

第四站：下了一只骆驼，上了一只熊猫。

第五站：下了一只孔雀，上了一只狮子。

第六站：下了一只熊猫，上了一只兔子。

请阅读上面的信息两遍，然后将这些信息盖住，回答下面的问题。

（1）开车时车上有几种动物？

（2）熊猫是在哪站上车的？

（3）题中一共出现了几种动物？

（4）这辆公交一共有几站？

（5）两只孔雀都下车了吗？

14. 与桌子有关的东西

请回忆出与“桌子”有关的东西：

(1) 桌子的作用有哪些？

(2) 桌子的材质有哪些？

(3) 你能记起多少种桌子的形状？

（4）想想你家的桌子上都放着什么？

（5）回忆一下桌子是怎样到家里来的？

15. 记忆字母

仔细观察下面的几幅图，记住图形的形状和里面的字母。然后将图形的信息盖住，在一张白纸上画出你记忆中的图形，然后在图形中填上相应的字母。注意要按顺序填写，不要跳跃性地填写。

16. 重组纸盒

下面的一幅图是一个纸盒展开之

后的形状，请你记住这个纸盒各个面的图案，然后想象纸盒被组装起来是什么样子。

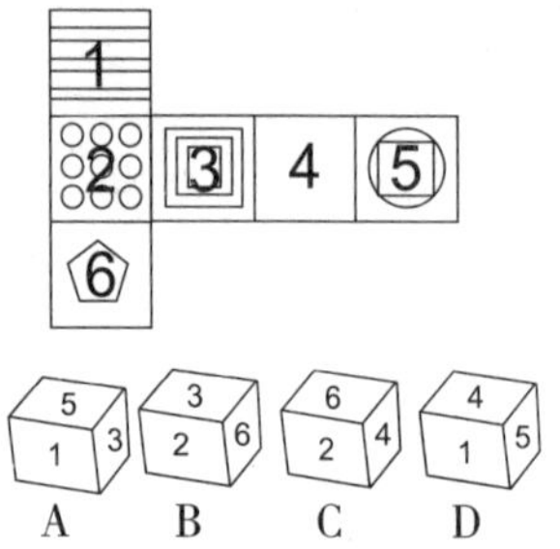

17. 商品价格记忆

下面列举了一些商品的名称及其价格，请你用两分钟的时间记忆这些商品及其对应的价格。两分钟后将上述信息盖住，回忆一下本题中列举了哪些商品，每件商品对应的价格是多少？

商品	橡皮	笔记本	涂改液	梳子	脸盆	毛巾	笔袋	彩色铅笔	书包	洗发液
价格	2.5元	5元	3.5元	10元	15.5元	13.5元	12元	9.9元	58元	14元

18. 回忆练习

迅速搜索你的记忆库，看你能记起多少以前的东西。

（1）回忆除你家庭成员之外的其他人的名字，看你最多能记起多少？

（2）你一定听过不少儿歌，现在这些儿歌你还能唱出来吗，歌词不要记错哦。

（3）小学时代的每位老师和校长的姓名，你还能记起来吗？

（4）能不能把过去游览过的地方和游览时的情景记起来呢？

（5）复述几个一年以前听过的笑话。

（6）说出现在5个朋友的名字，然后回忆最近与他们见面的时间、地点、谈论的话题以及见面时的情景。

19. 涂格子

下面是两组格子图片，第一幅是将一些格子涂上了斜线。请你观察这幅图1分钟，然后用纸把这幅图盖住，再在第二幅空白格子里的相应位置涂上斜线，看看你的记忆究竟有多好。

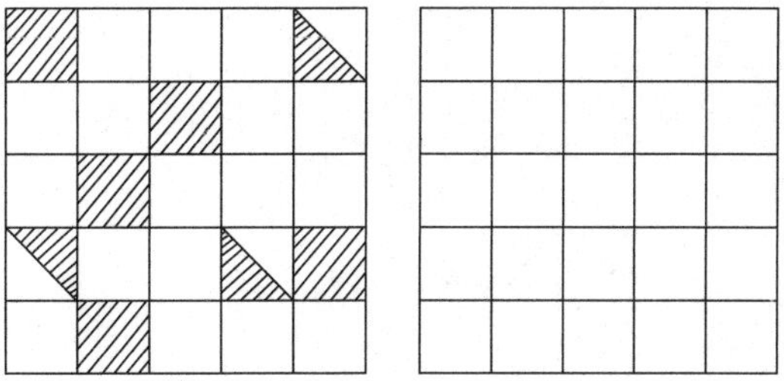

20. 一群大雁

一群大雁在天空飞翔：1只在前，4只在后；1只在后，4只在前；1只在左，4只在右；1只在右，4只在左；1只在两只中间，3只排成一行，共排了两行。你能说出这群大雁共有多少只，是什么样的队形吗？

21. 心算题

请你使用心算，用最快速度，求出下面算术题的正确答案。

$$55555+55555-55555\times55555\div55555=?$$

22. 有趣的数字

有一个有趣的3位数，这个数减去7，能被7除尽，减去8能被8除尽，减去9能被9除尽，你知道这个3位数是什么？

23. 复述数字

请在看完下列数字以后，按顺序复述，可以重复进行。

6 7 2

3 2 4 6

8 3 4 5 8

9 6 7 2 1 3

2 1 3 5 7 9 8

3 0 5 4 1 7 6 5

1 4 5 6 8 0 2 0 7

8 1 2 6 7 1 0 3 5 8

24. 世界之最

你知道世界上的10个“世界之最”吗？

①世界上最高的山峰叫什么名字？

②世界上最热的大陆叫什么名字？

③世界上最长的海沟叫什么名字？

④世界上最大的内海叫什么名字？

⑤世界上最大的岛屿叫什么名字？

⑥世界上最高的高原叫什么名字？

⑦世界上最大的高原叫什么名字？

⑧世界上最深的湖泊叫什么名字？

⑨世界上最长的海峡叫什么名字？

⑩世界上最宽的瀑布叫什么名字？

25. 数字密码

下面的第一幅图为数字的密码，请你仔细观察30秒，然后盖上，再用1分钟的时间把下面的译题做完：

1	2	3
T	+	▽

2	1	3	2	1	3

26. 数字藏字

下面每个方格中都藏着一个字，两格相加，可以合成一个字，你能依照下面的提示猜出来吗？

	1		
	2	6	7
	3		
5	4		

① 1加2等于日落以后的意思。

② 2加3等于日初的意思。

③ 3加4等于欺侮的意思。

④ 4加5等于瞄准击发的意思。

⑤ 2加6等于光亮的意思。

⑥ 6加7等于丰满的意思。

27. 乘车

一批乘客坐车去上班，第一站下了所有乘客的$\frac{1}{6}$，第二站下了剩下乘客的$\frac{1}{5}$，随后的几站分别下了余下乘客的$\frac{1}{2}$、$\frac{3}{4}$和$\frac{2}{3}$，最后还剩下3个乘客。这中间没人上车，问开始有几个乘客？每站各下了几人？

（请看完题后以最快速度解答，看你能否记清每站下的乘客比例）

28. 诗词填空

准确地填出下面诗词选句中的第

一个字，你会发现它们是一组很有趣的数词。

（1）___年好景君须记（苏轼）

（2）___月巴陵日日风（陈与义）

（3）___月残花落更开（王令）

（4）___月清和雨乍晴（司马光）

（5）___月榴花照眼明（朱熹）

29. 联想记忆（1）

记忆下列词组

森林—电话　足球—楼房

水杯—钱包　电脑—拐杖

杂志—冰箱　猫—计算器

聪明的你，会怎么联想记忆呢？

记完之后，盖住一边，看你是否可以想出那一边的词语。

30. 联想记忆（2）

记忆：苦难——关税壁垒

兴奋——犹豫

抽象劳动——腼腆

名分——得克萨斯

宏观调控——具体劳动

形而上学——熟视无睹

聪明的你，会怎么联想记忆呢？

记完之后，盖住一边，看你是否可以想出那一边的词语。

31. 顺序记忆（1）

按顺序记忆下列词语：阿里巴巴与四十大盗、小二黑结婚、喜欢哲学、闭月羞花、枯燥、商务通、布宜诺斯艾丽斯、高楼大厦、山珍海味、心安理得。

你怎样记忆呢？

32. 顺序记忆（2）

按顺序记忆下列词语：蝴蝶、雪山飞狐、虚拟资本、过剩人口、贴现、政府、工资改革、股票、商业利润、资本积累、资产负债表、一般价值、市场经济、生产力、对外贸易、进口替代、出口导向、消费品、按劳分配、跳舞毯。

你怎样记忆呢？

33. 常识记忆

我国境内已知的最早人类是元谋人。

最早懂得人工取火的是山顶洞人。

最早掌握原始灌溉技术是在夏朝。

井田制盛行于西周。

提出“民贵君轻”思想的是孟子。

祖冲之是南朝人。

我国最早的农书是《齐民要术》。

孙思邈的著作是《千金方》。

世界上最早的纸币是“交子”。

《清明上河图》是画家张择端的作品。

《马可波罗行记》描绘的是元朝大都的繁华景象。

34. 记忆首都

蒙古首都乌兰巴托

越南首都河内

老挝首都万象

菲律宾首都马尼拉

希腊首都雅典

意大利首都罗马

西班牙首都马德里

法国首都巴黎

荷兰首都阿姆斯特丹

芬兰首都赫尔辛基

澳大利亚首都堪培拉

瑞典首都斯德哥尔摩

新西兰首都惠灵顿

加拿大首都渥太华

埃及首都开罗

35. 节气记忆

立春、雨水、惊蛰、春分、清明、谷雨

芒夏、小满、芒种、夏至、小暑、大暑

立秋、处暑、白露、秋分、寒露、霜降

立冬、小雪、大雪、冬至、小寒、大寒

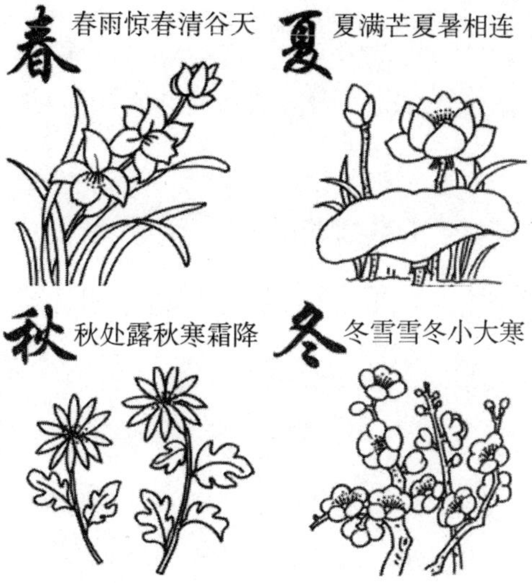

36. 历史事件

记忆秦灭六国的先后顺序：韩赵魏楚燕齐。（加秦国是战国七雄）

如何记忆呢？

37. 朝代顺序

夏、商、周[西周、东周(春秋、战国)]、秦、西汉、新朝、玄汉、东汉、三国时期(魏、蜀、吴)、晋(西晋、东晋)、南北朝[南朝(宋、齐、梁、陈)、北朝(北魏、东魏、西魏、北齐、北周)]、隋、唐、五代(后梁、后唐、后晋、后汉、后周)、十国[前蜀、后蜀、吴、南唐、吴越、闽、楚、南汉、南平(荆南)、北汉]、宋(北宋、南宋)、辽、西夏、金、元、明、清、中华民国、中华人民共和国。

怎么记忆呢?

38. 连词成句

用上“溪水、清澈、小鸟、老树、歌唱、蜗牛、蝴蝶、孤独、牵牛花、自告奋勇、畅通无阻、鸣唱”几个词语，写一段帮助你记忆的话。

39. 数字联想

把下列数字联想成帮助记忆的词语，越多越好。

10、11、12、13、14、15、16、17、18、19。

40. 字母联想

英文有26个字母，你有什么样的联想，使它成为帮助你记忆的词语呢?（区分大小写）

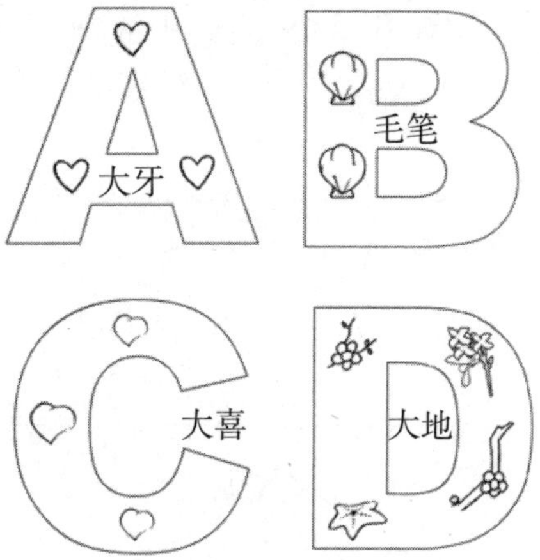

41. 易混字记忆

汉字中最相似的三个字“巳、己、已”，如何记得准呢？

巳　己　已

42. 记忆生字

舞只有旁两脚飞蝴在蝶马的骏着花踏香奔蹄

43. 词语记忆

家用电器 火车 鸭 自行车 电脑 烧烤 微波炉 孟姜女 电视 马 飞机 马车 家禽 交通工具 万里长城 嫦娥 家畜 奔月 焚书坑儒 洗衣机 汽车 鸡 跳山涧 鹅 秦始皇 猪 蹬鹰 牛 哭 电风扇 老虎 吹风机 兔子 羊

以上词语杂乱无章，如何快速记忆呢？

44. 数字记忆（1）

速记数字：358919516283

如何速记呢？

45. 数字记忆（2）

花1分钟的时间，记忆以下几个数字，然后盖住数字，看看自己能记住几个？（注意顺序也要正确。）

9 6 8 3 4 2 0 5 8 7 1 8 5 4 3 0 1 5 3 7

现在，将上面数字盖住，数字的顺序为：________________

46. 数字记忆（3）

花最快的时间，记忆以下几行数字，然后盖住数字，看看自己能写出几个？（注意顺序也要正确。）

3 5 6 ______

4095 ______

92450 ______

8634721854 ______

47. 数字与字母的组合记忆

花最快的时间，记忆以下一列数字与字母的组合，然后盖住，看看自己能写出几个？（注意顺序也要正确。）

（1）6 8 2 5 s 4 d w q 8 4 0 1 3 o 8 k 7

____

（2）9 A x d Q 5 3 E i j F 7 1 m N n u R x 0（注意大小写）

____

48. 词语顺序记忆

花5分钟的时间，记忆以下几个词语，然后盖住词语，看看自己能记住几个？（注意顺序也要正确。）

（1）奶牛　（11）医生

（2）橙子　（12）电影院

（3）西红柿　（13）开心果

（4）鲤鱼　（14）加油站

（5）摄影师　（15）飞机

（6）胡萝卜　（16）书店

（7）米　（17）复印机

（8）葡萄酒　（18）银行

（9）辣椒　　　（19）礼物

（10）导演　　（20）茴香

（可以编一个故事帮助记忆）

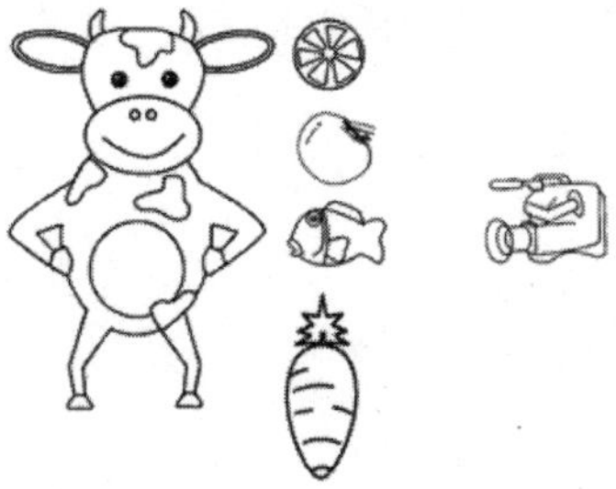

现在，将上面的词语盖住，正确的顺序为：________________

____

____

49. 姓氏记忆

姓氏是中国文化的组成部分，花3分钟的时间，记忆以下几个姓氏，然后盖住，看看自己能记住几个？（注意顺序也要正确。）

窦 葛 奚 范 彭 郎 俞 鄷 鲍 廉 岑 薛 滕 殷 郝 邬 穆 萧 邵 湛

现在，将上面的姓氏盖住，正确的顺序为：________________

____

50. 背诵《离骚》

屈原是我国浪漫主义爱国诗人，他所写的《离骚》是中华文化中的明珠，但是对我们来说，记忆较难，下面是它的开头部分，花8分钟的时间，记忆一下，然后背诵，看看能不能记住？

帝高阳之苗裔兮，朕皇考曰伯庸。

摄提贞于孟陬兮，惟庚寅吾以降。

皇览揆余初度兮，肇锡余以嘉名。

名余曰正则兮，字余曰灵均。

纷吾既有此内美兮，又重之以修能。

扈江离与辟芷兮，纫秋兰以为佩。

汩余若将不及兮，恐年岁之不吾与。

51. 相声贯口记忆

相声深受大家喜爱，其中有许多需要熟练记忆的贯口，下面给出一段《地理图》中的贯口，看看你能在15分钟之内记住吗？

出欧洲地中海，奔阿非利加洲，走埃及开罗，阿尔及利亚，莫桑比克，埃塞俄比亚，突尼斯，摩洛哥，奔大西洋到美洲，走纽芬兰，魁北克，加拿大渥太华……旧金山，圣弗兰，落基山，密执，美国纽约，华盛顿，墨西哥，古巴，马那瓜，巴拿马，亚马孙河，巴西，苏克雷，蒙得维的亚，拉巴拉他河。

52. 欧洲国家名称记忆

给出以下31个欧洲国家的名称，你能在5分钟之内记住，等待1分钟后，并且把他们都写出来吗？

列支敦士登，意大利，英国，乌克兰，安道尔，爱沙尼亚，俄罗斯，比利时，芬兰，葡萄牙，捷克，卢森堡，德国，瑞士，斯洛伐克，匈牙利，白俄罗斯，荷兰，拉脱维亚，立陶宛，冰岛，丹麦，瑞典，摩尔多瓦，波兰，法国，挪威，爱尔兰，奥地利，摩纳哥，西班牙。

53. 扑克记忆

拿出10张扑克，在最短的时间内记住它们，并按照顺序说出来。

54. 记忆诗词

诗词是中国文化中的瑰宝，因其内容隽永，意义深远而深受人民的喜爱，下面就给出几首诗词，看你能否在最短的时间内记住。

月下独酌

唐 李白

花间一壶酒，独酌无相亲。
举杯邀明月，对影成三人。
月既不解饮，影徒随我身。
暂伴月将影，行乐须及春。
我歌月徘徊，我舞影零乱。
醒时同交欢，醉后各分散。
永结无情游，相期邈云汉。

其二

天若不爱酒，酒星不在天。
地若不爱酒，地应无酒泉。
天地既爱酒，爱酒不愧天。
已闻清比圣，复道浊如贤。
贤圣既已饮，何必求神仙。
三杯通大道，一斗合自然。
但得酒中趣，勿为醒者传。

如梦令 常记溪亭日暮

宋 李清照

常记溪亭日暮，沉醉不知归路。
兴尽晚回舟，误入藕花深处。
争渡，争渡，惊起一滩鸥鹭。

水调歌头

宋 苏轼

丙辰中秋，欢饮达旦，大醉，作此篇，兼怀子由。（序）

明月几时有？把酒问青天。不知天上宫阙，今夕是何年。我欲乘风归去，又恐琼楼玉宇，高处不胜寒。起舞弄清影，何似在人间？

转朱阁，低绮户，照无眠。不应有恨，何事长向别时圆？人有悲欢离合，月有阴晴圆缺，此事古难全。但愿人长久，千里共婵娟。

找一些自己喜欢的诗词，拿来读一读，背一背。

55. 倒背如流

做完正面背诵，我们给一首简单的古诗，试一试你能不能倒背如流吧！

咏柳

唐 贺知章

碧玉妆成一树高，

万条垂下绿丝绦。
不知细叶谁裁出，
二月春风似剪刀。

56. 成语记忆

成语是汉文化的一大特色，有固定的结构形式和固定的说法，表示一定的意义，在语句中是作为一个整体来应用的。成语有很大一部分是从古代相承沿用下来的，很多与历史典故或者寓言故事有关，下面给出几个这样的成语，看看你能不能快速记忆。

背水一战 画蛇添足 掩耳盗铃
卧薪尝胆 指鹿为马 亡羊补牢
破釜沉舟 纸上谈兵 霸王别姬
买椟还珠 守株待兔 负荆请罪
自相矛盾 兵贵神速 四面楚歌
杯弓蛇影

57. 常识记记看

中国人对一些特征接近的事物往往会有一些总称，这样逐渐形成了一些有趣的常识问题，下面给出一些，试着记一记吧！

【三山】安徽黄山、江西庐山、浙江雁荡山

【五岳】〖中岳〗河南嵩山、〖东岳〗山东泰山、〖西岳〗陕西华山、〖南岳〗湖南衡山、〖北岳〗山西恒山

【五湖】鄱阳湖〖江西〗、洞庭湖〖湖南〗、太湖〖江苏〗、洪泽湖〖江苏〗、巢湖〖安徽〗

【四海】渤海、黄海、东海、南海

【四大佛教名山】浙江普陀山〖观音菩萨〗、山西五台山〖文殊菩萨〗、四川峨眉山〖普贤菩萨〗、安徽九华山〖地藏王菩萨〗

【四大石窟】莫高窟〖甘肃敦煌〗、云冈石窟〖山西大同〗、龙门石窟〖河南洛阳〗、麦积山石窟〖甘肃天水〗

【四书】《论语》《中庸》《大学》《孟子》

【五经】《诗经》《尚书》《礼记》《易经》《春秋》

【五音】宫、商、角、徵、羽

【初唐四杰】王勃、杨炯、卢照邻、骆宾王

【唐宋古文八大家】韩愈、柳宗元、欧阳修、苏洵、苏轼、苏辙、王安石、曾巩

【元曲四大家】关汉卿、郑光祖、白朴、马致远

【四大古典名著】《红楼梦》《三国演义》《水浒》《西游记》

【四大民间传说】《牛郎织女》《梁山伯与祝英台》《孟姜女》《白蛇传》

58. 寿诞之雅称

生日是人诞生的日子，人在六十岁之后，往往会去过一些特殊的寿诞，来，看一看记一记，想一想为什么这么起名字呢？

六十六寿辰——顺畅之年（顺寿）

七十七寿辰——喜寿

八十八寿辰——米寿

九十九寿辰——白寿

一百零八——茶寿

找到这些雅称的由来，对我们记忆很是有帮助的。

59. 有趣的歇后语

歇后语是人们在生活中对一些事情的经典总结，一般前后会有联系，对我们记忆很有帮助，下面给出几个有关生肖的歇后语，填一填，记一记吧。

(1) 过街的老鼠—— ________。

(2) 对牛吟诗—— ________。

(3) 老虎带念珠—— ________。

(4) 怀里揣着十五只兔子—— ________。

(5) 大水冲了龙王庙—— ________。

(6) 一朝被蛇咬—— ________。

(7) 挂羊头卖狗肉—— ________。

(8) 马尾巴拴豆腐—— ________。

(9) 猴子捞月亮—— ________。

(10) 鸡蛋里挑骨头—— ________。

(11) 肉包子打狗—— ________。

(12) 猪八戒照镜子—— ________。

60. 古典悲剧记忆

请在2分钟内按顺序记住下面中国十大古典悲剧：《窦娥冤》《赵氏孤儿》《精忠旗》《清忠谱》《桃花扇》《汉宫秋》《琵琶记》《娇红记》《长生殿》《雷峰塔》。

请在2分钟内记住中国十大古典悲剧的作者：《窦娥冤》—关汉卿；《赵氏孤儿》—纪君祥；《精忠旗》—冯梦龙；《清忠谱》—李玉；《桃花扇》—孔尚任；《汉宫秋》—马致远；《琵琶记》—高则诚；《娇红记》—孟称舜；《长生殿》—洪昇；《雷峰塔》—方成培。

61. 人体单词

随着社会的发展，英语也融入了我们的生活，适当地掌握一些英语，也是很有必要的，下面就给出一些人体器官的单词，来记一记，填一填吧。

头——head　　头发——hair
脸——face　　额头——forehead
脸颊——cheek　　眼——eye
眉毛——eyebrow　　眼睑——eyelid
睫毛——eyelashes　　耳朵——ear
鼻子——nose　　嘴——mouth
嘴唇——lip　　舌头——tongue
牙齿——teeth　　颈——neck
肩膀——shoulder　　背——back
脊骨——spine　　胳膊——arm
肘——elbow　　手——hand
手指——finger　　腿——leg
大腿——thigh　　膝盖——knee
脚——foot　　脚趾——toe

62. 学习用具单词

随着社会的发展，英语也融入了我们的生活，适当地掌握一些英语，也是很有必要的，下面就给出一些与学习相关的工具的单词，来记一记，填一填吧。

黑板——blackboard
粉笔——chalk
桌子——desk
椅子——chair
词典——dictionary
书包——school bag
书——book
墨水——ink
文具盒——pencil-box
钢笔——pen
铅笔——pencil
蜡笔——crayon
橡皮——rubber
纸——paper
尺子——ruler

圆规——compasses

这些都是与我们的学习密切相关的工具，基本是我们学习的必需品，所以熟悉这些单词对锻炼我们的记忆力很有帮助。

63. 颜色单词

有一些关于颜色的单词是我们在平时里经常用到的，下面就记一记吧。（下面的图形可以帮你记忆）

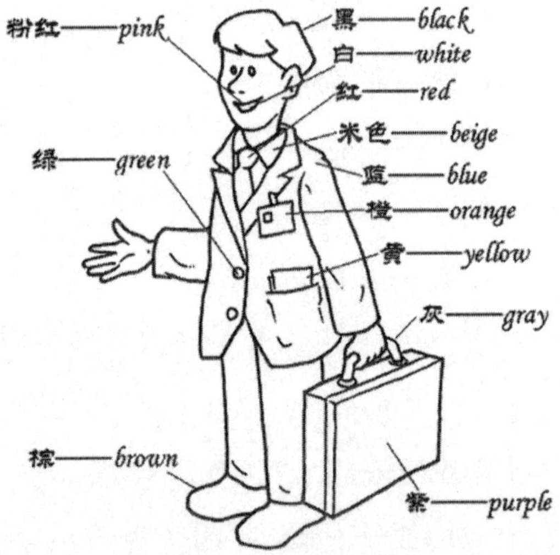

白——white	黑——black
红——red	橙——orange
黄——yellow	绿——green
蓝——blue	紫——purple
灰——gray	棕——brown
米色——beige	粉红——pink

64. 身体密码

利用自己的身体来记忆下面10个内容：

面条 墨水 山坡 鲜花 灯管 地图 草原 竹子 水桶 花生

65. 手机号码记忆

手机已经成为人们生活中不可缺少的联络工具，下面就给出10组手机号码，看你能不能快速地记住呢？

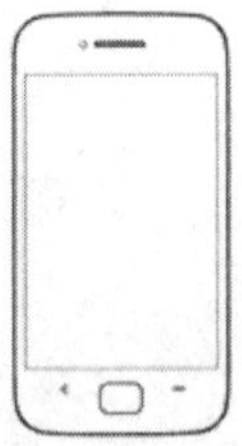

137/110/54338	130/5543/8907
132/324/69/235	138/0592/3443
159/0595/4835	131/141/68888
136/5546/7068	139/59/1068/00
133/0083/9363	134/448/50/138

66. 时间安排记忆

下面是爸爸某个星期天的时间安排，你可以帮他记忆正确的时间和要做的事情吗？

6：30	锻炼
8：15	买杂志
9：00	见老师
10：00	看牙齿
11：30	交电费
13：15	和本杰明先生会面
14：30	见理财顾问
15：45	到旅行社
16：30	到邮局发信件
17：30	健身训练

67. 旅行用具记忆

你明天要和爸爸妈妈到海边旅行，而且还有爬山的项目，需要准备以下物品：

衣服　运动鞋　太阳镜　防晒霜
身份证　药品　泳衣　游泳圈
登山杖　随身听　水壶　钱包
蛋糕　火腿肠　巧克力　饼干
茶叶　扑克　帐篷　地图

你能帮爸爸妈妈记下来吗？

68. 图形成语记忆

有很多成语可以联想成图形来记忆，先猜一猜下面的图形表示的是哪一个成语，再记一记吧。

69. 扑克方阵

以前记得都是固定的东西，现在给出一个简单的动态记忆游戏，取九张扑克牌，随意排成3×3的方形，快速记住每个位置的花色与点数，然后反过来，随意进行三次整行或者整列的移动，然后说出新的方形各个位置上的扑克的点数与花色。

小故事

小孩子的记性

一位妇女抱着自己的小孩站在一个公司的门口，那小孩正在吃着面包。公司的门口站着一位门卫，那小孩就把一块面包塞给门卫，嘴里还不停地说着："吃，吃……"门卫还以为是小孩在给他面包吃，就微笑着摇摇头说："我不吃，你自己吃吧！"

"宝贝儿，不要这样对叔叔。"孩子的妈妈说。然后她微笑着对门卫说："不好意思，先生，我的孩子刚刚去了动物园，他一直在喂大猩猩，他忘记自己已经出了动物园。"

第九章　答案

1. 记忆图形

略。

2. 手势回忆

略。

3. 记忆填图

A。

4. 记忆单词

略。

5. 对号入座

略。

6. 汽车停站

公交车共停了8站，如下图所示：

停站	上车人数（人）	下车人数（人）
第一站	5	4
第二站	10	4
第三站	8	11
第四站	4	4
第五站	15	8
第六站	7	6
第七站	0	5
第八站	8	1

7. 圆周率记忆大比拼

我们可以用故事记忆法，如前30位：山巅一寺一壶酒，尔乐苦杀吾，把酒吃，酒杀尔，杀不死，溜尔溜死，扇扇吧，扇尔吃酒。记忆的方法有很多，如编码记忆法等，都可以尝试一下哦。

8. 箭头记忆

↑	→	→	↓
←	↑	↑	←
←	↑	↓	←
↓	→	→	↑

9. 分列记忆

略。

10. 物品记忆

略。

11. 记忆事件

略。

12. 图形选择

D。

13. 动物公交车

（1）3种；（2）第四站；（3）9种；（4）6站；（5）没有，只下了一只。

14. 与桌子有关的东西

略。

15. 记忆字母

略。

16. 重组纸盒

B。

17. 商品价格记忆

略。

18. 回忆练习

略。

19. 涂格子

略。

20. 一群大雁

共5只大雁，队形是“人”字形。

21. 心算题

55555。

22. 有趣的数字

504。

23. 复述数字

略。

24. 世界之最

①珠穆朗玛峰
②非洲大陆
③秘鲁——智利海沟
④地中海
⑤格陵兰岛
⑥青藏高原
⑦巴西高原
⑧贝加尔湖
⑨莫桑比克海峡
⑩莫西奥图尼亚瀑布

25. 数字密码

略。

26.数字藏字

如图。

	氏		
	日	月	巴
	辰		
身	寸		

27. 乘车

每站下的乘客人数依次为：最后一站：$3\div(1-\frac{2}{3})=9$（人），$9\times\frac{2}{3}=6$（人），第四站：$9\div(1-\frac{3}{4})=36$（人），$36\times\frac{3}{4}=27$（人），第三站：$36\div(1-\frac{1}{2})=72$（人），$72\times\frac{1}{2}=36$（人），第二站：$72\div(1-\frac{1}{5})=90$（人），$90\times\frac{1}{5}=18$（人），第一站：$90\div(1-\frac{1}{6})=108$（人），$108\times\frac{1}{6}=18$（人）。车上原有人数为108人。

28. 诗词填空

一、二、三、四、五。

29. 联想记忆（1）

示例：

森林与电话之间进行联想：

森林里有信号盲区，所以无法打电话。或者想我有一次差点迷失在森林里，多亏带了电话，打了求救电话才走出来。这样一想到森林就会想到电话。

水杯与钱包之间进行联想：

野外作业时，管好水杯有时比管好钱包

更有用，即有时水比钱更重要。所以我外出时，从不忘两件东西：水杯和钱包。

电脑和拐杖之间进行联想：

随着电脑的普及，许多老年人也开始学电脑了，于是经常可看到许多老年人拄着拐杖进学堂学电脑。这样想到电脑就会想到拐杖。

杂志和冰箱之间进行联想：

现在科技真是发达了，杂志大小的冰箱也问世了，于是出门旅行的人都带着杂志大小的冰箱满街跑。

猫和计算器之间进行联想：

我家的猫很灵异，居然会按计算器，有时懒劲上来我会让猫为我按计算器。经过这个奇怪的联想，一想到猫就会想到计算器。

30. 联想记忆（2）

示例：苦难——关税壁垒：过去苦难的岁月里，根本不用关门睡（税），墙壁都是石头垒（壁垒）起的，也没有值钱东西，所以也不怕偷。

如果懂得"关税壁垒"的意思，也可这样联想：家乡的农民们叫苦叫难，原因是赖以出口的农产品受到某些国家的贸易保护——关税壁垒的影响被限制进口，已收获的农产品卖不出去。

兴奋——犹豫：有一个投资项目很是让我兴奋，但冷静后又有些犹豫，不敢贸然投资。

名分——得克萨斯：名分对我来说无所谓，得也可（克），无也没啥事（萨斯）或者：我一直为一个名分而努力，那就是得个萨克斯（克萨斯）王称号。

宏观调控——具体劳动：宏（想成是个人名）负责管（观）调控指挥的，具体的劳动事项另有人干。

形而上学——熟视无睹：我儿子每天背着书包形式上去上学（形而上学），实际上却逃课去打游戏，而游戏厅的老板却熟视无睹，真该呼吁有关部门来管管游戏厅了。

抽象劳动——腼腆：从朋友的书中抽出张像（象）是她劳动（抽象劳动）时照的，很腼腆的样子。

31. 顺序记忆（1）

联想："阿里巴巴与四十大盗"VCD是小二黑结婚那天晚上放的，酷爱哲学的小二黑却不管闭月羞花般的妻子，独自又看上了书。学那些枯燥的东西，商务通提醒他有布谊诺斯艾丽斯的朋友打来长途电话，小二黑和朋友说："我虽住不了高楼大厦，吃不上山珍海味，但比起那些赚昧心钱的商人，我活得心安理得。"

32. 顺序记忆（2）

联想：首先，记住蝴蝶，然后联想蝴蝶是雪山飞狐最爱吃的食物，而诱捕蝴蝶唯一资本只需泥（虚拟，即虚拟资本）。于是，农村过剩人口（剩余劳动力）纷纷抓蝴蝶诱捕雪山飞狐。昨天，村里贴了张县（贴现）政府的告示，严禁抓捕野生动物，于是农民们又闲下来了。

时逢城里工资改革，（工资改革）许多人钱多了后，炒起股票，或从事商业，利润不断增大，很多人就这样完成了资本积累，个人的资产负债表上，一般的家（价）都值几十万（一般价值），市场经济一片繁荣。

农村剩余劳动力，这回有了出路，因为城

里需要大量的生产劳动力，主要是富裕的城里人办的对外贸易企业，他们进口手提袋（进口替代），出口刀（导）和橡（向）胶（出口导向）等消费品。干活按劳分配取酬，于是许多打工的条件改善后还买了跳舞毯健身。

33. 常识记忆

联想：最早人类是元谋人：最早的人类是长得猿模（元谋）样的人。

最早懂得人工取火的是山顶洞人：早懂得人工取火的是一群挤在山顶洞里取暖的原始人受到石头碰撞所产生的火花的启发而学会的。

最早掌握原始灌溉技术是在夏朝：人们最早掌握原始灌溉技术不过是利用了夏天潮（夏朝）起潮落的丰富水资源而已。

井田制盛行于西周：过去井里的甜水熬制（井田制）的稀粥（西周）香极了。现在的井水就不行了。

提出“民贵君轻”思想的是孟子：“民贵君轻”在封建社会是不可能实现，那时的人们只能梦想子（孟子）孙后代能实现了。

祖冲之是南朝人：祖冲之出题考百官，常难倒一朝（南朝）人，故人常戏称之“难朝”人。

我国最早的农书是《齐民要术》：我国最早的农书是北魏杰出的农学家贾思勰所著，所以论“奇民”要数（齐民要术）老贾了。

孙思邈的著作是《千金方》：我爸一心想要孙子，可我偏生了个女儿，爸爸看“思孙”的希望渺（孙思邈）茫了，方接受了这个千金（千金方）。

世界上最早的纸币是“交子”：“把这世界上最早的纸币献给国家”，这是父亲去世时交代给儿子（交子）的遗言。

《清明上河图》是画家张择端的绘画：《清明上河图》一直保存在我家，虽有些脏，部分折断（张择端），但仍价值连城。

《马可波罗行记》描绘的是元朝大都的繁华景象：我家马啃菠萝（马可波罗）形迹（行记）可疑，原来吃草吃得大肚（元朝大肚）鼓鼓。

34. 记忆首都

联想：蒙古首都乌兰巴托：蒙古是个草原国家，天气多变，所以乌云来了不脱（乌兰巴托）雨衣很自然。

越南首都河内：大家知道，越难（越南）喝的药，体内（河内）的反应越大。

老挝首都万象：老窝（老挝）在家里，外面的万千景象（万象）自然看不到了。

菲律宾首都马尼拉：非礼宾（菲律宾）客，人家当然要骂你啦（马尼拉）。

希腊首都雅典：赴宴时，妻子告诫我喝饮料要“慢吸啦”（希腊），举止优雅点（雅典）。

意大利首都罗马：我大姨对我说：“旧社会，你大姨（意大利）过着骡马（罗马）般的生活。”

西班牙首都马德里：我演的节目是戏班里的压（西班牙）轴戏，妈妈的心里（马德里）一直很高兴。

法国首都巴黎：工商局对无照经营的水果摊贩的处罚一般是“罚果”（法国）把梨（巴黎）没收。

荷兰首都阿姆斯特丹：“荷花、兰（荷兰）花啊，母亲是特别担（阿姆斯特丹）心你们，要早点回来！”母亲叮嘱两个出门的女儿。

芬兰首都赫尔辛基：过去生活困难，做点好吃的时候孩子们纷纷来（芬兰）到厨房，这时，妈妈总说：“好儿莫心急（赫尔辛基），一会就好。”

澳大利亚首都堪培拉：“好大梨呀”（澳大利亚），我刚要买，妻子却说：“看好，别赔啦（堪培拉），也不知好不好吃。”

瑞典首都斯德哥尔摩：哥让我给他掏耳朵，掏耳勺锐利了点（瑞典），使得哥耳膜（斯德哥尔摩）划破了。

新西兰首都惠灵顿：爱人给我买了件新西服，蓝（新西兰）色的，她说蓝色会使灵感顿（惠灵顿）现。

加拿大首都渥太华：我吃饭时夹拿大（加拿大）块肉，可“握太滑”（渥太华）没夹住。

埃及首都开罗：古代高官出门怕挨挤（埃及）都敲锣开（开罗）路。

35. 节气记忆

编成诗歌：春雨惊春清谷天，
夏满芒夏暑相连，
秋处露秋寒霜降，
冬雪雪冬小大寒。

36. 历史事件

联想：秦始皇征战六国君时喊（韩）叫着照（赵）胃（魏）部就是一刀，等拔出（楚）时他们已经咽气（燕齐）了。

37. 朝代顺序

简单朝代歌诀：三皇五帝始，尧舜禹相传；夏商与西周，东周分两段；春秋和战国，一统秦两汉；三分魏蜀吴，二晋前后沿；南北朝并立，隋唐五代传；宋元明清后，皇朝至此完。

38. 连词成句

示例：从前，有一条小溪，溪水特别清澈，小鸟在老树边上歌唱，蜗牛和蝴蝶在唱和着。可是，当雷雨来临时，大家都躲在家里不敢外出，感到很孤独。而又正值雷雨旺季，所以大家苦于雷雨太多无法交流，邻里之间都疏远了。牵牛花知道大家的难处，自告奋勇当起小电话。每天太阳升起时，牵牛花总是准时起床，缠着老树向上爬；另一枝则向前爬，想要到蜗牛和蝴蝶家里去。终于有一天，两枝牵牛花都到了动物的家，大家再也不用担心雷雨，都可以畅通无阻地交流了。草又绿了，花又开了，鸟儿重新鸣唱，蝴蝶又拿起了琴。小溪终于重新恢复了生气。

39. 数字联想

10：衣领 移动 要领 妖洞 摇动 窑洞 绕圈
11：意义 疑义 异议 一亿 意译 耀眼 妖艳
12：依恋 雨量 余粮 遗孀 意图 要吐 窑土
13：衣衫 移山 薏米 药膳 咬伤 完善 晚上
14：要死 咬死 一时 意识 议事 遗失 仪式
15：义务 医务 衣物 遗物 贻误 药物 万物
16：遗留 一溜 一流 遗漏 一律 疑虑 一路
17：一起 一齐 意气 义气 一切 邀请 一汽
18：一把 摇把 摇摆 衣钵 一般 一半 哑巴
19：依旧 医救 依据 已故 遗孤 顽固 万古

40. 字母联想

示例：

大写	小写
a 大牙	小牙
n 大恩	小恩
b 大笔（如毛笔）	小笔（如铅笔）
o 大鸥	小鸥
c 大喜	小喜
p 大批（量）	小批（量）
d 大地	小弟
q 大口	小口
e 大衣	小衣
r 大儿	小儿
f 大幅（度）	小幅（度）
s 大事	小事
g 大鸡	小鸡
t 大题	小题
h 大吃（一顿）	小吃
u 大于	小于
i 大碍	小矮人
v 大卫（外国名）	小魏（中国人）
j 大贼	小贼
w大不（了）	小不（点）
k 打开	小楷
x 大叉	小叉
l 大路	小路
y 大碗	小碗
m 大木（头）	小木（头）
z 大债（主）	小债（主）

41. 易混字记忆

歌诀：堵巳不堵己，半堵就念已。

42. 记忆生字

整理成句子：

踏着香花的骏马在奔跑，蹄旁有两只蝴蝶飞舞。

43. 词语记忆

整理成如下所示五类词语。

家用电器：电脑 烧烤 微波炉 电视 洗衣机 电风扇 吹风机

交通工具：火车 自行车 飞机 马车 汽车

家禽：鸭 鸡 鹅

家畜：马 猪 牛 羊

其他：孟姜女哭万里长城 嫦娥奔月 秦始皇焚书坑儒 老虎跳山涧 兔子蹬鹰

44. 数字记忆（1）

我们先把数字划分为35 89 19 51 63 83六段，然后根据数字编程分别将其转化为上午、白酒、药酒、武艺、驴儿、爬山六词。

联想：我今天上午喝完白酒、药酒后练了一会儿武艺，然后就骑着驴儿爬山去了。

再将其还原，即为：358919516283

45. 数字记忆（2）

略。

46. 数字记忆（3）

略。

47. 数字与字母的组合记忆

略。

48. 词语顺序记忆

略。

49. 姓氏记忆

略。

50. 背诵《离骚》

略。

51. 相声贯口记忆

略。

52. 欧洲国家名称记忆

记忆诀窍：(1)按照地域分开：

西欧：英国，爱尔兰，荷兰，比利时，卢森堡，法国，摩纳哥

中欧：德国，奥地利，瑞士，列支敦士登，波兰，捷克，斯洛伐克，匈牙利

东欧：俄罗斯，白俄罗斯，乌克兰，爱沙尼亚，拉脱维亚，立陶宛，摩尔多瓦

北欧：冰岛，丹麦，挪威，瑞典，芬兰

南欧：葡萄牙，西班牙，安道尔，意大利

(2)按照汉语拼音音序排列之后记忆。

(3)或者按照名称特点分类记忆。

53. 扑克记忆

略。

54. 记忆诗词

略。

55. 倒背如流

略。

56. 成语记忆

记忆技巧：分为两类，出自历史故事：背水一战　霸王别姬　卧薪尝胆　破釜沉舟　负荆请罪　纸上谈兵　指鹿为马　四面楚歌

出自寓言：画蛇添足　掩耳盗铃　亡羊补牢　买椟还珠　守株待兔　自相矛盾　兵贵神速　杯弓蛇影

57. 常识记记看

略。

58. 寿诞之雅称

雅称由来："顺畅之年"是66岁的雅称，应源于民间酒令中的"六六大顺"；77岁称为"喜寿"，是因为草书的"喜"字是由"七""十""七"三个字组成的；88岁称"米寿"，是因为"米"字里面含有"八""十""八"三个字；至于99岁称为"白寿"，是因为"百"字去"一"就是"白"字的缘故。原来"茶"的"艹"字头是由两个"十"字组成的，中间的"八"字和下面的"木"字，正好是"八十八"，再加上上面的两个"十"，恰巧是108。

59. 有趣的歇后语

(1)人人喊打(2)不入耳；难入耳(3)假慈悲(4)七上八下(5)自家人不认识自家人(6)十年怕井绳(7)以假乱真(8)提不起来(9)一场空(10)无中生有(11)有去无回(12)里外不是人

60. 古典悲剧记忆

记忆技巧："窦娥"在冤死之前，剩下一个小孩，名叫"赵氏孤儿"；赵氏孤儿长大后精忠报国参了军，并当了军队里的旗手，负责扛"精忠旗"；由于他在军队里既清廉又忠诚，所以他的名字被写进了"清忠谱"(这里把《清忠谱》想象成记载清廉忠臣的名谱)；皇帝在清忠谱上看见了他的名字，赏赐了他

一把“桃花扇”；他摇着桃花扇走进了他的豪宅“汉宫”；刚一进门就听见有人在弹“琵琶”；循声而去，发现是“娇红”小姐在弹奏；娇红小姐说：我住在“长生殿”的“雷峰塔”里面。

《赵氏孤儿》——纪君祥：“赵氏孤儿”是长大参军后，负责“登记军饷”（纪君祥）。《精忠旗》——冯梦龙：一面写有精忠报国的大旗，披在“冯”家的“猛龙”上。《清忠谱》——李玉：既清廉又忠诚的菜谱上，写的是红烧“鲤鱼”。《桃花扇》——孔尚任：“孔”子走马“上任”时，手拿一把桃花扇。《汉宫秋》——马致远：在汉宫的秋天，一个满脸“麻子”的人站得很“远”。《琵琶记》——高则诚：弹琵琶的技术“高”，“则”能“成”功。《娇红记》——孟称舜：娇红小姐的日记里，写着她“梦”到自己用秤去“称”“舜”帝的体重。《长生殿》——洪昇：“洪”水“升”到长生殿，把长生殿淹了。《雷峰塔》——方成培：在雷峰塔里面，“方”世玉打牌“成”天“赔”。《窦娥冤》——关汉卿。略。

61. 人体单词

略。

62. 学习用具单词

略。

63. 颜色单词

略。

64. 身体密码

头发——面条：头发丝像面条

眼睛——墨水：眼泪水像墨水或者眼球黑的像墨水染过一样

鼻子——山坡：想象鼻子的形状像山坡

嘴巴——鲜花：嘴巴笑得像一朵鲜花

手臂——灯管：手臂细得像灯管一样

前胸——地图：前胸上画了一张中国地图

后背——草原：后背上长满了草像草原一样

手指——竹子：手指一节节像竹子

腿——桶：一个人的大腿像水桶

耳朵——花生：她的耳朵像花生

65. 手机号码记忆

略。

66. 时间安排记忆

略。

67. 旅行用具记忆

略。

68. 图形成语记忆

隔岸观火　恩重如山　貌合神离　拨乱反正　四脚朝天　祸从口出　里应外合　大材小用

69. 扑克方阵

略。